Jean Paré
fête le millénaire

Photo de couverture :

1. Gâteau au chocolat et aux fraises, page 114

2. Pâtes avec pesto au persil, page 127

3. Poulet au romarin à la Margo, page 99

Jean Paré fête le millénaire
Droits réservés © 1999 par The Recipe Factory Inc.

Deuxième tirage septembre 1999

Données de catalogage avant publication (Canada)

Paré, Jean, 1927-
    Jean Paré fête le millénaire : des recettes de tous les jours, au goût changeant de l'époque

    Éd. limitée.
    Comprend des références bibliographiques et un index.
    Rédigé par Jean Paré
    ISBN 1-896891-13-6

1. Cuisine des jours de fête.   2. Cuisine   3. Fêtes de l'an 2000
I. Titre.
    TX715.6.P3714 1999   641.5'68   C99-900776-9
Également publié en anglais sous le titre : Company's Coming: everyday recipes for changing times. Millennium ed.

Publié par
THE RECIPE FACTORY INC.
conjointement avec
COMPANY'S COMING PUBLISHING LTD.
2311 - 96 Street
Edmonton (Alberta) Canada T6N 1G3
    Tél. : (780) 450-6223   Téléc. : (780) 450-1857

Company's Coming et les Livres de cuisine Jean Paré sont des marques de commerce déposées de Company's Coming Publishing Limited.

Sélection chromatique, impression et reliure par Friesens, Altona (Manitoba) Canada
Adaptation française par Françoise Guyot, mise en page par Guy L'Heureux, Services T & A inc., Kemptville (Ontario) Canada
Imprimé au Canada

*"Vive les goûts et les tendances de notre époque.
Souhaitons qu'ils deviennent les traditions de demain."*

*« Je tiens à remercier du fond du cœur mes fidèles amies
de Vermilion et de la région qui ont partagé avec moi leurs
souvenirs, leurs recettes et leurs vieux recueils de cuisine
alors que je préparais la rédaction du présent
ouvrage. Ces dames me sont chères et ont été
pour moi une source d'aide et d'inspiration
au fil de nombreuses années. »*

Jean Paré

J ean Paré fête le millénaire a été créé
grâce au dévouement des personnes
et des organismes suivants.

COMPANY'S COMING PUBLISHING LIMITED

Auteure	Jean Paré
Président	Grant Lovig
V.-P.,	
Développement des produits	Kathy Knowles
Responsable de la conception	Derrick Sorochan
Conception	Jaclyn Draker
Adjointe à la conception	Denise Hodgins
Mise en forme	Marlene Crosbie
Rédaction	Debbie Dixon

THE RECIPE FACTORY INC.

Responsable,	
Recherche et développement	Nora Prokop
Rédaction	Stephanie Amodio
Relecture	Mimi Tindall
Surveillante de la cuisine d'essai :	Lisa Elsenheimer
Personnel de la cuisine d'essai :	Ellen Bunjevac
	Allison Dosman
	Jackie Elton
	Linda Feniak
	Carol MacLeod
	Marg Steedan
	Audrey Thomas
	Pat Yukes
Photographie	Stephe Tate Photo
Arrangement des aliments	Suzanne Hartman
Accessoiriste	Gabriele McEleney
Analyste alimentaire	Margaret Ng, B.Sc., M.A., R.D.

N ous tenons à remercier les entreprises suivantes,
qui nous ont fourni les nombreux accessoires
pour les photographies.

Bombay Company	La Cache
Call The Kettle Black	Le Gnome
Cheesecakes & More	Left Brain Productions
Chintz & Company	Mystique Pottery & Gifts
Clays Handmade Ceramic	Scona Clayworks
Tile & Stone	Stokes
Creations By Design	The Basket House
Dansk Gifts	La Baie
Eaton	The Royal Doulton Store
From Times Past Ltd.-	Tile Town Ltd.
Antiques & Interiors	

Nous remercions également tous nos employés
qui nous ont fourni des trésors familiaux.

Table des matières

Salade de haricots, page 151

Lait frappé aux fruits, page 57

Lait frappé aux pêches, page 56

Trempette à l'ail,
page 40

Croustillants au chocolat,
page 90

Avant-propos

Le millénaire... quelle image vous vient à l'esprit lorsque vous entendez ces mots? Celle d'une fête? D'une époque qui change? Des souvenirs d'autrefois? Une chose est sûre—le fait de vivre le tournant d'un millénaire est une expérience inoubliable. Après tout, cet événement ne survient qu'environ toutes les 30 générations!

Bien des choses sont survenues au cours du dernier millénaire, et le monde a bien changé. Des empires sont nés et sont morts. De nouveaux pays ont été créés tandis que d'autres ont disparu. Et des conflits dévastateurs, d'envergure mondiale, se sont abattus sur la planète pas une fois, mais deux.

Notre mode de vie a aussi beaucoup changé. Rien que les progrès techniques survenus au cours des 100 dernières années ont bouleversé pratiquement tous les aspects de nos vies. Songez à la cuisine par exemple. Il n'y a pas si longtemps, la seule façon d'obtenir des fruits et des légumes frais, c'était de les faire pousser soi-même dans son potager. Grâce à l'invention des techniques de réfrigération et à l'amélioration des transports et des routes, nous disposons maintenant d'un choix plus vaste que jamais de produits frais, qui ne sont pas plus loin que le magasin d'alimentation le plus proche.

Les conserves et les emballages de plastique ont ouvert la voie aux aliments prêts-à-l'emploi. L'immigration et l'intégration culturelle ont diversifié les goûts. L'invention d'appareils pratiques comme le lave-vaisselle, le four autonettoyant et le réfrigérateur sans givre nous ont fait cadeau de temps que nous pouvons maintenant passer ailleurs que dans la cuisine. N'oubliez pas non plus le micro-ondes, le gril d'intérieur, les robots boulangers, les mélangeurs et une foule d'autres gadgets pour la cuisine qui nous font découvrir des façons nouvelles de préparer nos plats préférés.

L'avènement d'une nouvelle ère de 1 000 ans est le moment rêvé de s'arrêter un instant pour songer au passé et pour discuter avec parents et grands-parents. Demandez-leur comment leur vie a changé par rapport à la première moitié du siècle. Comment préparait-on les repas à cette époque? Ils vous raconteront probablement qu'ils devaient charrier du charbon ou du bois pour chauffer le poêle et qu'ils devaient lutter pour conserver les aliments au frais, dans des glacières, pendant les chaleurs estivales. Ils vous parleront peut-être des difficultés du rationnement pendant les guerres mondiales ou des rigueurs de la pénurie quasi totale de nourriture pendant la dépression des années 1930. Peut-être vous rappelez-vous de l'époque où seuls les camions transportant des denrées périssables avaient le droit de circuler sur les routes le dimanche.

Vos parents ou vos grands-parents évoqueront peut-être les traditions familiales disparues depuis longtemps. Les Livres de cuisine Jean Paré aimeraient justement contribuer à perpétuer, voire même à ranimer, une coutume qui s'est perdue alors que notre mode de vie évolue à un rythme effréné : celle de transmettre les recettes familiales aux générations suivantes. Ce sont des générations entières qui ont testé, amélioré et transmis des recettes classiques qui demeurent fiables en tout temps. Même si les bonnes recettes ont tendance à évoluer avec le temps, leur substance originale est immuable; ce sont simplement les techniques de préparation qui sont modernisées. Nous vous invitons à faire avec nous une petite incursion dans le passé au fil de ces pages, avec les quelques recettes qui ont résisté à l'épreuve du temps que nous vous livrons, et leur version moderne. Nous sommes sûrs que vous aurez du plaisir à essayer autant la version d'hier que celle d'aujourd'hui (en supposant que vous parveniez à suivre les instructions souvent fort maigres que contiennent les recettes d'hier!).

Nous dévoilons aussi des indications historiques fascinantes sur certains appareils et ustensiles de cuisine qui sont utilisés tellement couramment que personne n'y songe à deux fois. Saviez-vous qu'il fut un temps où il était péché de se servir d'une fourchette? Que Léonard de Vinci est le père du premier tournebroche mécanique, précurseur de la rôtisserie moderne? Amusez-vous à découvrir ces bribes d'histoire et autres faits sur l'évolution des appareils, des ustensiles et des batteries de cuisine. Ne manquez pas de lire l'évolution des guides d'information nutritionnelle, qui donne un aperçu intéressant de la façon dont nos habitudes alimentaires ont changé au cours des 50 dernières années, et des facteurs qui ont motivé ces changements.

Que nous réserve l'avenir? On peut toujours chercher une réponse à cette question du côté de la technologie, de la religion ou même des étoiles et des galaxies. Peu importe quelle sera la prochaine grande aventure humaine, il demeure que je souhaite que le nouveau millénaire vous apporte à vous, à votre famille et à vos amis, ce que la vie a de meilleur à offrir. Je vous invite à fêter avec moi cet événement inégalé avec des recettes de tous les jours, au goût changeant de l'époque!

Je vous souhaite de conserver une foule de souvenirs heureux du millénaire!

Jean Paré

Fêtez le millénaire

La célébration de la veille de l'avènement d'un nouveau millénaire ne peut pas être qu'excitante, elle se doit d'être exceptionnelle! Nous entendons parler de cette mémorable soirée depuis des années, et voilà que le grand moment est enfin arrivé! Célébrez le début d'une autre année et du nouveau millénaire entouré de vos proches, parents et amis, en dégustant des plats délicieux.

Lorsque vos hôtes se présentent pour les festivités, proposez-leur un assortiment de hors-d'œuvre pour les mettre en appétit. Le brie en pâte ne passera pas inaperçu, pas plus que la pizza bruschetta, sûre de plaire à tous. Vos invités apprécieront également les roulés collants et les galettes aux oignons verts accompagnés de sauce épicée. Comme rafraîchissements, servez le punch célébration avec un assortiment d'autres boissons, sans oublier le champagne!

Alors que minuit sonne, c'est le moment de fêter nos forces et nos talents, de songer au passé et de souligner ce moment historique. À la vôtre!

Voici quelques rappels importants si vous planifiez une fête pour le millénaire :

Lancez vos invitations bien à l'avance. Vous avez intérêt à réserver vos amis et vos parents plusieurs mois avant ce grand moment. Inscrivez les noms de vos invités sur une liste et cochez-les à mesure qu'ils vous font parvenir leur réponse.

Vous devez décider si vous allez servir un repas à table, un buffet ou des plateaux de hors-d'œuvre, puis choisissez vos recettes en conséquence.

Dressez une liste de toute la nourriture, les boissons et les cotillons que vous devez vous procurer. Achetez les biens non périssables longtemps à l'avance.

Évaluez le temps que vous devrez consacrer à la préparation des aliments. Prenez note des plats que vous pouvez préparer à l'avance et congeler, de ceux qui peuvent être préparés la veille et, enfin, de ceux qui doivent être préparés le jour même.

Débarrassez-vous des corvées simples, mais qui prennent du temps, la veille de la fête. Organisez vos plats de service, verres et ustensiles et assurez-vous d'en avoir en quantité suffisante.

Amusez-vous en décorant la maison!

N'oubliez pas de vous réserver au moins 30 minutes pour vous détendre avant que vos invités ne commencent à arriver.

Punch célébration

Ce punch jaune pâle ressemble à du champagne.

Concentré de limonade surgelé, dégelé	12¹/₂ oz	355 mL
Jus de raisins blancs	10 tasses	2,5 L
Soda au gingembre	4 tasses	1 L
Soda	6 tasses	1,5 L
Anneau de glace (ou glaçons)		
Fraises fraîches (ou autres fruits), pour décorer		

Verser le concentré de limonade dans un bol à punch. Y ajouter le jus de raisin. Remuer. Réfrigérer.

Ajouter le soda au gingembre et le soda juste avant de servir. Remuer légèrement. Ajouter l'anneau de glace.

Décorer avec les fraises. Donne 5,2 L (21 tasses) de punch.

250 mL (1 tasse) de punch : 117 calories; trace de protéines; trace de matières grasses totales; 30 g de glucides; 21 mg de sodium; 0 g de fibres alimentaires

Photo à la page 10.

Brie en pâte

Brie en pâte

Fruits et fromage chaud se combinent pour former un savoureux amuse-gueule. On peut envelopper le brie dans la pâte, le surgeler, puis le dégeler et le cuire au moment de servir.

Pâte feuilletée pour vol-au-vent surgelée (paquet de 300 g, 10½ oz, pour 6), dégelée (voir Remarque)	2	2
Petite roue de brie	4 oz	125 g
Gros œuf, battu à la fourchette	1	1
Pommes rouges moyennes, coupées en fins quartiers	2	2

Abaisser 1 morceau de pâte en un rond de 14 à 15 cm (5½ à 6 po) sur une surface légèrement farinée.

Poser le brie au centre. Ramener la pâte sur le brie, en la plissant. Abaisser un autre morceau de pâte. Utiliser le couvercle de la boîte du brie pour couper un rond de la taille du dessus du fromage. Poser la pâte sur le dessus. Pincer le bord pour sceller la pâte. Façonner des décorations avec les retailles de pâte et les poser sur le dessus.

Badigeonner d'œuf battu. Poser le tout sur une plaque à pâtisserie graissée. Cuire au four à 450°F (230 °C) pendant 15 minutes. Réduire la température à 350°F (175 °C). Poursuivre la cuisson environ 5 minutes, jusqu'à ce que la pâte soit bien dorée. Disposer les quartiers de pomme autour du fromage. Pour 6 personnes.

1 portion : 167 calories; 7 g de protéines; 10,1 g de matières grasses totales; 13 g de glucides; 278 mg de sodium; 1 g de fibres alimentaires

Photo ci-dessus.

Remarque : On peut utiliser les 6 morceaux de pâte que contient le paquet pour faire 3 bries en pâte. Il suffit de tripler la recette et de prolonger la cuisson à 350°F (175 °C) de 5 à 10 minutes.

Pizza bruschetta

Ce hors-d'œuvre coloré est servi coupé en petites pointes.

Croûte :		
Farine tout usage	2 tasses	500 mL
Poudre à pâte	4 c. à thé	20 mL
Sucre granulé (facultatif)	1 c. à thé	5 mL
Sel	½ c. à thé	2 mL
Huile de cuisson	⅓ tasse	75 mL
Lait	¾ tasse	175 mL
Garniture :		
Huile de cuisson	2 c. à thé	10 mL
Poudre d'ail	½ c. à thé	2 mL
Sauce à salade légère (ou mayonnaise)	½ tasse	125 mL
Parmesan râpé	¼ tasse	60 mL
Mozzarella partiellement écrémé, râpé	1 tasse	250 mL
Tomates, épépinées et hachées	2 tasses	500 mL
Basilic déshydraté	1 c. à thé	5 mL
Sel à l'ail	½ c. à thé	2 mL

Croûte : Mettre les 4 premiers ingrédients dans un bol moyen. Remuer.

Ajouter l'huile de cuisson et le lait. Remuer jusqu'à obtenir une boule de pâte molle. Poser la pâte sur une surface légèrement farinée et la pétrir 8 fois, puis la diviser en 3 parties égales. Abaisser ou aplatir chaque partie en un rond de 18 cm (7 po). Piquer les ronds avec une fourchette et les poser sur une plaque à pâtisserie non graissée. Cuire au four à 400°F (205°C) environ 15 minutes, jusqu'à ce que la pâte soit dorée.

Garniture : Combiner l'huile de cuisson et la poudre d'ail dans une petite tasse. Badigeonner les croûtes.

Combiner rapidement les 6 derniers ingrédients dans un petit bol. Étaler le ⅓ du mélange de fromage sur chaque croûte. Poser les croûtes garnies sur une plaque à pâtisserie non graissée. Cuire au four à 400°F (205°C) environ 15 minutes, jusqu'à ce que les pizzas soient chaudes et que le fromage ait fondu. Laisser reposer 5 minutes. Couper chaque pizza en 8 pointes.

1 pointe : 336 calories; 10 g de protéines; 18,8 g de matières grasses totales; 32 g de glucides; 491 mg de sodium; 1 g de fibres alimentaires

Photo aux pages 10 et 11.

1. Punch célébration, page 8
2. Gâteau 2000, page 180
3. Pizza bruschetta, ci-dessus
4. Trempette au brocoli, page 12
5. Noix épicées, page 12
6. «Crevettes» du lac Laurier, page 39
7. Fruits de mer épicés, page 12
8. Pâté de fromage, page 12

Noix épicées

La variété de noix multiplie les formes et diversifie la texture. La recette ne contient pas de sel, mais on peut en ajouter au goût.

Huile de cuisson	⅓ tasse	75 mL
Sauce Worcestershire	1 c. à soupe	15 mL
Poudre de cari	2 c. à thé	10 mL
Poivre de Cayenne	¼ c. à thé	1 mL
Paprika	1 c. à thé	5 mL
Céréales de carrés de maïs et de riz (Crispix par exemple)	2 tasses	500 mL
Noix mélangées (arachides, pacanes, noix de Grenoble, noisettes et amandes par exemple)	1½ tasse	375 mL
Craquelins de riz (vendus au rayon de produits asiatiques des magasins d'alimentation)	3,6 oz	100 g
Raisins secs	1½ tasse	375 mL

Combiner les 5 premiers ingrédients dans une petite tasse.

Combiner les 4 derniers ingrédients dans une petite rôtissoire. Les arroser du mélange d'huile de cuisson. Remuer pour bien enrober le tout. Cuire au four à découvert à 300 °F (150 °C) pendant 15 minutes. Bien remuer. Poursuivre la cuisson environ 15 minutes. Laisser refroidir. Donne 1,5 L (6 tasses) de noix.

60 mL (¼ tasse) de noix : 145 calories; 3 g de protéines; 9,1 g de matières grasses totales; 15 g de glucides; 139 mg de sodium; 1 g de fibres alimentaires

Photo aux pages 10 et 11.

Trempette au brocoli

Peu ordinaire, cette savoureuse trempette bien fromagée est assaisonnée à l'ail. Servir avec un assortiment de croustilles ou de légumes.

Margarine dure (ou beurre)	1½ c. à thé	7 mL
Oignon haché	1 tasse	250 mL
Brocoli haché surgelé	2 tasses	500 mL
Eau bouillante	½ tasse	125 mL
Crème de champignons condensée	10 oz	284 mL
Champignons tranchés, en conserve, égouttés et hachés	10 oz	284 mL
Cheddar mi-fort, râpé	2 tasses	500 mL
Poudre d'ail	½ c. à thé	2 mL

Faire fondre la margarine dans une poêle à frire à revêtement antiadhésif. Ajouter l'oignon et le faire revenir jusqu'à ce qu'il soit doré.

Ébouillanter le brocoli dans une casserole moyenne jusqu'à ce qu'il soit tendre. L'égoutter et le hacher très fin.

Combiner les 4 derniers ingrédients dans une casserole moyenne. Chauffer en remuant jusqu'à ce que le fromage soit fondu. Incorporer l'oignon et le brocoli. Donne 1 L (4 tasses) de trempette.

30 mL (2 c. à soupe) de trempette : 46 calories; 2 g de protéines; 3,3 g de matières grasses totales; 2 g de glucides; 141 mg de sodium; 1 g de fibres alimentaires

Photo à la page 11.

Fruits de mer épicés

Ces hors-d'œuvre fameux marinent des heures dans une sauce épicée. Servir avec des fourchettes à huîtres ou des cure-dents.

Vinaigre de cidre	½ tasse	125 mL
Huile de cuisson	¼ tasse	60 mL
Persil frais, haché (ou 15 mL, 1 c. à soupe, de persil en flocons)	¼ tasse	60 mL
Bocal de piments forts, non égouttés	2 oz	57 mL
Cornichon à l'aneth moyen, coupé	1	1
Gousse d'ail (ou 1 mL, ¼ c. à thé, de poudre d'ail)	1	1
Sel	1 c. à thé	5 mL
Sauce aux piments forts, gouttes	6	6
Assortiment de fruits de mer en bouchées (grosses crevettes cuites, pétoncles, homard ou crabe)	2 lb	900 g

Combiner les 8 premiers ingrédients dans le mélangeur jusqu'à ce que le mélange soit presque lisse. Le verser dans un bol profond ou un sac de plastique muni d'une fermeture.

Ajouter les fruits de mer. Remuer pour les napper de marinade. Couvrir le bol ou fermer le sac. Réfrigérer environ 8 heures ou jusqu'au lendemain, en remuant les fruits de mer ou en retournant le sac à plusieurs reprises. Transférer les fruits de mer dans un plat de service avec une écumoire. Jeter la marinade. Pour 12 personnes.

1 portion : 96 calories; 15 g de protéines; 3,1 g de matières grasses totales; 2 g de glucides; 528 mg de sodium; trace de fibres alimentaires

Photo à la page 10.

Pâté de fromage

Servir accompagné de craquelins ou de pointes de pain grillé, avec un couteau.

Fromage à la crème léger, ramolli	8 oz	250 g
Bleu, tassé	¼ tasse	60 mL
Fromage à la crème léger, ramolli	4 oz	125 g
Moutarde préparée	1 c. à thé	5 mL
Sauce soja	1 c. à thé	5 mL
Poudre d'oignon	¼ c. à thé	1 mL
Relish de cornichons sucrés	1 c. à thé	5 mL
Flocons de jambon, en conserve, égouttés et écrasés	6½ oz	184 g
Persil frais, haché	⅓ tasse	75 mL

Combiner la première quantité de fromage à la crème et le bleu dans un petit bol. Vaporiser un morceau de papier ciré de 30 cm (12 po) de long avec un aérosol pour la cuisson. Façonner un rectangle de 20 x 30 cm (8 x 12 po) sur le papier ciré avec le mélange de fromage. Refroidir au réfrigérateur.

Combiner les 6 prochains ingrédients dans un bol moyen. Bien mélanger. Étaler ce mélange sur la première couche de fromage. Refroidir au réfrigérateur. Rouler la préparation comme un gâteau roulé, depuis le côté le moins long, en dégageant le papier ciré à mesure. Bien réfrigérer.

Répandre le persil sur un plan de travail. Poser le rouleau sur le persil, puis le tourner pour l'en couvrir. Donne un pâté de 625 mL (2½ tasses).

30 mL (2 c. à soupe) de pâté : 65 calories; 4 g de protéines; 5,2 g de matières grasses totales; 1 g de glucides; 338 mg de sodium; trace de fibres alimentaires

Photo à la page 10.

En haut, à gauche : Trempette forte
page 40
En bas, à gauche : Galettes aux
oignons verts, ci-dessous

En haut, au centre : Sauce au soja,
épicée, ci-contre, au bas de la page
En bas, à droite : Roulés collants,
ci-contre

Roulés collants

*La préparation est longue, mais en vaut la peine. Les roulés
disparaîtront vite. Servir avec la sauce épicée, ci-dessous.*

Chou râpé	³/₄ tasse	175 mL
Porc haché maigre	6 oz	170 g
Crevettes cuites fraîches (ou surgelées), hachées	5 oz	140 g
Oignons verts, hachés fin	3 c. à soupe	50 mL
Sauce soja	1 c. à soupe	15 mL
Fécule de maïs	1 c. à thé	5 mL
Gingembre moulu	¼ c. à thé	1 mL
Poudre d'ail	¼ c. à thé	1 mL
Sel	¼ c. à thé	1 mL
Enveloppes à wonton rondes	36	36
Eau bouillante	3 pte	3 L
Margarine dure (ou beurre)	2 c. à thé	10 mL

Bien combiner les 9 premiers ingrédients dans un bol moyen.

Dresser 12 mL (2½ c. à thé) de la farce au porc au centre de chaque
enveloppe à wonton. Humecter le bord. Replier l'enveloppe sur la
farce et pincer le bord pour le sceller. Conserver les roulés farcis sous
un torchon humide pour les empêcher de sécher.

Faire bouillir l'eau dans une grande casserole ou un faitout découvert.
Y mettre jusqu'à ¹/₃ des roulés. Porter à nouvelle ébullition et laisser
bouillir 5 minutes. Retirer les roulés de l'eau avec une écumoire. Les
rincer à l'eau froide. Cuire tous les roulés de cette manière.

Faire fondre la margarine dans une poêle à frire à revêtement
antiadhésif. Entasser les roulés dans la poêle. Les cuire sans les
retourner jusqu'à ce qu'ils soient bien dorés. Donne 36 roulés.

1 roulé : 19 calories; 2 g de protéines; 0,5 g de matières grasses totales; 1 g de glucides;
70 mg de sodium; trace de fibres alimentaires

Photo ci-contre.

Galettes aux oignons verts

*Ce célèbre amuse-gueule oriental est impressionnant. Servir avec la sauce
épicée, ci-contre (bas de la page), ou la trempette forte au soja, page 40.*

Farine tout usage	2 tasses	500 mL
Sel	½ c. à thé	2 mL
Eau très chaude	³/₄ tasse	175 mL
Oignons verts, tranchés fin	³/₄ tasse	175 mL
Huile de cuisson	2 c. à soupe	30 mL
Sel, une pincée		

Mettre la farine et le sel dans le robot culinaire. Replacer le couvercle.

Mettre le robot en marche et pendant qu'il fonctionne, verser
lentement l'eau chaude dans la cheminée jusqu'à ce qu'une
boule de pâte se forme. Pétrir la pâte sur une surface légèrement
farinée jusqu'à ce qu'elle soit lisse. Envelopper la pâte dans une
pellicule plastique et la laisser reposer au moins 30 minutes. Façonner
un long cordon et le couper en 12 morceaux.

Mettre les oignons verts dans un bol peu profond. Aplatir un
morceau de pâte entre les mains, puis le presser des deux côtés dans
les oignons verts. Pétrir la pâte pour y incorporer les oignons verts
puis reformer le rond aplati. Abaisser la pâte en un rond de 11 cm
(4½ po) au rouleau à pâtisserie graissé, sur une surface légèrement
graissée. Préparer ainsi tous les morceaux de pâte, en conservant les
ronds déjà façonnés sous plastique.

Faire chauffer 7 mL (1½ c. à thé) d'huile de cuisson dans une poêle
à frire à revêtement antiadhésif. Poser 4 galettes dans la poêle et les
cuire à feu mi-fort en les aplatissant avec une spatule jusqu'à ce que
des taches brunes apparaissent des deux côtés. Ne pas cuire les
galettes trop longtemps; elles doivent être molles et souples,
élastiques sous la dent. Égoutter les galettes cuites sur un essuie-tout.
Couper chaque galette en 2 ou 4 sections. Donne 12 galettes.

1 galette : 103 calories; 2 g de protéines; 2,5 g de matières grasses totales; 17 g de glucides;
115 mg de sodium; 1 g de fibres alimentaires

Photo ci-dessus.

Sauce épicée

*Et épicée, elle l'est! Servir avec les roulés collants, ci-dessus, ou les
galettes aux oignons verts, ci-contre.*

Jus de pomme	½ tasse	125 mL
Sauce soja	2 c. à soupe	30 mL
Vinaigre de vin rouge	2 c. à soupe	30 mL
Sauce chili	1 c. à soupe	15 mL
Gousses d'ail, émincées (ou 2 mL, ½ c. à thé, de poudre d'ail)	2	2
Piments rouges broyés, écrasés fin	1 c. à thé	5 mL
Sucre granulé	¼ c. à thé	1 mL
Poivre	¹/₁₆ c. à thé	0,5 mL

Combiner les 8 ingrédients dans une petite casserole. Chauffer jusqu'à
ce que la sauce mijote. Laisser mijoter sous couvert pendant 10 minutes.
Servir à la température de la pièce. Donne 75 mL (¹/₃ tasse) de sauce.

15 mL (1 c. à soupe) de sauce : 23 calories; 1 g de protéines; 0,1 g de matières grasses
totales; 5 g de glucides; 425 mg de sodium; trace de fibres alimentaires

Photo ci-contre.

Buffet de minuit

Vers 23 heures, après avoir servi des hors-d'œuvre à vos invités au cours de la soirée, dévoilez le buffet suivant, composé notamment d'une rafraîchissante salade potagère à l'italienne et de la solide dinde Stroganov. Ainsi, tout le monde devrait être repu alors que les dernières secondes de l'année s'écoulent et que l'on sable le champagne! Après minuit, servez le dessert pour donner au millénaire une note sucrée. Nous recommandons la savoureuse fondue au moka accompagnée d'un plateau de tartelettes au mincemeat. Si vous recevez beaucoup de monde, vous pouvez préparer à l'avance notre gâteau 2000 et le surgeler. Les indications sont données aux pages 180 et 181.

Dinde Stroganov

Voilà de quoi finir un reste de dinde. Servir avec du riz ou des nouilles, sur canapés, comme en-cas

Margarine dure (ou beurre)	¼ tasse	60 mL
Oignon haché	¾ tasse	175 mL
Farine tout usage	¼ tasse	60 mL
Lait	2 tasses	500 mL
Champignons tranchés, en conserve, non égouttés	10 oz	284 mL
Eau chaude	¼ tasse	125 mL
Bouillon de poulet en poudre	2 c. à soupe	30 mL
Persil en flocons	2 c. à thé	10 mL
Paprika	½ c. à thé	2 mL
Sel	1 c. à thé	5 mL
Poivre	¼ c. à thé	1 mL
Dinde cuite, hachée	4 tasses	1 L
Crème sure légère	1 tasse	250 mL

Faire fondre la margarine dans une grande casserole. Ajouter l'oignon et le faire revenir jusqu'à ce qu'il soit mou et transparent.

Incorporer la farine, puis ajouter le lait en remuant jusqu'à ce que la préparation bouille et épaississe.

Ajouter les 7 prochains ingrédients. Laisser mijoter 3 à 4 minutes.

Ajouter la dinde et la crème sure. Remuer. Réchauffer le tout. Donne 1,5 L (6 tasses) de Stroganov.

250 mL (1 tasse) de Stroganov : 325 calories; 36 g de protéines; 13,4 g de matières grasses totales; 14 g de glucides; 1 412 mg de sodium; 1 g de fibres alimentaires

Photo à la page 15.

Salade potagère à l'italienne

Une salade colorée de vert, de rouge, de mauve et d'orange. Servir avec du parmesan râpé.

Vinaigrette :		
Vinaigre blanc	½ tasse	125 mL
Eau	⅓ tasse	75 mL
Huile de cuisson	⅓ tasse	75 mL
Sirop de maïs	¼ tasse	60 mL
Parmesan râpé	2 c. à soupe	30 mL
Cristaux de pectine	2 c. à soupe	30 mL
Gros œuf (facultatif)	1	1
Sel	1½ c. à thé	7 mL
Jus de citron	1 c. à thé	5 mL
Petite gousse d'ail (ou 1 mL, ¼ c. à thé, de poudre d'ail)	1	1
Persil en flocons	½ c. à thé	2 mL
Origan entier déshydraté	⅛ c. à thé	0,5 mL
Piments rouges broyés, écrasés fin, une petite pincée		
Salade :		
Laitue Iceberg, coupée ou déchiquetée	5 tasses	1,25 L
Chou rouge, râpé	1 tasse	250 mL
Poivron rouge, tranché fin	½ tasse	125 mL
Carottes, en juliennes	½ tasse	125 mL
Concombre, tranché fin	½ tasse	125 mL
Tomates italiennes, coupées en moitiés puis en tranches de 6 mm (¼ po) d'épaisseur	2	2
Olives noires entières, dénoyautées	25	25

Vinaigrette : Combiner les 13 ingrédients au mélangeur jusqu'à ce que la préparation soit lisse. Réfrigérer jusqu'au lendemain pour que les goûts se mêlent. Donne 375 mL (1½ tasse) de vinaigrette.

Salade : Combiner les 7 ingrédients dans un grand saladier. Verser 125 mL (½ tasse) de vinaigrette sur la salade. Bien remuer. Donne 2 L (8 tasses) de salade.

250 mL (1 tasse) de salade avec vinaigrette : 76 calories; 1 g de protéines; 4,7 g de matières grasses totales; 8 g de glucides; 279 mg de sodium; 2 g de fibres alimentaires

Photo à la page 15.

Remarque : Réfrigérer le reste de la vinaigrette. L'utiliser dans les trois ou quatre jours si elle contient un œuf ou d'ici sept jours si elle n'en contient pas.

« Nous nous réunissions souvent pour patiner sur l'étang gelé. Après, nous nous retrouvions à la maison où nous préparions des s'mores avec des biscuits Graham, du fromage et des guimauves (si nous avions la chance d'en avoir) puis nous les dégustions arrosés de chocolat chaud. »

Jean Paré

À gauche : Aspic au champagne, ci-dessous   En haut, à droite : Salade potagère à l'italienne, page 14   En bas, à droite : Dinde Stroganov, page 14

Aspic au champagne

En dépit de son nom, ce plat délicat ne contient pas une goutte d'alcool. Il est parfait pour une fête ou pour se refaire le palais entre les services.

Première couche :

Sachet de gélatine non parfumée	1 × ¼ oz	1 × 7 g
Eau	½ tasse	125 mL
Sucre granulé	2 c. à soupe	30 mL
Jus de raisins blancs	½ tasse	125 mL
Concentré de limonade surgelé, dégelé	⅓ tasse	75 mL
Eau	⅓ tasse	75 mL

Seconde couche :

Sachet de gélatine non parfumée	1 × ¼ oz	1 × 7 g
Eau	¼ tasse	60 mL
Sucre granulé	2 c. à soupe	30 mL
Jus de raisins blancs	½ tasse	125 mL
Concentré de limonade surgelé	⅔ tasse	150 mL
Sachet de garniture à dessert (préparée selon le mode d'emploi)	1	1

Première couche : Répandre la gélatine sur la première quantité d'eau dans une petite casserole. Laisser reposer 1 minute. Chauffer en remuant jusqu'à ce que la gélatine soit dissoute. Retirer du feu.

Incorporer le sucre en remuant jusqu'à ce qu'il soit dissous. Ajouter le jus de raisins, le concentré de limonade et la deuxième quantité d'eau. Verser le tout dans un moule à aspic de 1,5 L (6 tasses). Réfrigérer le temps de préparer la seconde couche.

Seconde couche : Répandre la gélatine sur la troisième quantité d'eau dans une petite casserole. Laisser reposer 1 minute. Chauffer en remuant jusqu'à ce que la gélatine soit dissoute. Retirer du feu.

Incorporer le sucre en remuant jusqu'à ce qu'il soit dissous. Ajouter le jus de raisins et le concentré de limonade. Réfrigérer en remuant et en raclant souvent les parois de la casserole jusqu'à ce que la préparation ait épaissi.

Incorporer la garniture à dessert en pliant. Verser le tout sur la première couche, dans le moule. Réfrigérer. Donne un aspic de 1,5 L (6 tasses).

125 mL (½ tasse) d'aspic : 104 calories; 2 g de protéines; 1,8 g de matières grasses totales; 21 g de glucides; 12 mg de sodium; 0 g de fibres alimentaires

Photo ci-dessus.

Fondue au moka

Servir avec un assortiment de fruits, des guimauves et de gros morceaux de quatre-quarts ou de beignes.

Crème à fouetter	1 tasse	250 mL
Brisures de chocolat mi-sucré	2 tasses	500 mL
Grains de café instantané	1 c. à soupe	15 mL

Faire chauffer la crème à fouetter, les brisures de chocolat et les grains de café à feu doux dans une petite casserole. Remuer souvent. Lorsque le chocolat est fondu, verser la préparation dans un caquelon sur une petite flamme. Donne 500 mL (2 tasses) de fondue.

30 mL (2 c. à soupe) de fondue : 131 calories; 2 g de protéines; 11,9 g de matières grasses totales; 9 g de glucides; 6 mg de sodium; 0 g de fibres alimentaires

Photo ci-dessous.

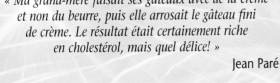

« Ma grand-mère faisait ses gâteaux avec de la crème et non du beurre, puis elle arrosait le gâteau fini de crème. Le résultat était certainement riche en cholestérol, mais quel délice! »

Jean Paré

Tartelettes au mincemeat

Je dois avouer que je savoure depuis bien des années ces savoureuses gâteries « chapeautées ». Mangez-les tièdes avec de la crème glacée. Gardez-les au congélateur pour les déguster à longueur d'année. Comme la garniture se conserve longtemps au réfrigérateur, vous pouvez faire des tartelettes à chaque fois que l'envie vous en prend.

Mincemeat, passé au mélangeur	2 tasses	500 mL
Compote de pommes	¾ tasse	175 mL
Tapioca minute	1½ c. à soupe	25 mL
Pâte brisée pour trois tartes de 22 cm (9 po), commerciale ou maison		
Sucre granulé	1 c. à thé	5 mL

Bien combiner le mincemeat avec la compote et le tapioca dans un petit bol.

Abaisser la pâte et la diviser en deux. Couper 15 ronds de pâte et les poser dans les cavités d'une plaque à muffins non graissée. Dresser le mélange de mincemeat à la cuillère sur la pâte, en remplissant les cavités aux ¾. Abaisser le reste de la pâte. Couper 15 autres ronds pour fermer les tartelettes. Humecter le bord des ronds de pâte et les poser sur les ronds remplis. Pincer le bord de la pâte pour fermer les tartelettes et faire 3 ou 4 incisions dans le dessus de chacune.

Saupoudrer de sucre. Cuire dans le bas du four à 400°F (205 °C) environ 15 minutes, jusqu'à ce que les tartelettes soient dorées. Donne 15 tartelettes.

1 tartelette : 210 calories; 2 g de protéines; 9,1 g de matières grasses totales; 31 de glucides; 228 mg de sodium; 1 g de fibres alimentaires

Photo ci-dessous.

Fondue au moka

Tartelettes au mincemeat

Le jour de l'An

Le premier jour de la nouvelle année est un événement—Célébrez-le en grand avec du bon monde et un bon festin. Le moment est bien choisi pour réunir famille et amis à la table pour partager un repas savoureux. Le service peut être aussi stylé ou détendu que vous le souhaitez. Vous pouvez servir le repas principal en après-midi ou en début de soirée pour passer du temps en bonne compagnie auparavant. La soupe à l'oignon à la française, comme entrée, mettra tout le monde en appétit. Le poulet pané à la crème sure fait un délicieux plat de résistance et nous vous proposons, pour clouer ce repas superbe, notre tarte aux canneberges.

Le vert et le blanc

Un plat de légumes tout-en-un, qui est aussi coloré que savoureux.

Chou-fleur surgelé	2 tasses	500 mL
Brocoli coupé surgelé	2 tasses	500 mL
Champignons entiers, en conserve, égouttés	10 oz	284 mL
Crème de champignons condensée	10 oz	284 mL
Cheddar mi-fort, râpé	1 tasse	250 mL
Oignon en flocons	2 c. à soupe	30 mL

Répartir uniformément le chou-fleur, le brocoli et les champignons dans une cocotte de 1,5 L (1½ pte) non graissée.

Remuer vigoureusement la crème de champignons dans un bol moyen. Incorporer le fromage et l'oignon en flocons. Étaler la préparation sur les légumes, en les recouvrant complètement. Couvrir. Cuire au four à 350°F (175 °C) environ 20 minutes. Découvrir. Poursuivre la cuisson 20 à 30 minutes, jusqu'à ce que les légumes soient à point. Pour 6 personnes.

1 portion : 170 calories; 9 g de protéines; 10,8 g de matières grasses totales; 12 g de glucides; 655 mg de sodium; 4 g de fibres alimentaires

Photo ci-contre.

Poulet pané à la crème sure

Assembler le plat le matin et le réfrigérer jusqu'au moment de l'enfourner. Pour faciliter le nettoyage, on peut recouvrir la plaque à pâtisserie de papier d'aluminium graissé.

Crème sure légère (pas sans gras)	¼ tasse	60 mL
Lait	1 c. à soupe	15 mL
Chapelure de craquelins fins (Breton ou Ritz par exemple)	1 tasse	250 mL
Sel	¾ c. à thé	4 mL
Poivre	⅛ c. à thé	0,5 mL
Demi-poitrines de poulet désossées et dépouillées (environ 680 g, 1½ lb)	6	6
Margarine dure (ou beurre), fondue	2 c. à soupe	30 mL

Combiner la crème sure et le lait dans un petit bol.

Combiner la chapelure avec le sel et le poivre dans un autre bol.

Essuyer le poulet avec un essuie-tout, puis le napper avec le mélange de crème sure avant de le passer dans la chapelure. Poser les morceaux de poulet sur une plaque à pâtisserie graissée. (À ce stade, on peut réfrigérer le poulet jusqu'à environ 1 heure avant de servir.)

Arroser chaque morceau de poulet d'environ 5 mL (1 c. à thé) de margarine. Cuire au four à 350°F (175 °C) environ 45 minutes, jusqu'à ce que le poulet soit tendre. Pour 6 personnes.

1 portion : 237 calories; 29 g de protéines; 8,3 g de matières grasses totales; 10 g de glucides; 618 mg de sodium; trace de fibres alimentaires

Photo ci-dessous.

Le vert et le blanc

Poulet pané à la crème sure

Tartinade aux crevettes

Le sherry fait toute la différence. Servir avec un assortiment de craquelins.

Margarine dure (ou beurre)	¼ tasse	60 mL
Farine tout usage	¼ tasse	60 mL
Paprika	¼ c. à thé	1 mL
Sel	¼ c. à thé	1 mL
Poivre	⅛ c. à thé	0,5 mL
Lait	1 tasse	250 mL
Champignons en morceaux, en conserve, égouttés et hachés fin	10 oz	284 mL
Ciboulette fraîche, hachée (ou 5 mL, 1 c. à thé, de ciboulette déshydratée)	1 c. à soupe	15 mL
Persil en flocons	1 c. à thé	5 mL
Poudre d'oignon	¼ c. à thé	1 mL
Crevettes fraîches cuites (ou surgelées et dégelées), hachées (ou 2 boîtes de 113 g, 4 oz, de crevettes, égouttées et hachées)	8 oz	225 g
Sherry (ou sherry sans alcool)	2 c. à soupe	30 mL

Faire fondre la margarine dans une petite casserole. Incorporer la farine, le paprika, le sel et le poivre, puis ajouter le lait peu à peu en remuant jusqu'à ce que la préparation bouille et épaississe.

Ajouter les 6 derniers ingrédients. Remuer. Réfrigérer. Donne 625 mL (2½ tasses) de tartinade.

30 mL (2 c. à soupe) de tartinade : 47 calories; 3 g de protéines; 2,7 g de matières grasses totales; 2 g de glucides; 112 mg de sodium; trace de fibres alimentaires

Photo ci-dessous.

Soupe à l'oignon à la française

Quelle saveur! Elle commence bien un repas pris à table.

Huile de cuisson	3 c. à soupe	50 mL
Oignons, tranchés mince	4 tasses	1 L
Eau	4 tasses	1 L
Bouillon de légumes en poudre	1½ c. à soupe	25 mL
Poudre d'ail	⅛ c. à thé	0,5 mL
Sauce soja	1 c. à thé	5 mL
Sel	1 c. à thé	5 mL
Poivre	⅛ c. à thé	0,5 mL
Croûtons	1¼ tasse	375 mL
Mozzarella partiellement écrémé, râpé	1 tasse	250 mL

Faire chauffer l'huile de cuisson dans une grande casserole. Ajouter l'oignon et le faire revenir jusqu'à ce qu'il soit mou et doré.

Ajouter les 6 prochains ingrédients. Porter à ébullition en remuant souvent. Couvrir. Laisser bouillir doucement pour cuire les oignons. Répartir la soupe dans 4 ramequins ou bols à l'épreuve du four.

Répartir les croûtons sur la soupe, puis le fromage. Cuire au four à 450°F (230 °C) environ 3 minutes pour faire fondre le fromage. Pour 4 personnes.

1 portion : 286 calories; 12 g de protéines; 16,5 g de matières grasses totales; 24 g de glucides; 1 692 mg de sodium; 2 g de fibres alimentaires

Photo ci-dessous.

En haut, à gauche et à droite : Tarte aux canneberges, page 19   En bas, au centre : Tartinade aux crevettes, ci-dessus   En haut, au centre : Soupe à l'oignon à la française, ci-dessus

Trempette au cari

Cette trempette simple est idéale avec des légumes frais, des ailes de poulet, des boules de jambon ou des boulettes.

Sauce à salade légère (ou mayonnaise)	2 tasses	500 mL
Oignon en flocons	2 c. à thé	10 mL
Poudre d'ail	¼ c. à thé	1 mL
Ketchup	3 c. à soupe	50 mL
Vinaigre blanc	½ c. à thé	2 mL
Poivre de Cayenne	¼ c. à thé	1 mL
Poudre de cari	1 c. à soupe	15 mL
Sucre granulé	½ c. à thé	2 mL

Mettre les 8 ingrédients dans un bol moyen. Bien remuer. Donne 500 mL (2 tasses) de trempette.

30 mL (2 c. à soupe) de trempette : 92 calories; trace de protéines; 7,7 g de matières grasses totales; 6 g de glucides; 267 mg de sodium; trace de fibres alimentaires

Photo ci-dessous.

« Quand j'étais jeune, nous servions du maïs soufflé, des gâteaux et des biscuits quand il y avait une fête. Les guimauves étaient un luxe. Les fêtes où l'on faisait griller des saucisses étaient toujours plaisantes. Souvent, nous partions en pique-nique et nous allumions un feu. »
Jean Paré

RECETTE À L'ÉPREUVE DU TEMPS

Tarte aux canneberges

Ma tante préparait souvent cette tarte pour le jour de l'An. Le secret, c'était d'utiliser de la vraie crème fouettée. De nos jours, la garniture à dessert fouettée surgelée convient tout aussi bien.

Sucre granulé	¾ tasse	175 mL
Farine tout usage	1½ c. à soupe	25 mL
Eau bouillante	¼ tasse	125 mL
Sel	¼ c. à thé	1 mL
Canneberges fraîches (ou surgelées)	1½ tasse	375 mL
Raisins secs	1 tasse	250 mL
Abaisse non cuite de 22 cm (9 po)	1	1
Crème à fouetter	1 tasse	250 mL
Sucre granulé	2 c. à thé	10 mL
Vanille	¼ c. à thé	2 mL

Combiner la première quantité de sucre et la farine dans un bol moyen. Ajouter l'eau bouillante et le sel. Mélanger.

Broyer les canneberges et les raisins secs, puis les ajouter au premier mélange. Remuer. On peut également combiner et broyer les 6 premiers ingrédients en même temps au robot culinaire.

Verser la garniture dans l'abaisse. Cuire dans le bas du four à 400°F (205 °C) environ 20 minutes, jusqu'à ce que la garniture soit prise. Laisser refroidir.

Battre la crème avec la seconde quantité de sucre et la vanille dans un petit bol jusqu'à ce qu'elle épaississe. La dresser à la cuillère sur la tarte. Réfrigérer. Couper en 8 pointes.

1 pointe : 361 calories; 3 g de protéines; 17,8 g de matières grasses totales; 50 g de glucides; 237 mg de sodium; 2 g de fibres alimentaires

Photo aux pages 18 et 19.

En bas, à droite : Trempette au cari, ci-dessus

Voici certains grands moments qui ont marqué les 100 dernières années. Ces dates réveilleront des souvenirs pour certains et seront révélatrices pour d'autres.

1900 -1909

La mélasse est vendue en baril et le cheddar, en roues, au magasin général

Le lait en poudre est fabriqué pour la première fois au Canada

La poudre à pâte est fabriquée par les pharmaciens

La société Victor lance les « machines parlantes »

La levure est faite à la maison à base de houblon

Les premiers cornets de crème glacée faits à la machine font leur entrée

Le Jell-0® gagne en popularité

Le premier carrosse non hippomobile est inventé (p. ex. 1907, McLaughlin)

Les calories, les protéines, le gras, les glucides et les minéraux sont identifiés et, avec l'eau, constituent les cinq éléments fondamentaux de la santé (remarque : les vitamines ne sont pas encore connues)

L'alimentation saine et la nutrition sont considérées comme un traitement ou une cure, mais non une mesure de prévention

Le tournant du siècle

1900 **L'emballage des viandes, la fabrication de beurre, de fromage et de pain et la raffinerie du sucre comptent parmi les 10 premières industries canadiennes (tous sont liés à l'agriculture, soit l'élevage, soit les produits laitiers, soit les cultures)**

1900 **Le sucre est chauffé pour fabriquer de la barbe à papa**

1901 **Entrée en vigueur de la Loi canadienne sur le marquage des fruits; il s'agit de la première mesure réglementaire sur le classement des aliments adoptée au Canada**

1903 **Le thon est mis en conserve**

1904 **Les hamburgers sur petits pains, les cornets de crème glacée, le thé glacé, le maïs éclaté, le beurre d'arachides et le riz soufflé sont tous lancés lors de l'Exposition universelle de St. Louis**

1904 **La société Campbell's® met en conserve ses haricots au porc et lance la campagne « Campbell's® Kids »**

1904 **Le sachet de thé est inventé**

1905 **La première pizzeria des États-Unis ouvre dans le quartier italien de New York**

1906 **Kellogg's lance ses Flocons de maïs Corn Flakes®**

1906 **Les premiers diplômés en nutrition et en diététique terminent leurs études à l'université de Toronto**

1907 **Les mesures d'inspection de la viande et la Loi sur les aliments en conserve sont mis en pratique dans les usines**

1907 **Hershey's® lance les petits becs**

1908 **Dixie lance ses tasses en papier**

1909 **Le premier vol aérien au Canada est réalisé à Baddeck (Nouvelle-Écosse)**

Une épopée gastronomique

La nécessité de consommer des aliments pour survivre s'est imposée dès l'aube de l'existence humaine, comme le montrent les dessins représentant la mise à mort d'animaux qui ont été retrouvés sur les murs des cavernes habitées par nos ancêtres. Le rapport entre l'être humain et son alimentation a, de bien des points de vue, déterminé l'évolution de l'humanité. En effet, la nourriture a contribué à rapprocher les êtres humains, amorçant ainsi la vie en communauté puis en société telle que nous la connaissons aujourd'hui.

Ce que nous consommons, la forme que nous donnons à nos aliments et la façon dont nous préparons, servons et mangeons la nourriture sont autant de voies qui mènent à une rétrospective fascinante. Accompagnez-nous au fil de cette épopée gastronomique qui explore l'évolution des méthodes de cuisson et des appareils et ustensiles de cuisine. À quelle époque la nutrition est-elle devenue une vogue? Est-ce que les découvertes sur les effets de l'alimentation sur notre esprit et nos corps ont eu une incidence sur les choix alimentaires quotidiens de chacun? Ne manquez pas de lire les chronologies intitulées «Vous en souvenez-vous?». Saviez-vous que les biscuits Oreo® existent depuis 1912? Vous souvenez-vous de ce que vous faisiez au moment où Neil Armstrong a posé le pied sur la lune? Nous vous invitons à savourer ces grands moments de notre histoire!

L'histoire de la nutrition et des guides alimentaires

Au Canada : Des lignes directrices sur l'alimentation existent au Canada depuis plus de 50 ans.

Comme vous l'imaginez, le guide alimentaire que nous utilisons aujourd'hui est le fruit d'une évolution, de changements qui ont touché nos habitudes alimentaires et notre mode de vie au fil des années. Le guide a aussi été influencé par les résultats de la recherche et les guides alimentaires adoptés plus tôt aux États-Unis. De plus, les nouvelles méthodes de traitement des aliments, les progrès touchant l'entreposage et le transport des aliments et les découvertes sur les besoins nutritifs et les techniques d'éducation sur la nutrition ont influencé l'apparence et le contenu de ce précieux document.

1942 : À cause du rationnement alimentaire dû à la guerre, du contexte économique difficile et d'un mode de vie actif, les habitudes alimentaires des Canadiens laissent à désirer. Il semble donc nécessaire de rédiger un guide alimentaire pratique et facile à suivre. Les première lignes directrices canadiennes en matière de nutrition voient donc le jour : il s'agit des Règles alimentaires officielles du Canada, rebaptisées Règles alimentaires du Canada en 1944.

1949 : Après la guerre, le niveau de vie s'améliore en Amérique du Nord et en Europe de l'Ouest. Autrement dit, les gens sont moins actifs, mais mangent davantage. L'incidence des maladies dégénératives chroniques, comme le diabète, les maladies du cœur et le cancer, commence à augmenter. Quoiqu'elles n'existent que depuis quelques années, les Règles alimentaires du Canada doivent être mise à jour pour refléter les nouveaux besoins alimentaires d'un pays en plein essor. Cette mise à jour, effectuée en 1949, ne sera certainement pas la dernière.

La Grande Guerre

1910 - 1919

Le poète canadien John McCrae rédige *Au champ d'honneur*

La Première Guerre mondiale : 1914 - 1918

On prépare de la confiture pour soutenir l'effort de guerre

Pour évaluer la température du four, on calcule le temps que met à brunir une feuille de papier blanc

La première émission de radio commerciale du Canada est diffusée à Montréal

Les premières boîtes de sucre granulé sont produites

Les diététistes sont désolés d'apprendre que la plupart des gens considèrent qu'un café accompagné de pain grillé constituent un bon déjeuner

Les conserves sont préparées dans des bocaux de verre scellés par une rondelle de caoutchouc et un couvercle vissé

La chaudière en cuivre sert à ébouillanter les bocaux de conserve et à chauffer l'eau du bain

Pendant la Première Guerre mondiale, on commence à préparer des biscuits plus durs pour pouvoir les expédier aux soldats en Europe

Le tango et le fox-trot sont les danses à la mode

Les concerts, les bals de débutantes et les soupers élégants sont donnés en ville

Les pique-niques paroissiaux, les parties de balle molle et les promenades hivernales en traîneaux sont les divertissements dans les régions rurales

Le quatre-quarts : une livre de sucre, une livre de beurre, une livre d'œufs et une livre de farine

Le gâteau de guerre ne contient pas d'œufs, pas de lait et pas de beurre; il se conserve et se transporte bien; il était courant pendant les deux guerres mondiales

1910 La première friandise en barre se vend cinq cents

1910 Heinz® commence à fabriquer son ketchup à Leamington (Ontario)

1910 Procter & Gamble met au point le shortening végétal hydrogéné, appelé Crisco®

1911 Les poêles, grils, percolateurs, grille-pain et gaufriers électriques sont lancés lors de la Foire de l'électricité de New York

1912 Le biscuit Oreo® naît

1912 Morton's® lance le sel de table fluide

1912 Les vitamines sont découvertes et ajoutées à la liste des éléments nutritifs indispensables

1915 La société Corning® lance la batterie Pyrex®

1918 L'armistice, signée à 11 heures le 11e jour du 11e mois, signifie la fin de la Première Guerre mondiale

1918 La Loi sur les fruits et légumes en conserve introduit le classement des procédés commerciaux de mise en conserve des aliments

1919 Le Groupe des Sept (peintres) est formé

Les folles années 1920

1920 - 1929

Les fruits secs, comme les dattes et les raisins secs, ainsi que le miel, sont des ingrédients de base

Le beurre de citron est souvent utilisé comme garniture de tartelettes, de tartes et de gâteaux ou étalé sur du pain grillé, des scones ou des biscuits de pâte

On peut acheter des bonbons à un sou au magasin général

Les tartes à la crème, les desserts moulés à base de gélatine nature ou des nouvelles gelées en poudre aromatisées et le riz, le tapioca et le sagou sont la base de nombreux desserts

Les films sont « parlants »

Le poulet à la King, la tarte à la crème de Boston et la tarte Washington font leur apparition

Les Grads d'Edmonton, équipe féminine de basket-ball, sont championnes canadiennes pendant 18 ans

Les huîtres gagnent en popularité, particulièrement à Noël (p. ex. soupe aux huîtres)

La préparation de fromage Kraft®, les nouveaux « cristaux de saveur » Sheriff® dans les gelées en poudre et les céréales de riz croustillant Rice Krispies® sont nés

On peut désormais se procurer des réfrigérateurs, des machines à laver à essoreuse, des chauffe-eau, des grille-pain et des aspirateurs

Les femmes entrent de plus en plus sur le marché du travail, particulièrement en journalisme et en politique

1920 La Société des nations voit le jour

1920 La Loi sur les aliments et drogues protège les Canadiens contre les dangers pour la santé et la fraude associés à la vente d'aliments, de drogues, de cosmétiques et d'instruments médicaux

1921 La Compagnie Quaker Oats® lance le gruau à cuisson rapide (l'un des premiers aliments « prêts-à-servir »)

1921 Betty Crocker® « naît »

1921 Le schooner Bluenose est mis à l'eau à Halifax

1921 à 1926 On découvre quatre autres vitamines; on recommande de donner de l'huile de foie de morue aux enfants en guise de supplément de vitamine D

1922 Banting et Best découvrent l'insuline

1923 Kellogg® met au point le premier « essai en cuisine »

1924 La sucette glacée, ou « popsicle », est brevetée

1925 Le personnage du « Géant vert » entre en scène

1928 Fleming découvre la pénicilline

1929 Les Canadiennes sont officiellement déclarées des « personnes »

1929 La bourse de New York s'effondre

1959 : C'est en 1959 que le guide prend son nom définitif de Guide alimentaire canadien, titre qui se voulait le reflet de la latitude dont jouissaient les Canadiens quant à l'application des conseils donnés.

1977 : Dès 1977, le rapport entre les habitudes alimentaires et le risque de contracter certaines maladies ne fait plus de doute. Les scientifiques et les professionnels de la santé veulent donc que des lignes directrices soient adoptées pour que les gens puissent faire des choix alimentaires qui leur procurent un apport suffisant en protéines, en vitamines et en minéraux tout en leur permettant de surveiller leur poids et d'éviter les troubles de nutrition. Comme le guide alimentaire, tel qu'il existait à l'époque, n'était pas à la hauteur, on décide de le modifier une fois de plus.

1982 : En 1982, Santé et Bien-être social Canada révise de nouveau le Guide alimentaire canadien et y incorpore trois principes fondamentaux : 1) la variété des choix alimentaires et des habitudes de consommation; 2) la consommation modérée de matières grasses, de sucre, de sel et d'alcool; 3) l'équilibre entre l'apport en énergie et la dépense en énergie.

1990 : D'autres recherches sur l'alimentation au Canada culminent avec la parution d'un rapport en 1990. Ce document technique est alors l'assise d'une série d'énoncés rédigés pour le public canadien, les Recommandations alimentaires pour la santé des Canadiens et des Canadiennes. Ces énoncés clairs et simples ont pour but de promouvoir une saine alimentation en général. Après la parution des recommandations, les consommateurs, plus conscients de leur santé, commencent à exiger plus de renseignements sur la nutrition. Cette pression publique entraîne une nouvelle mise à jour du guide alimentaire afin d'y intégrer l'information contenue dans la version précédente du Guide alimentaire canadien et dans les Recommandations alimentaires pour la santé des Canadiens et des Canadiennes. Le guide révisé se veut simple, positif, clair, souple et acceptable aux yeux des consommateurs. Même son apparence change lorsque l'image du soleil et du cercle remplace l'arc-en-ciel.

Aux États-Unis : Une «norme » officielle en matière de nutrition, basée sur des données scientifiques, est en vigueur aux États-Unis depuis 100 ans. Au cours des 50 premières années, la nutrition a beaucoup été influencée par les guerres mondiales et par les pénuries de produits alimentaires, ou encore par le manque d'argent qui empêchait les consommateurs de faire des achats judicieux.

1941 : Les rations alimentaires recommandées paraissent pour la première fois; elles énoncent précisément l'apport recommandé en calories et pour neuf éléments nutritifs indispensables.

1943 : Le guide sur les sept groupes d'aliments de base, intitulé Basic Seven, paraît en 1943. Il contient des choix d'aliments au lieu de recommander un nombre précis de portions car les stocks de certains aliments sont bas à cause de la guerre.

1946 : Le Basic Seven est révisé et devient le guide alimentaire national. Les recommandations qu'il contient porte sur le nombre de portions. Le public tolérerait pendant 10 ans la difficulté associée au calcul de la taille des portions.

1956 : Un nouveau guide alimentaire paraît. Il ne mentionne que quatre groupes d'aliments et les recommandations sur le nombre de portions sont plus simples. Ce guide simplifié demeurerait la base de l'alimentation américaine pendant plus de 20 ans.

1977 : Les Dietary Goals for the United States paraissent. Ce document énonce des objectifs numériques quant à l'apport en éléments nutritifs indispensables. On tente également d'y fixer des limites pour contrer les rations excessives que préconisent bien des régimes. Toutefois, la fiabilité et l'exactitude de ce programme sont mises en cause et celui-ci ne bénéficie pas de l'appui général.

1980 : Il a fallu attendre jusqu'en 1980 avant que ne paraissent aux États-Unis des lignes directrices à l'intention des Américains en santé. Dès la première fois qu'elles ont paru, les Dietary Guidelines For Americans étaient basées sur de l'information à jour; elles ont été révisées à plusieurs reprises depuis. La version actuelle des lignes directrices abordent les questions du poids corporel et de l'apport en matières grasses. L'image de la pyramide a été créée pour contribuer à la mise en œuvre d'un programme de sensibilisation dans les écoles.

1930 - 1939

La grande crise - L'alimentation est frugale (macaroni, bœuf en flocons, pâté de saumon, pain de viande, casseroles)

On ne peut obtenir de lait pasteurisé que dans les plus grandes collectivités

Les fibres synthétiques sont maintenant offertes aux consommateurs - nylon, rayonne et faux caoutchouc

Les œufs sont très prisés; les bénéficiaires de l'assistance sociale ne peuvent en obtenir que s'ils sont malades

Les nutritionnistes préconisent l'utilisation des farines de blé entier ou moins usinées plutôt que de la farine raffinée (cela vous rappelle-t-il quelque chose?)

Les citrons, les bananes et les oranges sont un luxe, particulièrement dans les Prairies et le Midwest

Shirley Temple chante « On the Good Ship Lollipop »

Au début des années 1930, il en coûtait environ 7,65 dollars par semaine pour alimenter raisonnablement bien une famille de cinq personnes à Toronto

La glace, le pain et le lait sont livrés par des charrettes tirées par des chevaux; le lait en bouteille est livré sur le perron arrière avec des « haut-de-forme » en glace

Pour joindre les deux bouts dans les pensions...

On met des macaroni, du spaghetti et nouilles en forme de lettres dans les soupes

Les fèves au lard québécoises sont souvent faites avec du sirop d'érable ou de la mélasse. Souvent, on les laisse mijoter toute la nuit pour les servir au déjeuner le vendredi ou on les laisse tremper en prévision d'une soirée spéciale le samedi

1931 La première édition du livre Joy of Cooking Cookbook® paraît

1934 L'Alberta est la première province à effectuer le classement du beurre crémeux

1934 Les craquelins Ritz® sont lancés

1934 Campbell's® inaugure sa soupe de poulet et nouilles et sa crème de champignons

1934 Les sœurs Dionne naissent

1934 La patrouille des éclaireuses no 129 de Philadelphie cuit et vend pour la première fois des biscuits afin de recueillir des fonds

1937 Le Dîner Kraft® est né

1939 La Seconde Guerre mondiale éclate

Les sales années 1930

On se sert de tablettes de levure (fraîches ou sèches) pour faire du pain

Les recettes de pain aux bananes se retrouvent dans pratiquement tous les livres de cuisine paroissiaux

Le gâteau des anges, le gâteau jonquille et le gâteau soleil voient le jour

Les carrés aux dattes de l'est valent le gâteau matrimonial de l'ouest

Les autocuiseurs sont mis au point pour les forces militaires, mais ne tardent pas à entrer dans les foyers

1940 - 1949

Une saine alimentation assure la santé des soldats et augmente la production industrielle en raison de la diminution du temps perdu pour des raisons de maladie

On commence à enseigner la nutrition et l'hygiène dans les écoles

Timbres et bons d'épargne de guerre

Un rôti de côtes de choix coûte un dollar

Ganong® lance ses bonbons en ruban et ses os de poulet; le flotteur au Coke® est né

Le slogan « Don't say bread, say McGavin's® » est né

Le riz à l'espagnole, la cuisine « créole », les biftecks en tube et le saumon en conserve sont à la mode

Le jus de pomme est additionné de vitamine C; on ajoute de la vitamine D dans le lait évaporé pour lutter contre le rachitisme infantile

La casserole du naufragé est l'un des premiers plats qui se préparent dans un seul récipient

Les autocuiseurs lancent la mode de la cuisine rapide; les autoclaves sont utilisés pour mettre en conserve des légumes, de la viande et du poisson

Les rouleaux au chou concrétisent l'influence polonaise et ukrainienne dans les foyers canadiens

Les jardins de la Victoire aident à lutter contre les pénuries de nourriture; la préparation de conserves maison gagne en popularité

Les confitures et les gelées sont destinées au marché national et étranger; ceux qui en préparent se voient accorder une ration supplémentaire de sucre

1940 Les viandes précoupées et préemballées sous cellophane sont en vente

1942 Le rationnement commence

1942 La route de l'Alaska est inaugurée

1947 On découvre du pétrole à Leduc (Alberta)

1947 Le rationnement est supprimé

1948 La vitamine B-12 est découverte

1949 L'ajout d'iode au sel de table est dorénavant obligatoire

1949 Pillsbury® lance son grand concours national de recettes et de cuisine, précurseur de son concours de pâtisserie bisannuel

La levure rapide remplace la levure granulé dans les gâteaux à base de levure; la méthode sur pâte directe, plus rapide, remplace la méthode sur levain-levure

Les gâteaux aux fruits se gardaient et se transportaient bien, on les réservait donc pour le marché étranger et pour les mariages

La Californie invente les gâteaux mousselines

Les glaçages sont à base de sirop de maïs car le sucre est rationné

L'histoire des appareils de cuisson

Mélangeur - Le mélangeur a été inventé en 1922. À l'origine, il était utilisé pour le service dans les bars ou pour combiner les boissons à base de malt. En 1936, une version pour le foyer est lancée; dès 1955, on tente de multiplier les ventes et d'attirer les ménagères avec des couleurs attrayantes.

Robot boulanger - Le robot boulanger électrique, qui transforme les ingrédients en pains chauds cuits, a été inventé en 1990.

Ouvre-boîtes - La boîte de conserve a été inventée en Angleterre en 1810. Malheureusement, comme personne n'avait prévu d'outil pour l'ouvrir, les soldats britanniques furent contraints de se servir de leurs canifs ou de leurs baïonnettes, voire d'une balle tirée au fusil, pour les ouvrir. Le premier ouvre-boîtes fut inventé en 1858, mais comme il n'était pas sécuritaire, il ne se répandit pas. En 1925, on dota l'ouvre-boîtes d'une roue crantée. L'ouvre-boîtes électrique est né en 1931.

Cafetière - C'est en 1800 que la préparation du café se simplifie. En effet, c'est alors que l'on découvre qu'il suffit de faire bouillir les grains de café dans de l'eau jusqu'à ce qu'ils dégagent une odeur agréable, puis de passer le tout dans un filtre, pour faire du café. Cette méthode fut employée pour la première fois avec un dispositif d'invention française appelé cafetière « à la Dubelloy » qui est formé de deux contenants en métal étroits réunis par une roue percée qui fait office de filtre. Cette cafetière a été brevetée en Amérique en 1873. Il faudrait attendre jusqu'en 1939 pour que la cafetière composée d'une carafe en verre résistant à la chaleur et d'un dessus contenant un filtre soit inventée.

Lave-vaisselle - En 1880, une maîtresse de maison bien nantie en a assez de son personnel de maison maladroit qui ne cesse de briser sa vaisselle coûteuse; elle décide donc d'inventer un lave-vaisselle et y parvient, quoique l'appareil breveté en 1886 soit surtout adopté par les hôtels et les restaurants. En 1914, l'entreprise ouverte par notre chère dame vend des machines plus petites destinées à l'utilisation à domicile, mais comme la plupart des maisons ne sont pas raccordées à l'eau chaude et à l'électricité, les machines ne sont ni efficaces, ni pratiques. Le premier lave-vaisselle électrique pour la maison est lancé en 1939.

La Seconde Guerre mondiale

Les épatantes années 1950

1950 - 1959

Robot culinaire - Le premier robot culinaire est sorti en 1947. Il était muni d'un pressoir, d'une roulette à pâte, d'un moulin à farine, d'un ouvre-boîtes, d'une trancheuse, d'un broyeur, d'un mélangeur, d'un hachoir et d'une centrifugeuse. En 1963, un nouveau modèle muni d'un récipient cylindrique et d'une lame intérieure qui tourne près du bas et des parois gagne la faveur des chefs. Dès 1973, les lames pour trancher et broyer des robots culinaires étaient plus efficaces et plus sécuritaires. En 1977, rien que dans la ville de New York, un demi-million de robots culinaires ont été vendus pour la fête des Mères.

Broyeur de déchets - Le broyeur de déchets est entré dans les foyers en 1941.

Four à micro-ondes - En 1946, un ingénieur venait d'essayer un tube à magnétron lorsqu'il a découvert que la barre de chocolat qui se trouvait dans sa poche avait fondu. Le phénomène l'intrigua tant qu'il posa un sac de grains de maïs près du tube; comme de fait, au bout de quelques instants, le maïs se mit à éclater. Il comprit alors que les micro-ondes provoquaient assez de vibrations dans les aliments pour les chauffer par friction et qu'il était donc possible de cuire des aliments, de les faire fondre ou de les chauffer. Le premier four à micro-ondes était destiné à une utilisation commerciale. Le premier modèle pour la maison a été fabriqué en 1955.

Barbecue d'extérieur - Il est pratiquement impossible de retracer avec précision l'histoire de la cuisson en plein air car les Acadiens de la Louisiane et les Texans affirment tous deux avoir introduit la cuisson au barbecue dans la gastronomie nord-américaine. Selon les Acadiens, le mot «barbecue » serait une déformation de «barbe queue», qui renverrait à l'idée de cuire un animal au complet (de la barbe à la queue). Les Texans affirment que le barbecue est d'origine espagnole et expliquent que les Espagnols l'auraient repris des indigènes caribes qui faisaient sécher poisson, volaille et gibier à la fumée, sur un treillis de bois vert posé au-dessus d'une flamme ou sur des pierres chauffées. Les Espagnols baptisèrent le treillis « barbacoa », qui devint plus tard « barbecue ».

Four - Jusqu'à la fin du XVIIIe siècle, le tournebroche (précurseur de la rôtisserie moderne) était l'instrument de cuisine le plus

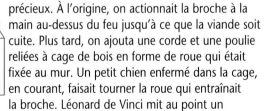

précieux. À l'origine, on actionnait la broche à la main au-dessus du feu jusqu'à ce que la viande soit cuite. Plus tard, on ajouta une corde et une poulie reliées à cage de bois en forme de roue qui était fixée au mur. Un petit chien enfermé dans la cage, en courant, faisait tourner la roue qui entraînait la broche. Léonard de Vinci mit au point un tournebroche mécanique moins cruel, actionné par la chaleur remontant dans la cheminée. Le premier four électrique (combinant fourneau et cuisinière) a été inventé en 1890. Le contrôle de la température posait bien des difficultés et l'appareil était donc peu fiable. Il fallut attendre les années 1920 avant que ne soit inventé une cuisinière munie d'un régulateur de température; c'est alors que l'appareil entra réellement dans les cuisines. Le premier four autonettoyant date de 1963.

La prédilection des anciens combattants de la Seconde Guerre mondiale pour le sushi, le sukiyaki, la pizza et le bœuf bourguignon rehausse l'intérêt pour la gastronomie étrangère

On peut désormais acheter des « morceaux » de poulet, mais l'intérêt des consommateurs est mou

Le jeune Paul Anka, originaire d'Ottawa, chante « Diana »

Coupons alimentaires - Lucky Green, Pinky, Domino et Gold Bond

Épidémie de polio

On préconise le contrôle du poids plutôt que la perte de poids; on établit le rapport entre les maladies du cœur et l'alimentation

Aspics au poulet, au jambon, au thon, au saumon, aux légumes et aux fruits

L'émission « Kraft® Television Theatre » est diffusée

Les préparations rapides et faciles, pour les gâteaux et les poudings, voient le jour

Les carrés aux Rice Krispies® et les barres Nanaimo sont inventées, de même que la trempette à base de préparation à soupe à l'oignon Lipton®, le méli-mélo et les viandes à sandwich en conserve

Les chaussures à deux tons de plastron et les jupes rondes sont à la mode

Le fromage à la crème est indispensable dans les hors-d'œuvre et les boules de fromage

La version nord-américaine des mets chinois gagne en popularité

Le dr Benjamin Spock s'impose

On cuit sur le barbecue extérieur l'été; on grille les viandes au four l'hiver

1952 La société Dow fabrique le Saran Wrap®

1953 La margarine est additionnée de vitamine A, le lait, de vitamine D

1954 La dinde Butterball®, qui n'exige pas de badigeonnage, est lancée

1954 La Compagnie Générale Électrique offre des appareils ménagers de différentes couleurs

1954 Swanson®'s lance ses repas préparés surgelés

1955 Le four à micro-ondes domestique de Tappan® est mis en vente

1956 Le ministère de l'Agriculture des États-Unis ramène ses sept groupes d'aliments à quatre groupes de base

1956 Le Poulet Frit Kentucky du Colonel Sanders® voit le jour

1957 La saccharine est vendue en petits paquets roses

1957 L'Union soviétique met le premier satellite, Spoutnik I, en orbite

1959 La voie maritime du Saint-Laurent ouvre

Les années psychédéliques

1960 - 1969

La confiture sans cuisson, préparée au congélateur, fait de nombreux adeptes

Les cocottes Corning Ware® sont ornées d'une centaurée bleue; le Teflon® est né

Le contrôle du poids s'impose de plus en plus; les régimes miracles sont à la mode

Tout le monde danse le twist et écoute les chaînes haute fidélité

La réaction naturiste frappe : les aliments organiques et de santé sont en plein essor, les régimes végétariens et macrobiotiques sont à la mode

Les recettes de collations et de grignotises abondent, y compris celles de pâté

Les cheveux éméchés, les chignons en ruche et le rouge à lèvres blanc sont à la mode

La fondue au fromage, la salade aux épinards, les carrés au chocolat et les pizzas préparées surgelées

Les plats de résistance d'inspiration italienne (Poulet cacciatore, lasagne)

La mode « gourmet » se répand (Stroganov, le sherry dans les sauces, le vin dans la cuisine)

Les pains qui n'exigent pas de pétrissage ou qui cuisent dans une cocotte ont un succès fou

Les préparations à gâteau et à pouding sont intégrées aux recettes (gâteau tout-en-un, gâteau de l'amitié, gâteau délice)

Les desserts flambés sont en grande mode (cerises jubilé, crêpes Suzette)

Le gâteau au fromage se diversifie; les tartes mousseline sont à base de gelée en poudre

Le lait condensé sucré se retrouve dans bien des desserts

1960 Les femmes autochtones du Canada obtiennent le droit de vote

1963 Le président américain John F. Kennedy est assassiné

1964 Les nachos font leur entrée en scène à la foire de Dallas

1964 Le poulet en morceaux se vend de plus en plus

1964 Les ailes de poulet à la Buffalo voient le jour dans un bar de Buffalo (New York)

1964 Northern Dancer gagne le derby du Kentucky

1965 Le Canada adopte le drapeau rouge et blanc au motif de feuille d'érable

1965 La société General Foods® lance le Tang®

1965 Le bonhomme Pillsbury® fait son apparition

1969 Neil Armstrong est le premier homme sur la lune

1969 Le Canada interdit le DDT

1969 22 p. 100 d'un dollar consacré à l'alimentation est dépensé à l'extérieur du foyer; les nutritionnistes s'inquiètent de la qualité des aliments-minute

---

Autocuiseur - En 1679, un inventeur français mit au point un digesteur à vapeur consistant en un contenant en métal muni d'une soupape de sécurité et d'un couvercle hermétique. Ce dispositif avait pour fonction d'augmenter la pression interne du contenant, augmentant ainsi le point d'ébullition du liquide versé dans le contenant. Quoique l'idée était bonne, le digesteur à vapeur fut à l'origine de bien des accidents parce que la soupape de sécurité n'était pas fiable. En 1810, un autocuiseur plus sûr fut conçu sur ordre de l'empereur de France, Napoléon Bonaparte, qui voulait trouver un moyen de préserver les denrées destinées à alimenter ses troupes.

Cuisinière (table de cuisson) - L'idée de la cuisson sur une table chauffante est née en 1630, avec l'invention d'une grande cuisinière en métal, fermée, alimentée au charbon. Cette technique de cuisson inhabituelle sur un feu enfermé dans une enceinte ne fut pas reprise avec enthousiasme parce que le temps de cuisson était plus long qu'avec le tournebroche couramment utilisé à l'époque. Une cuisinière en fonte à cuisson égale, munie d'un conduit d'air moderne, fut brevetée en 1802, année où fut également brevetée la cuisinière au gaz.

Réfrigérateur - Au XIXe siècle, on se servait couramment de glacières et de puits de glace pour réfrigérer les aliments. Toutefois, il s'agissait là de solutions à court terme puisqu'il fallait sans cesse remplacer la glace, à mesure qu'elle fondait. Le premier réfrigérateur ménager a été conçu en 1882, mais il a fallu attendre les années 1920 et 1930 pour qu'un modèle pratique soit mis au point.

Grille-pain - La tradition du pain grillé remonte à environ 2600 av. J.-C., lorsque les Égyptiens grillaient le pain pour en ralentir la moisissure. Pendant plus de 4000 ans, les êtres humains continuèrent de faire griller le pain comme le faisaient les Égyptiens, à même une flamme. Le premier grille-pain électrique date de 1910; toutefois, il fallait surveiller attentivement le pain  pour ne pas le brûler et les tartines devaient être retournées à la main. En 1919, le grille-pain est muni de ressorts et d'un chronomètre réglable. Le premier grille-pain à éjection automatique date de 1926.

Mijoteuse - La mijoteuse électrique entre dans les cuisines nord-américaines en 1971. Après un bon départ, sa popularité a décliné avant de reprendre avec force dans les années 1990.

 Bouilloire à sifflet - C'est en 1921 qu'un cadre à la retraite d'une entreprise d'ustensiles de cuisson a inventé une bouilloire qui sifflait pour signaler que l'eau bouillait.

L'histoire des ustensiles et autres articles de cuisine

Papier d'aluminium - R. S. Reynolds était employé par la société productrice de tabac de son oncle au Kentucky. Le tabac en vrac devait être enveloppé bien serré dans des feuilles d'aluminium minces pour le protéger de l'humidité. En 1919, M. Reynolds a fondé sa propre entreprise qui fournissait des enveloppes en aluminium doublé de plomb aux fabricants de tabac et de bonbons. En 1947, il a mis au point le papier d'aluminium comme tel.

Moule à gâteau Bundt - En 1950, un groupe de femmes de Minneapolis demanda au propriétaire de l'entreprise Nordic Products s'il pouvait fabriquer une version en aluminium du moule à kugelhopf en fonte, bien connu en Europe. Dix ans plus tard, on trouvait dans le Good Housekeeping Cookbook l'image d'un quatre-quarts cuit dans ce même moule. Les ménagères commencèrent alors à le réclamer. Sa popularité s'affirma lorsqu'un gâteau Bundt fut retenu en finale au concours de pâtisserie de Pillsbury® en 1966.

Baguettes chinoises - Pendant des siècles, les Chinois ont considéré qu'il était fort malpoli, voire barbare, de servir un gros morceau de viande pouvant évoquer de quelque façon l'animal entier. Ils avaient pour philosophie que la nourriture devait être coupée en dés, non à table, mais dans la cuisine, avant qu'elle soit servie. Comme la nourriture était déjà détaillée avant de parvenir à la table, les ustensiles requis pour la manger, soit les baguettes, étaient appropriés.

Fourchette - Avant l'invention de la fourchette, on mangeait avec nos doigts. Dans les années 1530, la personne bien élevée mangeait avec trois doigts; il était très mal vu de se servir de ces cinq doigts. Le mot « fourchette » vient du latin « furka », qui désigne la fourche du fermier. On a retrouvé des ustensiles semblables à des fourchettes qui datent de 4 000 ans avant J.-C., mais il est peu probable qu'ils aient été utilisés à table. Les petites fourchettes (faites pour manger) remontent au XIe siècle, mais la fourchette n'est pas réellement entrée dans les mœurs avant le XVIIIe siècle.

1970 - 1979

Un Canadien sur deux est obèse; l'alimentation saine entre en vogue

Calculatrices de poche, audiocassettes, montres à affichage numérique

La cuisine épicée est très répandue

Les Canadiens découvrent le yogourt

Les fours à micro-ondes sont de plus en plus commun; le poisson est particulièrement populaire

Les codes CUP et les lecteurs à balayage font leur apparition dans les magasins

La vente de Tupperware® au cours de rencontres sociales

Les sacs pour rôtir les viandes et la pellicule plastique pour la cuisine; les dindes n'ont plus besoin d'être arrosées en cours de cuisson

Les aliments composés sont vendus dans le commerce (déjeuners instantanés, produits alimentaires de remplacement)

La présentation des aliments gagne en importance; les assiettes sont plus colorées et décorées de bordures larges

La quiche au dîner fait fureur

PCB, PVC, mercure, amiante, flurocarbures - les interdictions pleuvent

On reçoit à table; les recettes à préparer à l'avance, comme les salades étagées, gagnent en popularité

Les boissons et liqueurs recherchées se préparent à la maison (gâteau Harvey Wallbanger, tarte au Brandy Alexander, tarte au chocolat et à la crème de menthe)

Le gâteau aux carottes gagne en popularité comme choix santé et auprès de ceux qui n'aiment pas les gâteaux aux fruits

1970 Création de la Commission métrique canadienne

1971 Les buffets de salades foisonnent dans les restaurants

1972 Paul Henderson exécute le lancer « entendu dans le monde entier » lors du championnat mondial de hockey opposant le Canada et la Russie

1973 Le robot culinaire Cuisinart® est présenté au salon des articles ménagers de Chicago

1974 On reconnaît l'incidence de l'alimentation sur les maladies cardiovasculaires

1975 Année internationale de la femme

1975 Le français devient la langue officielle du Québec

1975 Le nombre de calories par portions est de plus en plus souvent mentionné dans les livres de cuisine

1976 La compagnie T. Eaton cesse de vendre par catalogue

1977 Une version révisée du Guide alimentaire canadien paraît; elle intègre une trentaine de changements, y compris le passage de cinq à quatre groupes d'aliments

1978 Création de l'International Association of Culinary Professionals (IACP)

1979 Les fabricants d'aliments pour bébés cessent d'ajouter du sucre et du sel à leurs produits

La décennie des régimes

LES ANNÉES YUPPIE

1980 - 1989

Les chaînes d'alimentation-minute vendent 200 hamburgers par seconde aux États-Unis

La garniture devient un art

Les poupées P'tits bouts de choux® font fureur

Un assortiment de pains étrangers gagne en popularité (focaccia, crostini, pain pita, pains sans levure, tortillas)

Les hors-d'œuvre internationaux font fureur - tapas, trempettes, hoummos, nachos, caponata

Les crêpes changent et donnent lieu à des nouvelles « enveloppes » - tortillas, roulés impériaux, papier de riz, pitas, pâte feuilletée surgelée, pâte phyllo

La gastronomie italienne se répand encore sous forme de basilic frais, de pâtes faites maison, de machines à pâtes et de salades de pâtes

La cuisson au micro-ondes est enfin acceptée

Le riz se vend en variétés (arborio, basmati, brun, sauvage)

Les salades vertes se diversifient avec la radicchio, les endives, l'arugula, les fines herbes fraîches et les fleurs comestibles

Les vinaigrettes sont à base d'huiles aromatisées ou d'huile d'olive; on garnit les salades d'aliments chauds, comme du poulet ou des crevettes

La salsa comme trempette est de plus en plus courante; le pesto se retrouve dans les sauces pour pâtes et les vinaigrettes

Les fricassées s'accordent avec la tendance à une alimentation saine, en plus d'être rapides et polyvalentes

Les muffins géants font leur apparition

1980 « Ô Canada » est adopté comme hymne national à la place de « Dieu sauve la reine »

1981 Jean Paré publie le premier titre de la collection des Livres de cuisine Jean Paré®, 150 délicieux carrés

1981 La Food and Drug Administration des États-Unis approuve l'aspartame comme succédané de sucre

1982 Le Guide alimentaire canadien est révisé de nouveau pour mettre l'accent sur la diversité, l'équilibre et la modération

1982 Le Canada « rapatrie » la Constitution

1984 La cuisson « au noir » débute

1988 L'Accord de libre-échange entre le Canada et les États-Unis entre en vigueur

1989 La consommation annuelle de pâtes aux États-Unis atteint le chiffre record de 8,1 kilogrammes par homme, femme et enfant

Les courgettes poussent comme du chiendent, d'où un foisonnement de recettes

La mode est aux desserts « décadents » (servis en petites portions); les restaurants chics servent des desserts sophistiqués

Grands dossiers associés à la nutrition et à l'alimentation : la réduction de l'apport en gras, le cholestérol, le son d'avoine, le calcium, l'ostéoporose

Couteau - Les premiers couteaux, en silex, ont été inventés il y a 1,5 million d'années en Afrique et en Asie, pour dépecer le gibier. Le couteau a toujours occupé une place de choix dans l'histoire humaine, tant comme arme que comme ustensile et outil. Pendant des siècles, le commun des mortels ne possédait qu'un couteau. Seuls les nobles avaient les moyens d'avoir des couteaux qui leur servaient d'armes et d'autres dont ils se servaient pour manger. Les couteaux ont conservé leur lame pointue jusqu'en 1630. Après cela, comme les règles de la politesse admettaient mal que l'on se cure les dents avec la pointe de son couteau, le bout du couteau de table a été arrondi; seuls les couteaux dentés ont encore une lame qui se termine en pointe.

Revêtement antiadhésif - La première poêle à frire à revêtement antiadhésif a été inventée en France en 1954. Elle a envahi le marché américain en 1961.

Couvert - L'évolution du couvert complet, incluant fourchette, couteau et cuillère, a été très longue. Il y a environ 200 ans, la plupart des auberges de l'Amérique du Nord et de l'Europe servaient le repas avec un ou deux ustensiles, mais jamais avec les trois. Les riches, lorsqu'ils mangeaient à l'extérieur, apportaient souvent leurs propres ustensiles avec eux. L'avènement du couvert a été à l'origine des règles de la politesse qui dictent le choix de l'ustensile à utiliser pour manger chaque aliment, la disposition du couvert à table et l'endroit où poser chaque ustensile avant, pendant et après le repas.

Récipients en plastique - Dans les années 1930, Earl Tupper rêvait de façonner du plastique en bols et en récipients. Sa première invention, un gobelet de salle de bain en plastique de 200 mL (7 oz) est née en 1945. M. Tupper est ensuite passé à la fabrication de bol en polyéthylène munis de couvercles hermétiques. La société Tupperware® Home Parties Inc. a été créée en 1951; son chiffre d'affaires actuel s'élève à plusieurs millions de dollars.

Casseroles - Les casseroles en fonte inventées en 1642 avaient un volume d'un litre (1 pte). Leur extérieur était rugueux; elles tenaient sur trois pieds et étaient munies d'un couvercle. La première casserole en fonte émaillée, avec son fini blanc luisant aujourd'hui si familier, a fait son apparition en 1778. En 1886, la production de casseroles en aluminium légères, résistantes et faciles à nettoyer a débuté, mais les batteries de cuisine en aluminium n'ont pas réellement fait fureur avant 1903.

Cuillère - La cuillère a été inventée il y a 20 000 ans en Asie. On a retrouvé des cuillères en bois, en ivoire, en pierre et en or dans d'anciennes tombes égyptiennes. Le mot, masculin à l'origine, dérive du latin cochlea, signifiant escargot; cet ustensile a été facilement accepté, particulièrement pour les liquides. En Italie, au XVe siècle, les cuillères dont le manche était orné de l'effigie d'un apôtre étaient très prisées, surtout en cadeau de baptême, mais elles coûtaient très cher, d'où l'expression « être né avec une cuillère d'argent dans la bouche ».

Ustensiles en acier inoxydable - Avant l'invention de l'acier inoxydable, les fourchettes, les couteaux et les cuillères étaient faits d'un composé de carbone et d'acier qui les rendaient très résistants, mais malheureusement très difficiles à nettoyer. Ils se décoloraient très rapidement et il fallait les astiquer constamment pour qu'ils conservent leur lustre. Les premiers couverts de table en acier inoxydable ont été fabriqués en 1920.

Éponges à récurer en laine d'acier - En 1917, un homme de San Francisco vendait des batteries de cuisine en aluminium en faisant du porte-à-porte, mais avait de la difficulté à se faire admettre dans les cuisines pour montrer son produit. Il décida donc d'offrir un cadeau à chaque personne qui le laisserait faire sa démonstration. Comme il savait que le nettoyage des aliments collés au fond des casseroles constituait un problème, il inventa des carrés à récurer en laine d'acier trempés dans une solution savonneuse. Ce gadget eut tant de succès que notre homme se retira de la vente pour se consacrer à la fabrication des carrés savonneux. Son épouse les baptisa éponges SOS®.

1990 - 1999

Les Nords-Américains sont obsédés par la teneur en gras des aliments et apprennent donc comment calculer les grammes de matières grasses et le pourcentage de calories provenant du gras

Tout le monde veut un robot boulanger électrique

Les fabricants d'aliments se mettent à fabriquer des produits laitiers et de type laitier « bas en gras » et « sans gras »

On met l'accent sur les aliments frais et biologiques

La gastronomie multiculturelle est en essor; la cuisine orientale et occidentale se combine (rouleaux printaniers, les salades de nouilles, les caris, les trempettes aux arachides, la soupe aigre-épicée)

On s'intéresse de nouveau aux plats « réconfortants » classiques, mais la préparation est simplifiée

Les goûts méditerranéens sont de plus en plus populaires (huiles d'olive, salades grecques)

En pâtisserie, on opte pour des produits bas en gras (le miel remplace le sucre, on élimine les noix, on substitue une partie de la farine blanche par de la farine de blé entier)

1990 Les jus de fruits combinés (laits frappés aux fruits) enrichis avec des extraits « sains » sont inventés en Californie

1990 Santé et Bien-être social Canada publie les *Recommandations alimentaires pour la santé des Canadiens et des Canadiennes*

1991 Les Canadiens dépensent 31 p. 100 de chaque dollar consacré à l'alimentation dans des restaurants

1992 32 p. 100 du budget des ménages sont consacrés à une forme quelconque d'entreprise à domicile

1992 Le nouveau guide alimentaire, intitulé *Guide alimentaire canadien pour manger sainement*, met l'accent sur les céréales, les fruits et les légumes

1994 Les nouvelles lois canadiennes sur l'étiquetage des aliments entrent en vigueur

1995 Betty Crocker® inaugure un service en direct pour répondre aux questions des cuisiniers et cuisinières

1995 Pillsbury® augmente à 1 million de dollars le prix décerné dans le cadre de son concours de pâtisserie

1996 Un homme gagne le concours Pillsbury® pour la première fois

1997 Jell-O® fête son 100e anniversaire

1999 Les Livres Jean Paré publient leur 50e ouvrage intitulé *Les pâtes faibles en gras*

La génération du baby-boom rencontre la génération X

Suggestions de menus

Vous souvenez-vous du temps où?

(hors-d'œuvre pour 8 personnes)

Tartelettes au fromage, page 33
Tartinade de saumon mousseline, page 41
Pâté de fromage, page 12
Pizza aux pommes et au brie, page 43
Ailes de poulet au sésame, page 37
Boulettes aux canneberges, page 39
Fruits de mer épicés, page 12
Tartelettes à la marmelade, page 141
Nouveaux carrés magiques, page 169

Souper tranquille

(souper pour 4 personnes)

Bisque de crabe, page 163
Salade printanière, page 155
Homard à la Newburg, page 126
(sur vol-au-vent)
Fondue au moka, page 16

L'après promenade en traîneau

(buffet pour 12 personnes)

Pain blanc, page 61
Chili moderne, page 48
Casserole de nouilles, page 46
Salade de tomates et de champignons, page 153
Salade de laitue et de mandarines, page 154
Punch aux canneberges chaud, page 57
Gâteau au citron et au rhum, page 79

Dîner des brodeuses

(dîner léger pour 6 personnes)

Petits pains au son, page 59
Casserole de saumon, page 125
Salade de brocoli, page 151
Carrés matrimoniaux, page 169

Brunch

(pour 8 personnes)

Muffins au son et à l'abricot, page 63
Plat étagé à la dinde, page 68
Pommes dauphinoises, page 71
Brioche suédoise, page 72
Crêpe au four, page 74
Sirop aromatisé à l'érable, page 74

Au son des grands orchestres

(souper pour 6 personnes)

Oignons à l'aneth, page 152
Courge élégante, page 177
Côtelettes farcies au four, page 148
Délicats impériaux, page 83
Impossible Pie, page 143

Pendaison de crémaillère

(buffet pour 12 personnes)

Brie en pâte, page 9
Canapés au parmesan, page 42
Champignons sur canapés, page 34
Noix épicées, page 12
Salade potagère à l'italienne, page 14
Salade de chou aux nouilles, page 152
Côtes aigres-douces, page 144
Lasagne aux quatre fromages, page 128
Gâteau au fromage caramel et chocolat, page 114

Souper du dimanche

(souper pour 6 personnes)

Rôti en sauce, page 50
Blé d'Inde à la dauphinoise, page 178
Grands-pères aux tomates, page 175
Salade de haricots, page 151
Chow-chow des Maritimes, page 106
Pavé aux fruits, page 120

Fête du millénaire pour les ados

(grignotises pour 16 personnes)

Chili Con Queso, page 36
Ailes de poulet teriyaki, page 36
Maïs éclaté épicé au cheddar, page 94
Sandwiches à la dinde, page 69
Bouchées au fromage, page 32
Punch rose des aurores, page 56
Biscuits du grand chapiteau, page 109
Carrés au chocolat, page 168
Fudge double, page 92

Tête à tête

(souper pour 2 personnes)

Soupe à l'oignon à la française, page 18
Poulet phyllo, page 104
Nouilles aux fines herbes, page 129
Truffes, page 92

Fête pour un départ à la retraite

(buffet pour 20 personnes)

Tartinade aux crevettes, page 18
Boule de fromage et relish, page 41
Boulettes en sauce au gingembre, page 38
Salade au pesto, page 150
Aspic au champagne, page 15
Boules de jambon-moutarde, page 38
Poulet au gingembre, page 102
Croquants aux noix, page 170
Carrés au caramel et au chocolat, page 172

Club de bridge des dames

(dîner pour 4 personnes)

Petits pains au son, page 59
Tartitrempette aux concombres, page 40
(et son assortiment de légumes)
Salade niçoise de pâtes, page 70
Gâteries au chocolat, page 172

Football du lundi soir

(pour 6 hommes)

Maïs éclaté au chili, page 94
Côtes levées magiques, page 45
Ravioli paresse, page 53
Pain brun, page 59
Gâteau au chocolat foncé, page 80
Glaçage au chocolat et au moka, page 80

Fête en cuve thermale

(grignotises pour 6 personnes)

Galettes aux oignons verts, page 13
Roulés collants, page 13
Sauce épicée, page 13
Trempette au cari, page 19
(avec son assortiment de légumes)
Champignons sur canapés grillés, page 34
Aspic au guacamole, page 36
Roulés au salami, page 42
(avec assortiment de craquelins)

Fête de fin de saison

(buffet pour 12 personnes)

Salade à la César, page 155
Salade de bacon et de pois, page 152
Riz frit au poulet, page 96
Lasagne en casserole, page 130
Poulet ultrarapide, page 97
Fraises à la crème, page 118
Gâteau Piña Colada, page 78

Hors-d'œuvre

Les hors-d'œuvre et les bouchées sont devenus la mode au début du XXe siècle. Auparavant, on servait plutôt des soupes, des vol-au-vent de fruits de mer et des sandwiches ouverts délicats comme entrées. Les hors-d'œuvre servis à l'heure de l'apéritif ont évolué des échantillons gratuits que l'on servait aux clients dans les bars publics. À mesure que les gens ont commencé à recevoir de plus en plus pour l'apéritif, ils ont repris la tradition à la maison. Le premier service de traiteur a ouvert à la fin des années 1930; il se spécialisait dans les buffets et les hors-d'œuvre servis à l'apéritif. De nos jours, personne ne songerait à recevoir pour une fête ou une autre occasion sans servir de hors-d'œuvre.

Voici donc un assortiment de hors-d'œuvre chauds et froids que vous pourrez servir la prochaine fois que vous recevez de la parenté ou des amis.

Bouchées au fromage

Croustillantes à l'extérieur, molles au centre. On peut les congeler avant de les griller. Si les bouchées sont congelées, les cuire 2 minutes de plus. Servir telles quelles ou avec des cure-dents.

Margarine dure (ou beurre), ramollie	2 c. à soupe	30 mL
Sauce à salade légère (ou mayonnaise)	2 c. à soupe	30 mL
Cheddar fort, râpé	¾ tasse	175 mL
Oignon, râpé fin	2 c. à soupe	30 mL
Piments doux, hachés fin	1½ c. à thé	7 mL
Poivre de Cayenne, une pincée		
Tranches de pain à sandwich, sans la croûte, écrasées au rouleau à pâtisserie	8	8
Paprika, une pincée (facultatif)		

Mêler les 6 premiers ingrédients dans un petit bol.

Sur chaque tranche de pain, étaler environ 15 mL (1 c. à soupe) du mélange. Enrouler les tranches comme un gâteau roulé.

Saupoudrer les tranches de paprika et les poser sur une plaque à pâtisserie non graissée. Griller au four à 350 °F (175 °C) environ 10 minutes. Couper chaque rouleau en 4 morceaux. Donne 32 hors-d'œuvre.

1 hors-d'œuvre : 38 calories; 1 g de protéines; 2,1 g de matières grasses totales; 3 g de glucides; 65 mg de sodium; trace de fibres alimentaires

Photo à la page 33.

Chaussons aux champignons

En haut : Tartelettes au fromage, ci-contre
En bas : Bouchées au fromage, page 32

Chaussons aux champignons

Ils sont si mignons et se congèlent bien.

Pâte au fromage à la crème :

Fromage à la crème léger, ramolli	8 oz	250 g
Margarine dure (ou beurre), ramollie	½ tasse	125 mL
Lait	¼ tasse	60 mL
Farine tout usage	2 tasses	500 mL
Sel	½ c. à thé	2 mL

Garniture :

Champignons tranchés, en conserve, égouttés et hachés	10 oz	284 mL
Oignon, haché fin	½ tasse	125 mL
Margarine dure (ou beurre)	2 c. à thé	10 mL
Jus de citron	1 c. à thé	5 mL
Sel assaisonné	½ c. à thé	2 mL
Sel	¼ c. à thé	1 mL
Poivre	¼ c. à thé	1 mL
Lait	½ tasse	125 mL
Farine tout usage	4 c. à thé	20 mL
Sherry (ou sherry sans alcool)	1 c. à soupe	15 mL

Pâte au fromage à la crème : Bien battre le fromage à la crème avec la margarine dans un bol moyen. Incorporer le lait, la farine et le sel. Façonner une boule de pâte. Couvrir et réfrigérer au moins 1 heure.

Garniture : Faire revenir les champignons et l'oignon dans la margarine, dans une poêle à frire à revêtement antiadhésif, jusqu'à ce que l'oignon soit mou.

Incorporer le jus de citron, le sel assaisonné, le sel et le poivre.

Combiner le lait et la farine au fouet dans un petit bol jusqu'à ce que le mélange soit lisse. Ajouter le sherry. Incorporer le tout au mélange de champignons et remuer jusqu'à ce que la préparation bouille et épaississe. Laisser refroidir complètement. Abaisser la pâte à environ 3 mm (⅛ po) et la couper en ronds de 7,5 cm (3 po). Dresser 7 mL (1½ c. à thé) de la garniture aux champignons au centre de chaque rond de pâte. Humecter le tour de la pâte. Replier la pâte sur la garniture et pincer le bord pour le sceller. Poser les chaussons sur une plaque à pâtisserie non graissée. Inciser chaque chausson. Cuire au four à 425 °F (220 °C) pendant 11 à 13 minutes. Donne 48 chaussons.

1 chausson : 55 calories; 1 g de protéines; 3,2 g de matières grasses totales; 5 g de glucides; 147 mg de sodium; trace de fibres alimentaires

Photo à la page 32.

Remarque : Pour surgeler les chaussons non cuits, les poser sur la plaque à pâtisserie et les congeler. Une fois qu'ils ont durci, les ranger dans des contenants en plastique. Au moment de servir, les cuire surgelés à 350 °F (175 °C) pendant 20 à 25 minutes, jusqu'à ce qu'ils soient dorés. Si les chaussons sont cuits et surgelés, les réchauffer au four à 325 °F (160 °C) pendant 15 à 20 minutes.

Tartelettes au fromage

Les hors-d'œuvre en pâte disparaissent toujours en premier. Ceux-ci sont préparés à l'avance et réchauffés au moment voulu.

Cheddar mi-fort, râpé (voir remarque)	1 tasse	250 mL
Abaisses de tartelettes non cuites	24	24
Gros œuf, battu à la fourchette	1	1
Lait écrémé évaporé	½ tasse	125 mL
Aneth	½ c. à thé	2 mL
Poudre d'oignon	¼ c. à thé	1 mL
Poivre	⅛ c. à thé	0,5 mL

Répartir le fromage dans les abaisses.

Combiner l'œuf, le lait évaporé, l'aneth, la poudre d'oignon et le poivre dans un petit bol. Répartir le mélange dans les abaisses, à la cuillère. Cuire au four à 350 °F (175 °C) pendant 20 à 25 minutes, jusqu'à ce que la garniture soit prise. Donne 24 tartelettes.

1 tartelette : 63 calories; 2 g de protéines; 4,2 g de matières grasses totales; 4 g de glucides; 83 mg de sodium; trace de fibres alimentaires

Photo ci-contre.

Remarque : On peut combiner le fromage et les 5 derniers ingrédients au mélangeur, puis répartir le tout dans les abaisses pour accélérer la préparation.

> *« Le samedi, nous cuisions toujours cinq ou six tartes. Le reste de la semaine, nous mangions celles qui n'avaient pas été servies aux invités le dimanche. »*
>
> Jean Paré

Champignons sur canapés grillés

Ces hors-d'œuvre chauds disparaissent en un clin d'œil.

Margarine dure (ou beurre), ramollie	½ tasse	125 mL
Fromage à la crème léger, ramolli	4 oz	125 g
Poudre d'oignon	¼ c. à thé	1 mL
Sel à l'ail	¼ c. à thé	1 mL
Champignons tranchés, en conserve, égouttés et hachés	10 oz	284 mL
Ciboulette fraîche, hachée (ou 5 mL, 1 c. à thé, de ciboulette déshydratée)	1 c. à soupe	15 mL
Tranches de pain blanc (ou brun), sans la croûte, coupées en 4 carrés chacune	10	10

Battre la margarine avec le fromage à la crème, la poudre d'oignon et le sel à l'ail dans un bol moyen.

Ajouter les champignons et la ciboulette. Remuer.

Poser les carrés de pain sur le plateau du gril. Les faire griller dans le haut du four jusqu'à ce qu'ils soient dorés d'un côté. Les retourner et étaler 10 mL (2 c. à thé) du mélange de champignons sur le côté non grillé de chaque carré. Griller les canapés au four jusqu'à ce que la garniture bouillonne. Donne 40 hors-d'œuvre.

1 hors-d'œuvre : 46 calories; 1 g de protéines; 3,2 g de matières grasses totales; 4 g de glucides; 114 mg de sodium; trace de fibres alimentaires

Photo à la page 35.

Champignons sur canapés

Un hors-d'œuvre chaud à la fois crémeux et fromagé.

Chair à saucisse	½ lb	225 g
Oignons verts, hachés	¼ tasse	60 mL
Sauce à salade légère (ou mayonnaise)	¾ tasse	175 mL
Tranches de baguette	24	24
Champignons frais, tranchés	24	24
Cheddar mi-fort, râpé	2 tasses	500 mL
Paprika, une pincée		

Faire revenir la chair à saucisse dans une poêle à frire à revêtement antiadhésif. Bien égoutter.

Ajouter les oignons verts et la sauce à salade. Remuer.

Étaler 15 mL (1 c. à soupe) du mélange sur chaque tranche de baguette. Répartir les champignons tranchés sur les tranches de baguette. Répandre largement 15 mL (1 c. à soupe) sur chaque tranche, puis saupoudrer chaque canapé de paprika. Poser les canapés sur une plaque à pâtisserie non graissée et les cuire au four à 350 °F (175 °C) pendant 20 minutes. Laisser refroidir quelques instants. Donne 24 canapés.

1 canapé : 140 calories; 5 g de protéines; 7,5 g de matières grasses totales; 13 g de glucides; 268 mg de sodium; 1 g de fibres alimentaires

Photo à la page 35.

Surprise aux champignons

Un champignon se cache dans la pâte (mais c'est peut-être un oignon)!

Pâte à petits pains campagnards en tube (10 par tube)	12 oz	340 g
Champignons entiers en conserve, égouttés, liquide réservé	2 × 10 oz	2 × 284 mL
Liquide des champignons réservé		
Parmesan râpé	¾ tasse	175 mL

Couper chaque morceau de pâte en 4, puis abaisser chaque morceau en un rond plat assez grand pour couvrir un champignon.

Essuyer les champignons avec un essuie-tout. Envelopper un champignon dans chaque morceau de pâte, en pinçant le bord pour le sceller.

Verser le liquide des champignons dans un petit bol et mettre le parmesan dans un autre petit bol. Tremper les champignons enrobés de pâte dans le liquide, 1 à la fois, puis les passer dans le parmesan pour les enrober. Poser le tout sur une plaque à pâtisserie graissée. Cuire au four à 400 °F (205 °C) environ 10 minutes, jusqu'à ce que la pâte soit dorée. Donne 40 hors-d'œuvre.

1 hors-d'œuvre : 4 calories; 2 g de protéines; 1,2 g de matières grasses totales; 4 g de glucides; 141 mg de sodium; trace de fibres alimentaires

Photo à la page 35.

Variante : Pour changer le goût, remplacer le parmesan par du produit de cheddar commercial râpé fin.

SURPRISE AUX OIGNONS AU VINAIGRE : Remplacer les champignons par des oignons au vinaigre dans la recette qui précède.

En haut : Champignons sur canapés grillés, ci-contre
Au centre : Champignons sur canapés, ci-contre
En bas : Surprise aux champignons, ci-dessus

Aspic au guacamole

Aspic au guacamole

*Peut faire office d'accompagnement ou de
tartinade avec des croustilles tortilla.*

Sachets de gélatine non parfumée	2 x ¼ oz	2 x 7 g
Eau	½ tasse	125 mL
Jus de lime	2 c. à soupe	30 mL
Petits avocats mûrs, réduits en purée lisse	3	3
Crème sure légère	¾ tasse	175 mL
Sauce à salade légère (ou mayonnaise)	⅓ tasse	75 mL
Salsa épicée, passée au mélangeur	½ tasse	125 mL
Sel	½ c. à thé	2 mL
Poudre d'ail	¼ c. à thé	1 mL
Sauce aux piments forts (facultatif)	⅛ c. à thé	0,5 mL
Petites tomates cerises, en moitiés (facultatif)		

Répandre la gélatine sur l'eau dans une petite casserole. Laisser reposer 1 minute. Chauffer en remuant jusqu'à ce que la gélatine soit dissoute.

Combiner les 8 prochains ingrédients au fouet dans un bol moyen. Incorporer la gélatine dissoute.

Si le moule de 1 L (4 tasses) comporte des creux, poser la moitié d'une tomate cerise dans chaque creux. Verser le mélange de gélatine dans le moule. Réfrigérer au moins 2½ heures avant de démouler. Si le moule ne comporte pas de creux, décorer le dessus et le tour de l'aspic avec les tomates cerises après l'avoir démoulé. Donne 1 L (4 tasses) de guacamole.

30 mL (2 c. à soupe) de guacamole : 45 calories; 1 g de protéines; 3,8 g de matières grasses totales; 3 g de glucides; 123 mg de sodium; 1 de fibres alimentaires

Photo ci-dessus.

Ailes de poulet teriyaki

La marinade leur donne tout leur goût.

Sauce teriyaki commerciale	½ tasse	125 mL
Miel liquide	¼ tasse	60 mL
Mélasse de fantaisie	1 c. à soupe	15 mL
Jus de citron	1 c. à soupe	15 mL
Petit oignon, haché	1	1
Gousses d'ail, émincés (ou 2 mL ½ c. à thé, de poudre d'ail)	2	2
Gingembre frais, râpé	2 c. à thé	10 mL
Moutarde sèche	½ c. à thé	2 mL
Sel	½ c. à thé	2 mL
Petits pilons de poulet (ou ailes entières)	4 lb	1,8 kg

Combiner les 9 premiers ingrédients dans un grand bol. Ajouter les pilons. S'il s'agit d'ailes entières, couper les pointes et les jeter puis diviser les ailes à l'articulation. Bien remuer. Couvrir. Réfrigérer pendant 5 heures ou jusqu'au lendemain, en remuant de temps en temps.

Recouvrir une grande plaque à pâtisserie de papier d'aluminium graissé. Y poser les pilons. Cuire au four à 375 °F (190 °C) pendant 20 à 30 minutes, en retournant les ailes à mi-cuisson, jusqu'à ce qu'elles soient tendres et luisantes. Donne environ 32 petits pilons ou 48 morceaux d'ailes.

1 petit pilon (non dépouillé) : 83 calories; 6 g de protéines; 4,9 g de matières grasses totales; 4 g de glucides; 247 mg de sodium; trace de fibres alimentaires

Photo à la page 37.

Chili Con Queso

*Pas besoin d'aller au Mexique pour savourer ce plat.
Servir avec des croustilles tortilla ou des crudités.*

Tomates étuvées, en conserve, non égouttées et défaites	14 oz	398 mL
Oignon haché	1 tasse	250 mL
Poudre d'ail (ou 1 gousse, émincée)	¼ c. à thé	1 mL
Piments verts hachés, en conserve, non égouttés	4 oz	114 mL
Pain de préparation de fromage (Velveeta par exemple), en cubes	1 lb	454 g

Mettre les tomates non égouttées, l'oignon, la poudre d'ail et les piments non égouttés dans une casserole moyenne. Cuire à découvert à feu moyen jusqu'à ce que le liquide se soit complètement évaporé.

Ajouter le fromage. Remuer à feu doux jusqu'à ce qu'il fonde. Donne 1 L (4 tasses) de trempette.

30 mL (2 c. à soupe) de trempette : 51 calories; 3 g de protéines; 3,4 g de matières grasses totales; 2 g de glucides; 273 mg de sodium; trace de fibres alimentaires

Photo à la page 37.

Ailes de poulet au sésame

*Leur enrobage au goût de noix et de beurre
est irrésistible. Servir chaudes.*

Graines de sésame	½ tasse	125 mL
Chapelure fine	½ tasse	125 mL
Paprika	1 c. à thé	5 mL
Sel	1 c. à thé	5 mL
Poudre d'ail	¼ c. à thé	1 mL
Margarine dure (ou beurre), fondue	½ tasse	125 mL
Moutarde préparée	1 c. à soupe	15 mL
Petits pilons de poulet (ou ailes entières)	2 lb	900 g

Bien combiner les 5 premiers ingrédients dans un petit bol.

Mêler la margarine et la moutarde dans un petit plat.

Tremper chaque petit pilon dans le mélange de margarine puis dans celui de graines, en l'enrobant complètement. S'il s'agit d'ailes entières, couper les pointes et les jeter puis diviser les ailes à l'articulation. Poser les pilons enrobés sur une lèchefrite recouverte de papier d'aluminium. Cuire au four à 350 °F (175 °C) environ 45 minutes, jusqu'à ce que le poulet soit tendre. Donne environ 16 petits pilons ou 24 morceaux d'ailes.

1 petit pilon (non dépouillé) : 167 calories; 7 g de protéines; 13,9 g de matières grasses totales; 3 g de glucides; 304 mg de sodium; trace de fibres alimentaires

Photo ci-dessous.

Tarte aux piments jalapeño

*Ce plat, qui est servi tiède, est plutôt épicé.
Les courageux peuvent mettre plus de piments.*

Margarine dure (ou beurre)	2 c. à thé	10 mL
Oignon, haché fin	1 tasse	250 mL
Piments jalapeño, en conserve, égouttés, épépinés et hachés	½ × 4 oz	½ × 114 mL
Cheddar fort, râpé	2 tasses	500 mL
Gros œufs, battus à la fourchette	4	4
Sel	½ c. à thé	2 mL
Poudre d'ail	¼ c. à thé	1 mL

Faire fondre la margarine dans une poêle à frire à revêtement antiadhésif. Ajouter l'oignon et le faire revenir jusqu'à ce qu'il soit mou.

Répandre l'oignon, les piments jalapeño et le cheddar dans un plat graissé de 20 × 20 cm (8 × 8 po).

Combiner l'œuf, le sel et la poudre d'ail dans un petit bol. Battre le tout, puis verser le mélange dans le plat. Cuire au four à 350 °F (175 °C) environ 30 minutes. Couper 25 carrés.

1 carré : 56 calories; 3 g de protéines; 4,3 g de matières grasses totales; 1 g de glucides; 140 mg de sodium; trace de fibres alimentaires

Photo ci-dessous.

À gauche : Ailes de poulet au sésame, ci-dessus   Au centre : Ailes de poulet teriyaki, page 36   En haut, à droite : Tarte aux piments jalapeño, ci-dessus   En bas, à droite : Chili Con Queso, page 36

Boules de jambon-moutarde, ci-dessous   Boulettes en sauce au gingembre, ci-dessous   Boulettes aux canneberges, page 39

Boules de jambon-moutarde

Servir ces hors-d'œuvre lustrés et tendres chauds,
avec des cure-dents. Toujours un bon choix.

Jambon maigre, haché	1½ lb	680 g
Poulet haché	½ lb	225 g
Lait	½ tasse	125 mL
Gros œuf, battu à la fourchette	1	1
Sel assaisonné	½ c. à thé	2 mL
Sel	½ c. à thé	2 mL
Chapelure	1½ tasse	375 mL
Cassonade, tassée	1 tasse	250 mL
Farine tout usage	2 c. à thé	10 mL
Moutarde sèche	2 c. à thé	10 mL
Vinaigre blanc	½ tasse	125 mL
Eau	½ tasse	125 mL
Moutarde préparée	2 c. à thé	10 mL

Mêler les 7 premiers ingrédients dans un grand bol. Façonner des boules de 2,5 cm (1 po) et les poser sur une plaque à pâtisserie graissée. Cuire au four à 400 °F (205 °C) pendant 15 minutes jusqu'à ce qu'elles durcissent légèrement et brunissent, puis les mettre dans une cocotte non graissée de 3 L (3 pte).

Combiner la cassonade avec la farine et la moutarde sèche dans un petit bol. Incorporer le vinaigre, l'eau et la moutarde préparée. Verser le tout sur les boulettes. Cuire au four à découvert à 350 °F (175 °C), en arrosant de sauce 2 ou 3 fois en cours de cuisson, environ 45 minutes. Donne environ 80 boules de jambon.

4 boules de jambon (avec la sauce) : 144 calories; 11 g de protéines; 2,7 g de matières grasses totales; 19 g de glucides; 676 mg de sodium; trace de fibres alimentaires

Photo ci-dessus.

Boulettes en sauce au gingembre

Une recette facile à doubler.

Bœuf haché maigre	½ lb	225 g
Porc haché maigre	½ lb	225 g
Lait	¼ tasse	60 mL
Gros œuf, battu à la fourchette	1	1
Chapelure	1 tasse	250 mL
Sauce Worcestershire	1 c. à thé	5 mL
Oignon en flocons	1 c. à soupe	15 mL
Sel	¾ c. à thé	4 mL
Poivre	¼ c. à thé	1 mL
Sauce chili	1 tasse	250 mL
Eau	¾ tasse	175 mL
Chapelure de biscuits au gingembre (environ 10 biscuits)	1 tasse	250 mL

Combiner les 9 premiers ingrédients dans un grand bol. Bien mélanger. Façonner des boulettes de 2,5 cm (1 po) et les poser sur une plaque à pâtisserie graissée. Cuire au four à 375 °F (190 °C) pendant 15 minutes, jusqu'à ce que les boulettes soient complètement cuites. Donne 40 boulettes.

Combiner la sauce chili et l'eau dans une petite casserole. Ajouter la chapelure. Chauffer, en remuant souvent, jusqu'à ce que la préparation mijote. Laisser mijoter environ 1 minute. Donne 500 mL (2 tasses) de sauce. Servir les boulettes nappées de sauce.

3 boulettes nappées de sauce : 123 calories; 9 g de protéines; 4,5 g de matières grasses totales; 11 g de glucides; 381 mg de sodium; 1 g de fibres alimentaires

Photo ci-dessus.

Délices aux courgettes, ci-contre

Boulettes aux canneberges

Ces boulettes molles sont accompagnées d'une sauce exceptionnelle.

Gros œufs, battus à la fourchette	2	2
Sauce soja	2 c. à soupe	30 mL
Oignon, haché fin	½ tasse	125 mL
Persil en flocons	1 c. à soupe	15 mL
Poudre d'ail (ou 2 gousses, émincées)	½ c. à thé	2 mL
Chapelure de céréales de flocons de maïs	1 tasse	250 mL
Sel	2 c. à thé	10 mL
Poivre	½ c. à thé	2 mL
Bœuf haché maigre	2 lb	900 g
Sauce aux canneberges, en conserve	14 oz	398 mL
Sauce chili	½ tasse	125 mL
Ketchup	½ tasse	125 mL
Cassonade, tassée	2 c. à soupe	30 mL
Vinaigre blanc	1 c. à soupe	15 mL

Mêler les 8 premiers ingrédients dans un grand bol.

Ajouter le bœuf haché. Bien mélanger. Façonner des boulettes de 2,5 cm (1 po) et les poser dans une cocotte graissée de 3 L (3 pte).

Combiner les 5 derniers ingrédients dans un petit bol. Verser le tout sur les boulettes. Cuire au four à découvert à 350 °F (175 °C) pendant 45 minutes. Donne 80 boulettes.

4 boulettes (avec la sauce) : 182 calories; 10 g de protéines; 7,4 g de matières grasses totales; 19 g de glucides; 650 mg de sodium; 1 g de fibres alimentaires

Photo aux pages 38 et 39.

« Crevettes » du lac Laurier

Une imitation passable puisque le lac Laurier de mon enfance ne renfermait pas la moindre crevette. Peut être servi comme hors-d'œuvre ou comme plat de résistance, et même froid, avec de la sauce pour fruits de mer.

Préparation pour crêpes	2 tasses	500 mL
Gros œuf, battu à la fourchette	1	1
Huile de cuisson	1 c. à soupe	15 mL
Bière	¾ tasse	175 mL
Lait	¼ tasse	60 mL
Sel	1 c. à thé	5 mL
Filets de poisson, coupés en carrés de 2,5 cm (1 po)		
Huile de friture		

Combiner la préparation pour crêpes avec l'œuf, l'huile de cuisson, la bière, le lait et le sel dans un bol moyen jusqu'à ce que le mélange soit lisse.

Tremper quelques morceaux de poisson dans la préparation, puis les laisser tomber délicatement dans l'huile chauffée à 375 °F (190 °C). Cuire environ 2 minutes, jusqu'à ce que les morceaux soient dorés. Les retirer de l'huile avec une écumoire et les égoutter sur une plaque à pâtisserie recouverte d'essuie-tout. Garder au chaud dans le four, à 200 °F (95 °C), jusqu'à ce que tout le poisson soit cuit. Donne 1 L (4 tasses) ou environ 30 hors-d'œuvre.

1 hors-d'œuvre : 78 calories; 7 g de protéines; 2 g de matières grasses totales; 8 g de glucides; 255 mg de sodium; trace de fibres alimentaires

Photo à la page 10.

Délices aux courgettes

On peut couper des morceaux plus gros.
Le parmesan ajoute beaucoup de goût.

Gros œufs, battus à la fourchette	4	4
Oignon, haché fin	½ tasse	125 mL
Huile de cuisson	½ tasse	125 mL
Persil en flocons	1 c. à thé	5 mL
Sel	½ c. à thé	2 mL
Sel de céleri	½ c. à thé	2 mL
Origan entier déshydraté	½ c. à thé	2 mL
Poudre d'ail	¼ c. à thé	1 mL
Parmesan râpé	½ tasse	125 mL
Préparation pour biscuits de pâte	1 tasse	250 mL
Courgettes non pelées, tranchées fin	3½ tasses	875 mL
Parmesan râpé	¼ tasse	60 mL

Combiner les 9 premiers ingrédients dans un bol moyen. Bien battre le tout.

Incorporer la préparation pour biscuits et les courgettes. Verser le tout dans un plat graissé de 22 x 33 cm (9 x 13 po).

Répandre la seconde quantité de parmesan sur le dessus. Cuire au four à 350 °F (175 °C) environ 30 minutes, jusqu'à ce que le plat soit doré. Couper en 54 carrés.

1 carré : 44 calories; 1 g de protéines; 3,3 g de matières grasses totales; 2 g de glucides; 103 mg de sodium; trace de fibres alimentaires

Photo ci-contre.

Trempette à l'ail

*Préparer le matin ou un ou deux jours à l'avance et réfrigérer.
Servir avec des crudités.*

Sauce à salade légère (ou mayonnaise)	¾ tasse	175 mL
Crème sure sans gras	¼ tasse	60 mL
Gousses d'ail, émincées (ou 4 mL, ¾ c. à thé, de poudre d'ail)	3	3
Persil en flocons	2 c. à thé	10 mL
Jus de citron	1 c. à thé	5 mL

Combiner les 5 ingrédients dans un petit bol. Couvrir. Bien réfrigérer. Donne 250 mL (1 tasse) de trempette.

15 mL (1 c. à soupe) de trempette : 34 calories; trace de protéines; 2,9 g de matières grasses totales; 2 g de glucides; 88 mg de sodium; trace de fibres alimentaires

Photo ci-dessous.

Boule de fromage et relish, page 41   Tartitrempette aux concombres, ci-dessous

Trempette à l'ail

Tartitrempette aux concombres

*Il faut préparer cette trempette à l'avance et la réfrigérer au
moins deux heures. Elle est assez épaisse pour être tartinée
sur des ronds de pain foncé ou servie avec des crudités.*

Fromage à la crème léger, ramolli	8 oz	250 g
Concombres pelés, évidés et tranchés fin	2 tasses	500 mL
Sel assaisonné	1 c. à thé	5 mL
Poivre de Cayenne	¹⁄₁₆ c. à thé	0,5 mL

Écraser le fromage à la crème avec une fourchette. Y ajouter les concombres, le sel assaisonné et le poivre de Cayenne. Bien mélanger. Réfrigérer au moins 2 heures pour que les goûts se mêlent. Donne 750 mL (3 tasses) de trempette.

30 mL (2 c. à soupe) de trempette : 22 calories; 1 g de protéines; 1,7 g de matières grasses totales; 1 g de glucides; 150 mg de sodium; trace de fibres alimentaires

Photo ci-dessus.

Trempette forte au soja

*Un bon goût prononcé de soja. À servir avec les roulés collants,
page 13, et les galettes aux oignons verts, page 13.*

Sauce soja	¼ tasse	60 mL
Vinaigre de cidre	2 c. à soupe	30 mL
Ketchup	2 c. à thé	10 mL
Gousse d'ail (ou 1 mL, ¼ c. à thé, de poudre d'ail)	1	1
Piments forts déshydratés broyés	1 c. à thé	5 mL

Combiner les 5 ingrédients dans le mélangeur jusqu'à ce que la préparation soit lisse. Laisser reposer environ 1 heure à la température de la pièce pour que les goûts se mêlent. Donne 125 mL (½ tasse) de trempette.

15 mL (1 c. à soupe) de trempette : 9 calories; 1 g de protéines; 0,1 g de matières grasses totales; 2 g de glucides; 546 mg de sodium; trace de fibres alimentaires

Photo à la page 13.

Boule de fromage et relish

On peut façonner deux boules plus petites et en surgeler une pour plus tard. À préparer un ou deux jours à l'avance pour que les goûts se mêlent. Servir avec un assortiment de craquelins.

Fromage à la crème léger, ramolli	2 × 8 oz	2 × 250 g
Cheddar mi-fort ou fort, râpé	2 tasses	500 mL
Relish de cornichons sucrés, égoutté	½ tasse	125 mL
Poudre d'oignon	⅛ c. à thé	0,5 mL
Pacanes (ou noix de Grenoble), hachées fin	1 tasse	250 mL

Mettre les 4 premiers ingrédients dans un bol moyen. Battre à basse vitesse jusqu'à ce que les ingrédients soient bien combinés. Façonner une boule. Si le mélange est trop mou, le réfrigérer au moins 1 heure.

Rouler la boule dans les pacanes pour l'enrober. Réfrigérer jusqu'au moment de servir. Donne 1 boule de fromage de 875 mL. (3½ tasses).

30 mL (2 c. à soupe) : 100 calories; 4 g de protéines; 8,5 g de matières grasses totales; 2 g de glucides; 232 mg de sodium; trace de fibres alimentaires

Photo à la page 40.

Tartinade de saumon mousseline

Une bonne tartinade à étaler sur des craquelins ou pour garnir des coupes de pain.

Sauce à salade légère (ou mayonnaise)	½ tasse	125 mL
Jus de citron	1 c. à soupe	15 mL
Oignon en flocons	1 c. à soupe	15 mL
Sauce aux piments forts	½ c. à thé	2 mL
Sauce Worcestershire	½ c. à thé	2 mL
Sel	1 c. à thé	5 mL
Poivre, une pincée		
Saumon en conserve, égoutté, peau et arêtes rondes ôtées, défait (préférablement rouge pour la couleur)	2 × 4 oz	2 × 114 g
Fromage cottage en crème	1 tasse	250 mL
Garniture fouettée surgelée (en gros contenant), dégelée	1 tasse	250 mL

Mettre les 7 premiers ingrédients dans un bol moyen. Remuer.

Ajouter le saumon. Bien mélanger.

Incorporer le fromage cottage puis la garniture fouettée, en pliant. Verser la préparation dans un joli bol en verre. Réfrigérer 3 à 4 heures. Donne 1 L (4 tasses) de mousse.

30 mL (2 c. à soupe) de mousse : 33 calories; 2 g de protéines; 2 g de matières grasses totales; 2 g de glucides; 171 mg de sodium; trace de fibres alimentaires

Photo ci-contre.

Boulettes aux épinards

Savoureuses, moelleuses et colorées, elles sont jolies seules ou avec un assortiment de hors-d'œuvre.

Épinards hachés surgelés	10 oz	300 g
Gros œufs, battus à la fourchette	2	2
Parmesan râpé	¼ tasse	60 mL
Persil en flocons	1 c. à thé	5 mL
Assaisonnement pour volaille	¾ c. à thé	4 mL
Sel à l'ail	¼ c. à thé	1 mL
Sel	¼ c. à thé	1 mL
Poivre	½ c. à thé	2 mL
Oignon, haché très fin	½ tasse	125 mL
Chapelure	1½ tasse	375 mL
Margarine dure (ou beurre), fondue	¼ tasse	60 mL
Margarine dure (ou beurre), fondue	2 c. à soupe	30 mL

Cuire les épinards selon les directives données sur l'emballage. Les égoutter et les essorer.

Combiner les 7 prochains ingrédients dans un bol moyen. Battre le tout.

Ajouter l'oignon et la chapelure. Remuer. Ajouter la première quantité de margarine fondue et les épinards. Bien mélanger. Façonner des boulettes de 2,5 cm (1 po) et les poser sur une plaque à pâtisserie graissée.

Badigeonner les boulettes avec la seconde quantité de margarine fondue. Cuire au four à 325 °F (160 °C) pendant 10 à 12 minutes. Ne pas cuire les boulettes trop longtemps. On peut aussi surgeler les boulettes non cuites sur un plateau puis les ranger dans des contenants une fois qu'elles sont gelées. Donne 48 boulettes aux épinards.

3 boulettes aux épinards : 104 calories; 4 g de protéines; 5,8 g de matières grasses totales; 10 g de glucides; 247 mg de sodium; 1 g de fibres alimentaires

Photo ci-dessous.

Tartinade de saumon mousseline, ci-contre   Boulettes aux épinards, ci-dessus

Canapés au parmesan

Une tartinade crémeuse recouvre des tranches de baguette. Servir chauds.

Mayonnaise (et non sauce à salade)	½ tasse	125 mL
Parmesan râpé	½ tasse	125 mL
Oignon émincé	1 c. à soupe	15 mL
Poudre d'ail	⅛ c. à thé	0,5 mL
Baguette, coupée en tranches d'environ 1 cm (½ po)	1	1

Combiner la mayonnaise avec le parmesan, l'oignon et la poudre d'ail dans un petit bol.

Poser les tranches de baguette sur une plaque à pâtisserie non graissée. Les faire griller d'un côté. Étaler 10 mL (2 c. à thé) du mélange sur le côté non grillé de chaque tranche. Faire dorer légèrement au four, sous le gril. Donne 175 mL (¾ tasse) de garniture, assez pour 18 tranches.

1 canapé : 134 calories; 4 g de protéines; 6,8 g de matières grasses totales; 14 g de glucides; 234 mg de sodium; trace de fibres alimentaires

Photo ci-dessous.

En haut : Roulés au salami, ci-contre   Au centre : Champignons farcis, ci-contre
En bas : Canapés au parmesan, ci-dessus

Roulés au salami

Un hors-d'œuvre maison qui complète tous les plateaux.
Bien emballés, ils se conservent six mois au congélateur.

Eau	1½ tasse	375 mL
Sel de salage rapide (Morton's par exemple)	2 c. à soupe	30 mL
Fumée liquide	1 c. à soupe	15 mL
Graines de moutarde	2 c. à thé	10 mL
Sel à l'ail	1½ c. à thé	7 mL
Poivre	½ c. à thé	2 mL
Bœuf haché maigre	3 lb	1,4 kg

Combiner les 6 premiers ingrédients dans un grand bol.

Ajouter le bœuf haché. Bien mélanger. Façonner 3 cordons de 5 x 35 cm (2 x 14 po) de long. Les envelopper bien serrés contre le côté brillant du papier d'aluminium. Réfrigérer 24 heures. Piquer le dessous des cordons enveloppés avec la pointe d'un couteau. Verser l'eau chaude dans un plat à griller. Poser la grille dans le plat, puis mettre les roulés sur la grille.

Cuire au four à 300 °F (150 °C) pendant 2 heures. Laisser refroidir. Donne 3 roulés de 1 kg (2¼ lb) qui se coupe chacun en 70 morceaux.

1 morceau : 30 calories; 4 g de protéines; 1,6 g de matières grasses totales; trace de glucides; 236 mg de sodium; trace de fibres alimentaires

Photo ci-contre.

Champignons farcis

Un savoureux hors-d'œuvre qui plaît toujours.
Peut être préparé à l'avance et cuit au moment voulu.

Champignons frais moyens	26	26
Margarine dure (ou beurre)	2 c. à soupe	30 mL
Oignon haché	1 tasse	250 mL
Pepperoni (ou saucisson à l'ail), coupé en dés fins	½ tasse	125 mL
Eau	¼ tasse	60 mL
Parmesan râpé	¼ tasse	60 mL
Persil en flocons	½ c. à thé	2 mL
Ciboulette hachée	1 c. à thé	5 mL
Bouillon de poulet en poudre	1 c. à thé	5 mL
Origan déshydraté entier, broyé	¼ c. à thé	1 mL
Poudre d'ail	¼ c. à thé	1 mL
Chapelure	¾ tasse	175 mL

Ôter délicatement les pieds des champignons et les hacher.

Faire fondre la margarine dans une poêle à frire à revêtement antiadhésif. Ajouter les morceaux de champignons hachés, l'oignon et le pepperoni et faire revenir le tout jusqu'à ce que l'oignon soit mou. Retirer du feu.

Ajouter les 8 derniers ingrédients. Bien mélanger. Farcir les têtes des champignons et les poser sur une plaque à pâtisserie graissée. Cuire au four à 350 °F (175 °C) pendant 20 à 30 minutes. Donne environ 26 champignons farcis.

1 champignon farci : 48 calories; 2 g de protéines; 2,7 g de matières grasses totales; 4 g de glucides; 139 mg de sodium; trace de fibres alimentaires

Photo ci-contre.

Pizza aux pommes et au brie

Pizza aux pommes et au brie

Un hors-d'œuvre mince et croustillant, légèrement sucré,
qui se coupe bien et se mange avec les mains.

Croûte à pizza :		
Farine tout usage	1¼ tasse	300 mL
Levure instantanée	1 c. à thé	5 mL
Sel	¼ c. à thé	1 mL
Eau chaude	½ tasse	125 mL
Huile de cuisson	4 c. à thé	20 mL
Semoule de maïs	2 c. à thé	10 mL
Garniture :		
Brie avec l'écorce, ramolli	7 oz	200 g
Crème sure	2 c. à soupe	30 mL
Aneth	¼ c. à thé	1 mL
Sherry (ou sherry sans alcool)	1 c. à thé	5 mL
Pomme rouge moyenne non pelée, coupée en lamelles très fines	1	1
Tranches de bacon cuites et émiettées (ou 30 mL, 2 c. à soupe, de miettes de vrai bacon)	3	3
Parmesan râpé	2 c. à thé	10 mL

Croûte à pizza : Mettre la farine, la levure et le sel dans le robot culinaire.

Mettre le couvercle en place et le robot en marche, puis verser l'eau chaude et l'huile de cuisson dans la cheminée. Travailler la pâte environ 50 secondes, jusqu'à obtenir une boule. Envelopper celle-ci dans une pellicule plastique et la laisser reposer 10 minutes.

Diviser la pâte en 2. Répandre 5 mL (1 c. à thé) de semoule de maïs sur un plan de travail, puis abaisser 1 moitié de la pâte en un rond de 25 cm (10 po) de diamètre. Abaisser le reste de la pâte de la même manière. Poser la pâte sur une plaque à pâtisserie graissée et la piquer avec une fourchette. Cuire dans le bas du four à 450 °F (230 °C) environ 10 minutes. On peut cuire 1 rond de pâte à la fois. Laisser refroidir.

Garniture : Écraser le brie avec la crème sure, l'aneth et le sherry à la fourchette sur une grande assiette, jusqu'à obtenir un mélange grumeleux. Répartir celui-ci sur les 2 croûtes.

Disposer les pommes en une couche sur la garniture. Répandre le bacon, puis le parmesan, sur les pommes. Cuire dans le milieu du four à 450 °F (230 °C) environ 5 minutes, jusqu'à ce que la croûte soit croustillante et que la garniture commence à dorer. Couper chaque pizza en 12 pointes pour faire 24 pointes en tout.

1 pointe : 71 calories; 3 g de protéines; 3,8 g de matières grasses totales; 6 g de glucides; 97 mg de sodium; trace de fibres alimentaires

Photo ci-dessus.

Bœuf

Au début du XXᵉ siècle, il existait peu de recettes de plats de viande. Celles que l'on trouvait portaient principalement sur les méthodes de cuisson : comment griller, braiser, rôtir ou frire la viande. En 1910, Campbell's® publia un recueil intitulé *Helps For The Hostess*. Les recettes qui y étaient présentées expliquaient comment combiner les soupes Campbell's® avec du bœuf. Ce premier ouvrage était le précurseur d'une foule d'autres recettes de plats de bœuf. De nos jours, les apprêts du bœuf sont pratiquement innombrables. Au rayon des viandes des magasins d'alimentation modernes, on trouve de la viande détaillée en lanières pour les fricassées, des brochettes préparées et des coupes spéciales pour le barbecue et les roulades, en plus des rôtis et des biftecks traditionnels. Cette section contient des recettes de casseroles, de chili, de biftecks, de ragoûts et de fricassées, entre autres.

Casserole du naufragé

Un plat classique qui remonte à l'enfance de bien des gens.

Gros oignons, tranchés mince	2	2
Sel, une pincée		
Poivre, une pincée		
Pommes de terre moyennes, tranchées mince	2	2
Sel, une pincée		
Poivre, une pincée		
Bœuf haché maigre	1 lb	454 g
Sel, une pincée		
Poivre, une pincée		
Riz blanc à grains longs, non cuit	½ tasse	125 mL
Céleri, haché	1 tasse	250 mL
Sel, une pincée		
Poivre, une pincée		
Soupe de tomates condensée	10 oz	284 mL
Boîte de soupe remplie d'eau bouillante	10 oz	284 mL

Étaler l'oignon dans une cocotte de 2 L (2 pte) non graissée. Saler et poivrer. Étaler les pommes de terre sur l'oignon. Saler et poivrer. Aplatir le bœuf haché sur les pommes de terre. Saler et poivrer. Répandre le céleri, puis le riz, sur le bœuf haché. Saler et poivrer.

Combiner la soupe et l'eau bouillante dans un petit bol. Verser le tout dans la cocotte. Cuire au four sous couvert à 350 °F (175 °C) pendant 1½ à 2 heures, jusqu'à ce que les légumes soient tendres. Pour 4 personnes.

1 portion : 463 calories; 27 g de protéines; 18,7 g de matières grasses totales; 48 g de glucides; 1 312 mg de sodium; 4 g de fibres alimentaires

Photo ci-contre.

Côtes levées magiques

Tendres, foncées, délicieuses, merveilleusement glacées et particulièrement savoureuses.

Bouts de côtes de bœuf désossés	3 lb	1,4 kg
Sachet de préparation de soupe à l'oignon	1 × 1½ oz	1 × 42 g
Ketchup	¾ tasse	175 mL
Cassonade, tassée	½ tasse	125 mL

Poser les bouts de côtes dans une rôtissoire moyenne. Secouer le sachet de préparation de soupe, puis répandre le contenu sur les côtes. Répandre le ketchup sur le dessus, puis saupoudrer le tout de cassonade. Cuire au four sous couvert à 325 °F (160 °C) pendant 2½ à 3 heures, jusqu'à ce que les côtes soient très tendres. Pour 8 personnes.

1 portion : 399 calories; 35 g de protéines; 17,8 g de matières grasses totales; 24 g de glucides; 925 mg de sodium; 1 g de fibres alimentaires

Photo à la page 44.

Côtes levées magiques, ci-dessus

Casserole à la suisse

Les petites carottes et pommes de terre en font un plat appétissant.

Bifteck de surlonge (ou de ronde), coupé en 6 portions	2 lb	900 g
Farine tout usage	¼ tasse	60 mL
Sel	1 c. à thé	5 mL
Poivre	¼ c. à thé	1 mL
Huile de cuisson	1 c. à soupe	15 mL
Sauce chili	½ tasse	125 mL
Eau	½ tasse	125 mL
Bouillon de bœuf en poudre	2 c. à thé	10 mL
Sauce tomate	7½ oz	213 mL
Poudre d'ail	¼ c. à thé	1 mL
Petites pommes de terre rouges, non pelées	12	12
Petites carottes pelées	24	24
Oignons moyens, coupés en quartiers	2	2

Bien marteler les morceaux de bifteck avec un maillet.

Combiner la farine avec le sel et le poivre dans un plat peu profond. Enrober les deux côtés des morceaux de viande de ce mélange.

Chauffer la ½ de l'huile de cuisson dans une poêle à frire à revêtement antiadhésif. Y ajouter 3 morceaux de viande et les faire bien dorer des deux côtés. Poser les morceaux cuits dans un rôtissoire moyenne et faire dorer les 3 autres morceaux de la même manière.

Combiner les 5 prochains ingrédients dans un petit bol. Verser le mélange sur la viande. Cuire au four sous couvert à 350 °F (175 °C) pendant 1¾ à 2 heures, jusqu'à ce que la viande soit très tendre.

Ajouter les pommes de terre, les carottes et l'oignon. Cuire sous couvert environ 1½ heure, jusqu'à ce que les légumes soient tendres. Rajouter un peu d'eau au besoin. Pour 6 personnes.

1 portion : 417 calories; 37 g de protéines; 8,6 g de matières grasses totales; 47 g de glucides; 1 316 mg de sodium; 6 g de fibres alimentaires

Photo ci-dessous.

En haut : Casserole du naufragé, ci-contre   En bas : Casserole à la suisse, ci-dessus

Casserole de nouilles

Le fromage fond en cours de cuisson.
Un plat préféré, décoré avec des rondelles d'oignon.

Bœuf haché maigre	1½ lb	680 g
Poivron vert, haché (facultatif)	½ tasse	125 mL
Oignon haché	1 tasse	250 mL
Nouilles moyennes (225 g, 8 oz)	3⅓ tasses	825 mL
Eau bouillante	3 pte	3 L
Huile de cuisson (facultatif)	1 c. à soupe	15 mL
Sel	2 c. à thé	10 mL
Crème de tomates condensée	10 oz	284 mL
Crème de champignons condensée	10 oz	284 mL
Sauce Worcestershire	1 c. à thé	5 mL
Sel	¾ c. à thé	4 mL
Poivre	¼ c. à thé	1 mL
Champignons tranchés, en conserve, égouttés	10 oz	284 mL
Cheddar mi-fort, coupé en petits cubes	1 tasse	250 mL
Garniture :		
Margarine dure (ou beurre)	1 c. à soupe	15 mL
Eau	1 c. à soupe	15 mL
Chapelure	½ tasse	125 mL
Rondelles d'oignon frites, en conserve	2¾ oz	79 g

Faire revenir le bœuf haché, le poivron et l'oignon dans une poêle à frire à revêtement antiadhésif jusqu'à ce que l'oignon soit mou et que le bœuf ne soit plus rose. Égoutter.

Cuire les nouilles dans l'eau bouillante additionnée de l'huile de cuisson et de la première quantité de sel dans une marmite ou un faitout découvert pendant 5 à 7 minutes jusqu'à ce qu'elles soient tendres, mais encore fermes. Égoutter. Remettre les nouilles dans la marmite.

Vider les deux boîtes de soupe dans un bol moyen. Ajouter la sauce Worcestershire, la seconde quantité de sel et le poivre. Bien remuer. Ajouter le tout aux nouilles, puis ajouter le mélange de bœuf et remuer.

Ajouter les champignons et le fromage. Remuer. Verser le tout dans une cocotte non graissée de 3 L (3 pte).

Garniture : Faire fondre la margarine dans une petite casserole. Incorporer l'eau et la chapelure. Répandre le mélange sur le dessus de la cocotte. Cuire au four à découvert à 350 °F (175 °C) pendant 25 à 30 minutes.

Éparpiller les rondelles d'oignon sur le plat. Cuire environ 10 minutes, le temps de bien réchauffer le plat. Pour 6 personnes.

1 portion : 593 calories; 34 g de protéines; 26,1 g de matières grasses totales; 54 g de glucides; 1 537 mg de sodium; 3 g de fibres alimentaires

Photo à la page 47.

Pâtes au bœuf en trois couches

Un plat savoureux. Une fois coupé, les couches sont évidentes.

Fusilli (225 g, 8 oz)	2⅔ tasses	650 mL
Eau bouillante	3 pte	3 L
Huile de cuisson (facultatif)	1 c. à soupe	15 mL
Sel	2 c. à thé	10 mL
Bœuf haché maigre	1 lb	454 g
Oignon haché	1 tasse	250 mL
Farine tout usage	1 c. à soupe	15 mL
Piment de la Jamaïque moulu	¼ c. à thé	1 mL
Sel	½ c. à thé	2 mL
Poivre	⅛ à ¼ c. à thé	0,5-1 mL
Sauce tomate	7½ oz	213 mL
Lait	2 tasses	500 mL
Farine tout usage	¼ tasse	60 mL
Sel	½ c. à thé	2 mL
Poivre	⅛ c. à thé	0,5 mL
Parmesan râpé	⅓ tasse	75 mL

Cuire les pâtes dans l'eau bouillante additionnée de l'huile de cuisson et de la première quantité de sel dans une marmite ou un faitout découvert pendant 7 à 8 minutes jusqu'à ce qu'elles soient tendres, mais encore fermes. Les égoutter puis les mettre dans une cocotte non graissée de 2 L (2 pte).

Faire revenir le bœuf haché et l'oignon dans une poêle à frire à revêtement antiadhésif jusqu'à ce que l'oignon soit mou et que le bœuf ne soit plus rose. Égoutter.

Incorporer la première quantité de farine, le piment moulu, la deuxième quantité de sel et le poivre. Ajouter la sauce tomate et remuer jusqu'à ce que la préparation bouille. Étaler ce mélange sur les pâtes.

Combiner peu à peu le lait et la seconde quantité de farine au fouet dans une petite casserole, jusqu'à ce qu'il ne reste plus de grumeaux. Ajouter la troisième quantité de sel et la seconde quantité de poivre. Chauffer en remuant jusqu'à ce que la préparation bouille.

Incorporer le parmesan. Verser le tout dans la cocotte. Écarter le mélange ici et là avec un couteau pour que la sauce coule jusqu'au fond. Cuire au four à découvert à 350 °F (175 °C) environ 40 minutes jusqu'à ce que le dessus du plat soit doré. Donne 2 L (8 tasses).

375 mL (1½ tasse) : 411 calories; 28 g de protéines; 10,9 g de matières grasses totales; 48 g de glucides; 967 mg de sodium; 2 g de fibres alimentaires

Photo à la page 47.

1. Casserole de nouilles, ci-contre
2. Bœuf au four à la crème, page 48
3. Chili moderne, page 48
4. Pâtes au bœuf en trois couches, ci-dessus

Chili moderne

La salsa remplace les tomates.
Ajouter du pain épais pour compléter le repas.

Bœuf haché maigre	1½ lb	680 g
Oignon haché	1 tasse	250 mL
Haricots rouges, en conserve, non égoutté	2 × 14 oz	2 × 398 mL
Maïs en grains surgelé	1½ tasse	375 mL
Piments verts hachés, en conserve, non égouttés	4 oz	114 mL
Poudre chili	2 c. à thé	10 mL
Poudre d'ail	¼ c. à thé	1 mL
Sel	½ c. à thé	2 mL
Poivre	⅛ c. à thé	0,5 mL
Salsa moyenne	1½ tasse	375 mL

Faire revenir le bœuf haché et l'oignon dans une marmite ou un faitout jusqu'à ce que l'oignon soit mou et que le bœuf ne soit plus rose. Égoutter.

Ajouter les 8 derniers ingrédients. Chauffer en remuant de temps en temps, jusqu'à ce que la préparation bouille. Laisser mijoter pendant 10 à 15 minutes. Donne 2,1 L (8½ tasses) de chili.

375 mL (1½ tasse) de chili : 399 calories; 33 g de protéines; 11 g de matières grasses totales; 45 g de glucides; 1 989 mg de sodium; 12 g de fibres alimentaires

Photo à la page 47.

Bifteck grillé

Le plaisir est toujours de la partie quand
on fait griller du bifteck. Celui-ci est bien assaisonné.

Vinaigre de vin rouge	¼ tasse	60 mL
Biftecks d'aloyau (ou de gros filet) (environ 1,4 kg, 3 lb)	4	4
Huile de cuisson	1 c. à soupe	15 mL
Sel	1 c. à thé	5 mL
Poivre	1 c. à thé	5 mL
Basilic déshydraté, broyé	1 c. à thé	5 mL

Badigeonner les biftecks de vinaigre, des deux côtés, puis d'huile de cuisson. Les poser sur la grille du plat à griller.

Combiner le sel avec le poivre et le basilic dans une petite tasse. Saupoudrer la ½ du mélange sur les biftecks. Griller au four pendant 5 minutes. Retourner les biftecks et les saupoudrer avec l'autre ½ du mélange. Griller encore 5 minutes ou jusqu'à ce que les biftecks soient à point. Pour 4 personnes.

1 portion : 603 calories; 56 g de protéines; 39,8 g de matières grasses totales; 2 g de glucides; 795 mg de sodium; trace de fibres alimentaires

Photo ci-contre.

BIFTECK AU BARBECUE : Au lieu de griller les biftecks au four, les cuire au barbecue, à intensité moyenne, pendant 5 minutes de chaque côté où jusqu'à ce qu'ils soient à point.

Bœuf au four à la crème

Un excellent plat, bien crémeux.

Bœuf haché maigre	1½ lb	680 g
Oignon haché	½ tasse	125 mL
Céleri, haché	¼ tasse	60 mL
Nouilles aux œufs larges (225 g, 8 oz)	4 tasses	1 L
Eau bouillante	3 pte	3 L
Huile de cuisson (facultatif)	1 c. à soupe	15 mL
Sel	2 c. à thé	10 mL
Tomates étuvées, en conserve, non égouttées	14 oz	398 mL
Sauce chili	½ tasse	125 mL
Poudre d'ail	½ c. à thé	2 mL
Sel	½ c. à thé	2 mL
Poivre	⅛ c. à thé	0,5 mL
Crème sure sans gras	1 tasse	250 mL
Fromage à la crème léger	4 oz	125 g

Faire revenir le bœuf haché, l'oignon et le céleri dans une poêle à frire à revêtement antiadhésif jusqu'à ce qu'ils soient légèrement dorés. Égoutter.

Cuire les nouilles dans l'eau bouillante additionnée de l'huile de cuisson et de la première quantité de sel dans une marmite ou un faitout découvert pendant 5 à 7 minutes jusqu'à ce qu'elles soient tendres, mais encore fermes. Égoutter. Remettre les nouilles dans la marmite. Ajouter le mélange de bœuf. Remuer.

Ajouter les tomates non égouttées, la sauce chili, la poudre d'ail, la seconde quantité de sel et le poivre. Remuer.

Bien battre la crème sure avec le fromage à la crème dans un petit bol. Verser le tout dans la marmite. Remuer doucement. Verser la préparation dans une cocotte non graissée de 3 L (3 pte). Cuire au four sous couvert à 350 °F (175 °C) environ 30 minutes, le temps de réchauffer complètement le plat. Donne 2 L (8 tasses).

375 mL (1½ tasse) : 510 calories; 36 g de protéines; 19,6 g de matières grasses totales; 47 g de glucides; 1 306 mg de sodium; 4 g de fibres alimentaires

Photo à la page 47.

Bifteck grillé, ci-contre

Pâté chinois

Un plat classique, généralement préparé le lundi avec les
restes de rôti de bœuf et de pommes de terre du dimanche.

Rôti de bœuf cuit, haché	3 tasses	750 mL
Petit oignon	1	1
Sauce brune au bœuf	½ à 1 tasse	125 à 250 mL
Sel	1 c. à thé	5 mL
Poivre	¼ c. à thé	1 mL
Purée de pommes de terre	3 tasses	750 mL
Paprika, une pincée (facultatif)		

Passer le bœuf et l'oignon au hachoir ou au robot culinaire ou les hacher en petits morceaux avec un couteau.

Ajouter la sauce. Bien mélanger. Le mélange doit être épais. L'entasser dans un plat non graissé de 22 x 22 cm (9 x 9 po). Saler et poivrer.

Étaler les pommes de terre sur le bœuf. Saupoudrer de paprika. Cuire au four à 350 °F (175 °C) pendant 30 minutes, jusqu'à ce que le plat soit chaud et que le dessus soit doré. Pour 4 personnes.

1 portion : 387 calories; 36 g de protéines; 13,7 g de matières grasses totales; 31 g de glucides; 1 414 mg de sodium; 4 g de fibres alimentaires

Photo à la page 50 et sur la couverture dos.

Bifteck minute pané

Ce bifteck, avec son enrobage tendre, est savoureux.

Gros œuf	1	1
Eau	2 c. à thé	10 mL
Sel	1 c. à thé	5 mL
Poivre	¼ c. à thé	1 mL
Chapelure fine	¾ tasse	175 mL
Margarine dure (ou beurre)	1½ c. à soupe	25 mL
Biftecks minute (biftecks attendris)	1½ lb	680 g

Battre l'œuf avec l'eau, le sel et le poivre dans un bol peu profond jusqu'à ce que le mélange soit lisse.

Mettre la chapelure dans un récipient peu profond.

Faire fondre la margarine dans une poêle à frire à revêtement antiadhésif. Tremper les biftecks dans le mélange d'œuf, puis les passer dans la chapelure. Poser les biftecks enrobés de chapelure sur une feuille de papier ciré, puis les écraser avec la main pour que la chapelure y adhère. Cuire les biftecks dans la poêle, des deux côtés, jusqu'à ce qu'ils soient à point. Pour 4 personnes.

1 portion : 362 calories; 41 g de protéines; 13,7 g de matières grasses totales; 16 g de glucides; 1 017 mg de sodium; trace de fibres alimentaires

Photo ci-contre.

En haut : Bifteck minute pané, ci-contre
En bas : Ragoût langoureux, ci-dessous

Ragoût langoureux

La sauce est riche et foncée.
Ajouter de la purée pour compléter le menu.

Bœuf à ragoût, coupé en cubes de 2,5 cm (1 po)	1½ lb	680 g
Huile de cuisson	2 c. à thé	10 mL
Eau	2 tasses	500 mL
Ketchup	½ tasse	125 mL
Vinaigre blanc	3 c. à soupe	50 mL
Cassonade, tassée	3 c. à soupe	50 mL
Carottes, tranchées	2 tasses	500 mL
Oignon haché	1 tasse	250 mL
Sel	1 c. à thé	5 mL
Poivre	¼ c. à thé	1 mL

Faire dorer le bœuf dans l'huile de cuisson dans une marmite ou un faitout.

Ajouter l'eau, le ketchup, le vinaigre et la cassonade. Remuer. Couvrir. Laisser bouillir doucement pendant 1¼ heure.

Ajouter les carottes, l'oignon, le sel et le poivre. Remuer. Couvrir. Laisser bouillir doucement 30 à 40 minutes de plus, jusqu'à ce que la viande et les légumes soient tendres. Donne 1,1 L (4½ tasses) de ragoût.

375 mL (1½ tasse) : 571 calories; 51 g de protéines; 23 g de matières grasses totales; 40 g de glucides; 1 641 mg de sodium; 4 g de fibres alimentaires

Photo ci-dessus.

À gauche : Rôti en sauce, ci-dessous   En haut, à droite : Ragoût ralenti, page 51   En bas : Pâté chinois, page 49

Rôti en sauce

Ce plat sort de l'ordinaire—la sauce est préparée avec les légumes cuits.

Rôti de bœuf désossé (paluron ou palette)	3 lb	1,4 kg
Carotte moyenne, coupée en dés	1	1
Oignon haché	½ tasse	125 mL
Eau	2 tasses	500 mL
Poudre d'ail	½ c. à thé	2 mL
Sauge moulue	½ c. à thé	2 mL
Sel	½ c. à thé	2 mL
Poivre	⅛ c. à thé	0,5 mL
Farine tout usage	2 c. à soupe	30 mL

Poser le rôti dans une petite rôtissoire. Répandre les carottes et l'oignon autour. Verser l'eau sur la viande et les légumes.

Combiner la poudre d'ail avec la sauge, le sel et le poivre dans une petite tasse. Saupoudrer le tout sur les légumes. Cuire au four sous couvert à 350 °F (175 °C) pendant 2 à 2½ heures, jusqu'à ce que le rôti soit très tendre. Poser le rôti sur un plat de service.

Combiner le jus de cuisson et les légumes au mélangeur pour faire la sauce. Ajouter la farine. Combiner jusqu'à ce que la sauce soit lisse, puis la verser dans une casserole moyenne. Réchauffer en remuant jusqu'à ce qu'elle bouille et épaississe. Donne 875 mL (3½ tasses) de sauce. Pour 8 personnes.

1 portion : 402 calories; 33 g de protéines; 27,5 g de matières grasses totales;
      4 g de glucides; 265 mg de sodium; trace de fibres alimentaires

Photo ci-dessus et sur la couverture dos.

Ragoût ralenti

Cette recette se double facilement, soit pour nourrir plus de monde, soit pour avoir des restes.

Bœuf à ragoût, coupé en cubes de 2 cm (¾ po)	1 lb	454 g
Pommes de terre moyennes, coupées en bouchées	3	3
Carottes moyennes, coupées en bouchées	4	4
Navet (d'environ 2 cm, ¾ po), coupé en cubes	1 tasse	250 mL
Oignon moyen, coupé en morceaux	1	1
Céleri, tranché	½ tasse	125 mL
Bouillon de bœuf en poudre	2 c. à thé	10 mL
Eau bouillante	½ tasse	125 mL
Tomates étuvées, en conserve, non égouttées	14 oz	398 mL
Tapioca minute	2 c. à soupe	30 mL
Sucre granulé	1 c. à thé	5 mL
Sel	¾ c. à thé	4 mL
Poivre	¼ c. à thé	1 mL

Combiner les 6 premiers ingrédients dans une petite rôtissoire.

Délayer le bouillon en poudre dans l'eau bouillante dans un bol moyen.

Ajouter les 5 derniers ingrédients au bouillon. En arroser le bœuf et les légumes. Cuire au four sous couvert à 300 °F (150 °C) pendant 3½ à 4 heures, jusqu'à ce que le bœuf soit très tendre. Pour 4 personnes.

1 portion : 369 calories; 29 g de protéines; 10,4 g de matières grasses totales; 41 g de glucides; 1 216 mg de sodium; 6 g de fibres alimentaires

Photo à la page 50 et sur la couverture dos.

Agent de brunissement

Au milieu du siècle dernier, l'agent de brunissement commercial n'existait pas. On employait donc la méthode suivante. Il suffit d'ajouter ce mélange peu à peu à la sauce jusqu'à obtenir la couleur voulue.

Sucre granulé	2 c. à soupe	30 mL
Sel, tout juste une pincée		
Eau	2 c. à thé	10 mL
Eau	1 tasse	250 mL

Combiner le sucre et le sel dans une petite casserole. Chauffer en remuant sans arrêt jusqu'à ce que le sucre ait fondu. Le sucre fonce en fondant et a l'air légèrement brûlé en fin de cuisson.

Lorsqu'il est bien foncé, y ajouter la première quantité d'eau. Le mélange grésille. Continuer de remuer.

Ajouter peu à peu la seconde quantité d'eau en remuant. Il faut que tout le sirop de sucre durci soit dissous. Donne 250 mL (1 tasse).

5 mL (1 c. à thé) : 2 calories; 0 g de protéines; 0 g de matières grasses totales; 1 g de glucides; trace de sodium; 0 g de fibres alimentaires

Photo ci-contre.

Rôti bouilli

Autrefois, quand le pain cuisait au four, on faisait bouillir la viande. La méthode est encore bonne aujourd'hui lorsqu'une coupe est dure ou que le four est déjà pris. Le résultat est meilleur lorsqu'on tranche ou qu'on hache la viande cuite. Le bouillon de cuisson peut servir à préparer une soupe ou comme trempette à sandwiches au bœuf).

Rôti de bœuf désossé (paluron ou palette)	3 lb	1,4 kg
Eau bouillante, pour couvrir		
Poudre d'ail (facultatif)	½ c. à thé	2 mL
Poudre d'oignon	½ c. à thé	2 mL
Sel de céleri	½ c. à thé	2 mL
Poivre	¼ c. à thé	1 mL
Bouillon de poulet en poudre	1 c. à thé	5 mL
Agent de brunissement, ci-contre	1 à 2 c. à thé	5 à 10 mL

Poser le rôti dans une marmite ou un faitout. Ajouter de l'eau bouillante jusqu'à ce qu'elle dépasse le rôti de 0,5 à 1 cm (¼ à ½ po).

Ajouter les 6 derniers ingrédients. Remuer. Couvrir. Laisser bouillir doucement environ 2 heures, jusqu'à ce que le bœuf soit tendre. Pour 6 à 8 personnes.

⅙ de la recette : 517 calories; 43 g de protéines; 36,7 g de matières grasses totales; trace de glucides; 344 mg de sodium; trace de fibres alimentaires

Photo ci-dessous.

En haut : Agent de brunissement, ci-contre   En bas : Rôti bouilli, ci-dessus

Fricassée du Pacifique

Fricassée du Pacifique

Si tous les ingrédients sont prêts à l'avance,
la préparation est très rapide.

Oignons moyens, tranchés	2	2
Poivron rouge, en lanières	⅓ tasse	75 mL
Champignons frais, tranchés	1 tasse	250 mL
Huile de cuisson	2 c. à thé	10 mL
Haricots verts entiers surgelés	2½ tasses	625 mL
Eau	2 c. à soupe	30 mL
Germes de soja (grosse poignée)	1 tasse	250 mL
Huile de cuisson	1 c. à thé	5 mL
Bifteck de croupe maigre, coupé en lanières étroites	1 lb	454 g
Huile de cuisson	1 c. à thé	5 mL
Sauce soja	3 c. à soupe	50 mL
Sucre granulé	2 c. à thé	10 mL
Gingembre moulu	⅛ c. à thé	0,5 mL
Poudre d'ail	⅛ c. à thé	0,5 mL
Fécule de maïs	1½ c. à soupe	25 mL

Faire revenir l'oignon, le poivron rouge et les champignons pendant 5 minutes dans la première quantité d'huile de cuisson versée dans un grand wok ou une poêle à revêtement antiadhésif. Les légumes doivent être tendres, mais encore croquants. Les verser dans un bol moyen.

Combiner les haricots et l'eau dans le wok. Couvrir. Cuire 4 minutes. Égoutter. Ajouter les germes de soja et la seconde quantité d'huile de cuisson aux haricots, dans le wok. Faire revenir environ 4 minutes, jusqu'à ce que les légumes soient chauds, puis les mettre aussi dans le bol moyen.

Faire revenir le bœuf dans le wok dans la troisième quantité d'huile de cuisson environ 10 minutes, jusqu'à ce qu'il soit à point.

Combiner les 5 derniers ingrédients dans une petite tasse. Bien remuer. Ajouter le tout au bœuf et remuer jusqu'à ce que la préparation bouille et épaississe. Verser le contenu du bol dans le wok. Faire revenir jusqu'à ce que le tout soit bien réchauffé. Donne 1 L (4 tasses).

375 mL (1½ tasse) : 439 calories; 45 g de protéines; 16,3 g de matières grasses totales; 30 g de glucides; 1 310 mg de sodium; 6 g de fibres alimentaires

Photo ci-dessus.

Pain de viande étagé

On prépare ce pain de viande dans un grand plat peu profond
au lieu d'un moule à pain. Il suffit de le compléter d'un légume.

Lait écrémé évaporé	13½ oz	385 mL
Oignon, haché fin	¾ tasse	175 mL
Chapelure	1 tasse	250 mL
Sel	1 c. à thé	5 mL
Poivre	¼ c. à thé	1 mL
Bœuf haché maigre	2 lb	900 g
Nouilles aux œufs moyennes (environ 1,5 L, 6 tasses)	10 oz	285 g
Eau bouillante	2 pte	2 L
Huile de cuisson (facultatif)	1 c. à soupe	15 mL
Sel	2 c. à thé	10 mL
Gros œufs, battus à la fourchette	2	2
Parmesan râpé	⅓ tasse	75 mL
Sauce spaghetti épaisse sans viande, en conserve	25 oz	700 mL
Cheddar mi-fort, râpé	1 tasse	250 mL

Mêler les 5 premiers ingrédients dans un bol moyen.

Ajouter le bœuf haché. Bien mélanger. Entasser le tout dans un plat graissé de 22 x 33 cm (9 x 13 po). Cuire au four à 350 °F (175 °C) pendant 30 à 35 minutes. Égoutter.

Cuire les nouilles dans l'eau bouillante additionnée de l'huile de cuisson et de la seconde quantité de sel dans une marmite ou un faitout découvert pendant 5 à 7 minutes jusqu'à ce qu'elles soient tendres, mais encore fermes. Égoutter.

Combiner les œufs et le parmesan dans un petit bol. Remuer. Ajouter le mélange aux nouilles. Bien mélanger. Étaler les nouilles sur le bœuf, dans le plat, en une couche uniforme.

Arroser les nouilles de sauce spaghetti. Répandre le cheddar sur la sauce. Enfourner de nouveau pendant 15 minutes. Pour 8 personnes.

1 portion : 545 calories; 39 g de protéines; 19,8 g de matières grasses totales; 52 g de glucides; 1 238 mg de sodium; 3 g de fibres alimentaires

Photo ci-dessous.

Pain de viande étagé, ci-dessus

Spécial mexicain

Cuire ce plat sur la cuisinière ou au four à 325 °F (160 °C) environ 1 heure, à découvert, dans une cocotte graissée de 3 L (3 pte).

Nouilles moyennes	1 lb	454 g
Eau bouillante	3 pte	3 L
Sel	1 c. à soupe	15 mL
Huile de cuisson (facultatif)	1 c. à soupe	15 mL
Bœuf haché maigre	2 lb	900 g
Oignon haché	1 tasse	250 mL
Céleri, haché	½ tasse	125 mL
Champignons frais, tranchés	1 tasse	250 mL
Poivron vert moyen, haché	1	1
Huile de cuisson	2 c. à soupe	30 mL
Jus de tomate	19 oz	540 mL
Sauce chili	½ tasse	125 mL
Piments verts hachés, en conserve, non égouttés	4 oz	114 mL
Poudre chili	1 c. à soupe	15 mL
Origan déshydraté entier	1 c. à thé	5 mL
Sucre granulé	1 c. à thé	5 mL
Sel	2 c. à thé	10 mL
Pain de préparation de fromage (Velveeta par exemple), coupé en morceaux	8 oz	250 g

Cuire les nouilles dans l'eau bouillante additionnée des premières quantités de sel et d'huile de cuisson dans une marmite ou un faitout découvert pendant 5 à 7 minutes jusqu'à ce qu'elles soient tendres, mais encore fermes. Égoutter. Réserver.

Faire revenir le bœuf haché, l'oignon, le céleri, les champignons et le poivron vert en 2 parties dans la seconde quantité d'huile de cuisson, dans la même marmite ou faitout, jusqu'à ce qu'ils soient dorés. Égoutter. Remettre tous les légumes dans la marmite.

Ajouter le jus de tomate, la sauce chili, les piments non égouttés, la poudre chili, l'origan, le sucre et la seconde quantité de sel. Couvrir. Laisser mijoter doucement, en remuant de temps en temps, environ 30 minutes.

Ajouter les nouilles et le fromage. Chauffer en remuant jusqu'à ce que le fromage ait fondu. Pour 6 personnes.

1 portion : 756 calories; 47 g de protéines; 29 g de matières grasses totales; 76 g de glucides; 2 526 mg de sodium; 5 g de fibres alimentaires

Photo ci-dessous.

En haut : Spécial mexicain, ci-dessus   En bas : Ravioli paresse, ci-contre

Ravioli paresse

Ce plat a meilleur goût et cuit mieux dans un récipient peu profond.

Bœuf haché maigre	1½ lb	680 g
Oignon haché	1½ tasse	375 mL
Champignons frais, grossièrement hachés	1½ tasse	375 mL
Gousse d'ail, émincée (ou 1 mL, ¼ c. à thé, de poudre d'ail)	1	1
Pâte de tomates	5½ oz	156 mL
Sauce tomate	7½ oz	213 mL
Eau chaude	1 tasse	250 mL
Bouillon de bœuf en poudre	1 c. à soupe	15 mL
Persil en flocons	1½ c. à thé	7 mL
Basilic déshydraté	1½ c. à thé	7 mL
Sucre granulé	¾ c. à thé	4 mL
Origan déshydraté entier	¼ c. à thé	1 mL
Thym déshydraté	¼ c. à thé	1 mL
Sel	½ c. à thé	2 mL
Poivre	¼ c. à thé	1 mL
Épinards hachés surgelés, cuits et égouttés	10 oz	300 g
Gros œuf, battu à la fourchette	1	1
Chapelure	⅓ tasse	75 mL
Persil en flocons	1 c. à soupe	15 mL
Cheddar mi-fort ou fort, râpé	1 tasse	250 mL
Sel à l'ail	⅛ c. à thé	0,5 mL
Muscade moulue	⅛ c. à thé	0,5 mL
Lasagnes, brisées en deux	8	8
Eau bouillante	4 pte	4 L
Sel	1 c. à soupe	15 mL
Huile de cuisson (facultatif)		
Mozzarella partiellement écrémé, râpé	1 tasse	250 mL

Faire revenir le bœuf haché, l'oignon, les champignons et l'ail dans une grande poêle à revêtement antiadhésif jusqu'à ce que le bœuf ne soit plus rose. Égoutter. Remettre le tout dans la poêle.

Ajouter les 11 prochains ingrédients. Remuer. Porter à ébullition. Cuire à découvert, en remuant, jusqu'à ce que la préparation épaississe.

Combiner les 7 prochains ingrédients dans un petit bol.

Cuire les nouilles dans l'eau bouillante additionnée de la seconde quantité de sel et de l'huile de cuisson pendant 14 à 16 minutes jusqu'à ce qu'elles soient tendres, mais encore fermes. Égoutter. Rincer à l'eau froide. Bien égoutter.

Assembler le plat en couches successives dans une cocotte ou une petite rôtissoire non graissée de 4 L (4 pte) de la façon suivante :

1. la ½ du mélange de bœuf;   4. la ½ des nouilles;
2. la ½ des nouilles;   5. la ½ du mélange de bœuf;
3. tout le mélange d'épinards;   6. tout le mozzarella.

Cuire au four sous couvert à 350 °F (175 °C) environ 45 minutes. Pour 6 à 8 personnes.

⅙ de la recette : 520 calories; 40 g de protéines; 21,6 g de matières grasses totales; 42 g de glucides; 1 159 mg de sodium; 5 g de fibres alimentaires

Photo ci-contre.

Boissons

Pendant des siècles, l'eau et le lait sont demeurés les boissons non

alcoolisées les plus populaires. Au début du XXᵉ siècle, la limonade

à base de cristaux délayés dans l'eau s'est imposée comme

boisson rafraîchissante. Aujourd'hui, la diversité des jus de fruits,

des boissons gazeuses et des saveurs de crème glacée permet

de créer des rafraîchissements inventifs. Qu'il s'agisse d'une

simple boisson aux fruits ou d'un lait frappé à la crème glacée,

nous pouvons compter sur cette diversité pour trouver de quoi

nous ouvrir l'appétit, compléter un repas ou apaiser notre soif.

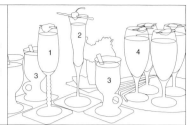

1. Punch festif, ci-dessous
2. Punch rose des aurores, ci-dessous
3. Punch aux canneberges chaud, page 57
4. Orangeade, ci-contre

Punch rose des aurores

Une boisson rafraîchissante, pas trop sucrée.

Cocktail de pamplemousse rose	2 tasses	500 mL
Jus d'orange	1 tasse	250 mL
Sirop de grenadine	¼ tasse	60 mL
Soda au gingembre	8 tasses	2 L
Anneau de glace (ou glaçons)		
Cerises au marasquin (facultatif)		

Combiner le cocktail de pamplemousse, le jus d'orange et le sirop de grenadine dans un bol à punch.

Ajouter le soda au gingembre. Remuer légèrement, puis ajouter l'anneau de glace. Servir dans des flûtes à champagne. Décorer chaque flûte avec une cerise. Donne 2,75 L (10⅔ tasses).

250 mL (1 tasse) : 123 calories; trace de protéines; 0,1 g de matières grasses totales; 31 g de glucides; 20 mg de sodium; trace de fibres alimentaires

Photo à la page 54.

Punch festif

L'ananas et le citron-lime donnent une jolie boisson.

Jus d'ananas	1½ pte	1,5 L
Eau	1 pte	1 L
Sachet de cristaux de boisson au citron-lime non sucrée	1 × ¼ oz	1 × 6 g
Sucre granulé	1 tasse	250 mL
Soda au gingembre	2 pte	2 L
Anneau de glace (ou glaçons)		

Combiner le jus d'ananas, l'eau, les cristaux et le sucre dans un grand broc. Remuer pendant plusieurs minutes pour dissoudre le sucre. Réfrigérer. Verser le liquide dans un bol à punch.

Ajouter le soda au gingembre. Remuer légèrement, puis ajouter l'anneau de glace. Donne 4,5 L (18 tasses).

250 mL (1 tasse) : 133 calories; trace de protéines; 0,1 g de matières grasses totales; 34 g de glucides; 9 mg de sodium; trace de fibres alimentaires

Photo à la page 54.

Orangeade

Une boisson rafraîchissante, orange vif, qui convient en tout temps.

Oranges moyennes, non pelées, coupées en morceaux	12	12
Eau	12 tasses	3 L
Acide citrique (vendu en pharmacie) largement 50 mL, 3 c. à soupe	2 oz	57 g
Sucre granulé	3 tasses	750 mL
Glaçons		

Broyer les oranges au hachoir ou au robot culinaire pour en extraire tout le jus. Le recueillir dans un grand bol ou un seau en plastique.

Ajouter l'eau et l'aide citrique. Bien remuer. Couvrir. Réfrigérer jusqu'au lendemain.

Passer le jus à l'étamine et le recueillir dans un grand bol à punch. Ajouter le sucre et remuer jusqu'à ce qu'il soit dissous. Servir sur glace dans des grands verres. Donne 3,5 L (14 tasses).

250 mL (1 tasse) : 228 calories; 2 g de protéines; 0,4 g de matières grasses totales; 66 g de glucides; 3 mg de sodium; 1 g de fibres alimentaires

Photo à la page 55.

Yogourt frappé à la pêche

Un yogourt frappé savoureux et sain.

Pêches tranchées, en conserve, non égouttées	14 oz	398 mL
Jus de citron	2 c. à thé	10 mL
Cassonade, tassée	1 c. à soupe	15 mL
Yogourt à la vanille	1 tasse	250 mL
Glace broyée (ou 4 glaçons)	½ tasse	125 mL

Combiner les 5 ingrédients dans le mélangeur jusqu'à ce que le tout soit lisse. Donne 875 mL (3½ tasses).

250 mL (1 tasse) : 115 calories; 5 g de protéines; 1,2 g de matières grasses totales; 23 g de glucides; 58 mg de sodium; 1 g de fibres alimentaires

Photo à la page 57.

Yogourt frappé à la poire : Remplacer les pêches par des poires en conserve.

Yogourt frappé à l'abricot : Remplacer les pêches par des abricots en conserve.

« Quand mon aîné était bébé, je gardais ses biberons au frais l'hiver en les gardant entre les deux portes. L'été, je devais descendre en bas pour me servir du réfrigérateur de Grand-père. »

Jean Paré

Lait frappé aux fruits

Délicieusement épaisse que cette boisson rose. Les bananes et les fraises vont naturellement ensemble. Décorer avec d'autres fraises.

Bananes moyennes, découpées	2	2
Fraises entières surgelées	2 tasses	500 mL
Lait	2 tasses	500 mL
Sucre granulé	2 c. à soupe	30 mL

Combiner les 4 ingrédients au mélangeur jusqu'à ce que le mélange soit lisse. Le verser dans des verres. Donne 1 L (4 tasses).

250 mL (1 tasse) : 156 calories; 5 g de protéines; 1,7 g de matières grasses totales; 32 g de glucides; 67 mg de sodium; 2 g de fibres alimentaires

Photo ci-contre.

Punch aux canneberges chaud

L'arôme épicé embaume. Une boisson qui réchauffe.
La servir avec des bâtonnets de cannelle.

Cocktail de canneberges	2 pte	2 L
Jus de pomme	2 pte	2 L
Concentré de jus d'orange surgelé, dégelé	12 oz	341 mL
Sucre granulé	½ tasse	125 mL
Bâtonnets de cannelle (de 7,5 cm, 3 po) de long, écrasés avec un marteau	2	2
Piment de la Jamaïque entier	2 c. à thé	10 mL
Clou de girofle entier	1 c. à thé	5 mL

Verser le cocktail de canneberges, le jus de pomme et le concentré de jus d'orange dans un percolateur auparavant lavé avec du vinaigre et du bicarbonate de soude. Mettre la tige et le panier en place.

Envelopper les 4 derniers ingrédients dans une étamine double ou un sac-filtre. Mettre le sachet dans le panier. Couvrir. Percoler. Donne 4,4 L (17½ tasses) de punch chaud.

250 mL (1 tasse) : 188 calories; 1 g de protéines; 0,2 g de matières grasses totales; 47 g de glucides; 9 mg de sodium; trace de fibres alimentaires

Photo aux pages 54 et 55.

À la mijoteuse : Mettre les 3 premiers ingrédients dans une mijoteuse de 5 à 6 L (5 à 6 pte). Envelopper les 4 derniers ingrédients dans une étamine double ou un sac-filtre. Mettre celui-ci dans la mijoteuse. Cuire à feu doux au moins 2 heures, jusqu'à ce que le punch soit chaud.

Lait frappé aux fruits, ci-contre

Yogourt frappé à la pêche, page 56

Moka chaud

Une boisson décadente, surtout avec la garniture fouettée.

Eau	2 tasses	500 mL
Carré de chocolat non sucré, coupé en morceaux	1 × 1 oz	1 × 28 g
Granules de café instantané	¼ tasse	60 mL
Sucre granulé	2 c. à soupe	30 mL
Lait	2 tasses	500 mL
Vanille	½ c. à thé	2 mL
Garniture fouettée surgelée (dans un contenant), dégelée (ou crème fouettée ou petites guimauves), facultatif	½ tasse	125 mL
Copeaux de chocolat, pour décorer (facultatif)		

Combiner les 6 premiers ingrédients dans une petite casserole. Chauffer lentement, en remuant souvent, jusqu'à ce que le chocolat soit fondu et que le mélange soit très chaud. Verser dans des grandes tasses. Incorporer un peu plus de sucre, au goût.

Garnir d'un feston de garniture fouettée et décorer avec des copeaux de chocolat. Donne 1 L (4 tasses).

250 mL (1 tasse) : 126 calories; 6 g de protéines; 5,1 g de matières grasses totales; 16 g de glucides; 66 mg de sodium; 1 g de fibres alimentaires

Photo ci-dessous.

Punch à la rhubarbe, ci-dessous

Moka chaud

Punch à la rhubarbe

Cette boisson rafraîchissante convient à longueur d'année. Décorer le punch avec des rondelles d'ananas et des cerises au marasquin.

Rhubarbe fraîche (ou surgelée), coupée en morceaux de 1 cm (½ po) (environ 2,5 L, 10 tasses)	2 lb	900 g
Eau	3 tasses	750 mL
Sucre granulé	1 tasse	250 mL
Jus d'orange	1 tasse	250 mL
Jus de citron	3 c. à soupe	50 mL
Soda au gingembre (en quantité égale au premier mélange), environ	5¼ tasses	1,3 L
Glaçons		

Cuire la rhubarbe dans l'eau dans une marmite ou un faitout jusqu'à ce qu'elle soit molle et tendre. La verser dans une passoire posée dans un grand bol. Laisser égoutter pendant 30 minutes. Jeter la rhubarbe.

Ajouter le sucre au jus tiède. S'il a refroidi, le réchauffer légèrement. Remuer jusqu'à ce que le sucre soit dissous.

Ajouter les jus d'orange et de citron. Remuer. Verser le tout dans un broc. Couvrir. Réfrigérer.

Au moment de servir, verser la préparation dans un bol à punch. Ajouter le soda au gingembre. Servir sur glace dans des verres. Pour servir un seul verre, remplir le verre à ½ du mélange de jus et à ½ de soda au gingembre. Donne 2,6 L (10½ tasses).

250 mL (1 tasse) : 140 calories; 1 g de protéines; 0,1 g de matières grasses totales; 36 g de glucides; 11 mg de sodium; 1 g de fibres alimentaires

Photo ci-dessus.

Pains et pains éclair

Avant les années 1850, les gens se servaient de levure à action lente pour faire lever leur pain. Peu après, les poudres à pâte à action simple se sont imposées puis, en 1889, la poudre à pâte à action double a été lancée. En 1902, on trouve des recettes de biscuits de pâte, de scones, de muffins, de gaufres et de pains à la farine qui contiennent de la poudre à pâte. Il existe aujourd'hui une foule de variantes de ces pains et pains éclair classiques, encore plus simples à préparer de nos jours vu que nous disposons de levure instantanée. Pendant des années, les muffins étaient au son, aux bleuets, au maïs, aux dattes, aux pommes ou aux flocons d'avoine. Dans les années 1970 et 1980, ils sont devenus une véritable mode qui a ouvert la voie aux mégamuffins, trois à quatre fois plus gros que leurs ancêtres et contenant des ingrédients comme des carottes ou des courgettes râpées, des brisures de chocolat, des noix ou des garnitures streusel.

Petits pains au son

Un pain sucré, au goût léger de son.
Il est moelleux au centre et croustillant à l'extérieur.

Sucre granulé	1 c. à thé	5 mL
Eau tiède	½ tasse	125 mL
Sachet de levure sèche active (à peine 15 mL, 1 c. à soupe)	1 × ¼ oz	1 × 8 g
Céréales de son entier (son à 100 %)	½ tasse	125 mL
Sucre granulé	⅓ tasse	75 mL
Margarine dure (ou beurre)	6 c. à soupe	100 mL
Sel	½ c. à thé	2 mL
Eau bouillante	½ tasse	125 mL
Gros œuf, battu à la fourchette	1	1
Farine tout usage, environ	3 tasses	750 mL

Combiner la première quantité de sucre et l'eau tiède dans un petit bol jusqu'à ce que le sucre soit dissous. Saupoudrer la levure sur l'eau. Laisser reposer 10 minutes. Remuer jusqu'à ce que la levure soit dissoute.

Combiner les 5 prochains ingrédients dans un grand bol. Remuer jusqu'à ce que la margarine soit fondue. Laisser tiédir. Ajouter ce mélange à la levure dissoute. Ajouter l'œuf. Bien mélanger.

Incorporer la farine. Poser la pâte sur une surface légèrement farinée. La pétrir pendant 8 à 10 minutes, jusqu'à ce qu'elle soit lisse et souple, puis la poser dans un grand bol graissé en la retournant une fois pour en graisser le dessus. Couvrir le bol avec un torchon. Laisser la pâte reposer dans le four fermé, avec la lumière allumée, environ 50 minutes jusqu'à ce qu'elle ait doublé de volume. Dégonfler la pâte en y enfonçant le poing. Façonner 18 petits pains et les poser sur une plaque à pâtisserie graissée de 28 × 43 cm (11 × 17 po). Couvrir avec un torchon. Laisser reposer dans le four fermé, avec la lumière allumée, environ 20 minutes jusqu'à ce que les pains aient doublé de volume. Cuire au four à 375 °F (190 °C) environ 15 minutes, jusqu'à ce que les pains soient dorés. Donne 18 petits pains.

1 petit pain : 141 calories; 3 g de protéines; 4,5 g de matières grasses totales; 23 g de glucides; 143 mg de sodium; 1 g de fibres alimentaires

Photo à la page 60.

Pain brun

Une méthode rapide pour faire du bon pain chaud.

Farine tout usage	2⅓ tasses	575 mL
Son naturel	1 tasse	250 mL
Sucre granulé	2 c. à thé	10 mL
Poudre à pâte	4 c. à thé	20 mL
Bicarbonate de soude	1 c. à thé	5 mL
Sel	1 c. à thé	5 mL
Margarine dure (ou beurre), fondue	¼ tasse	60 mL
Babeurre (frais ou en poudre, reconstitué)	1 tasse	250 mL
Gros œuf, battu à la fourchette	1	1

Mettre les 6 premiers ingrédients dans un bol moyen. Remuer. Creuser un puits au centre. Combiner la margarine, le babeurre et l'œuf dans un petit bol. Verser le tout dans le puits. Remuer jusqu'à obtenir une boule de pâte. Poser la pâte sur une surface légèrement farinée. La pétrir 8 fois. Façonner un pain et le poser dans un moule à pain graissé de 22 × 12,5 cm × 7,5 cm (9 × 5 × 3 po). Cuire au four à 350 °F (175 °C) environ 50 minutes, jusqu'à ce qu'un cure-dents enfoncé au centre ressorte propre. Démouler et laisser refroidir sur une grille. Couper en 16 tranches.

1 tranche : 119 calories; 4 g de protéines; 3,6 g de matières grasses totales; 19 g de glucides; 314 mg de sodium; 2 g de fibres alimentaires

Photo à la page 60.

Pain blanc

Un pain merveilleux, qui se tranche facilement.

Lait	1 tasse	250 mL
Eau	½ tasse	125 mL
Sucre granulé	2 c. à soupe	30 mL
Margarine dure (ou beurre)	2 c. à soupe	30 mL
Sel	2 c. à thé	10 mL
Eau tiède	½ tasse	125 mL
Sucre granulé	1 c. à thé	5 mL
Sachet de levure sèche active (à peine 15 mL, 1 c. à soupe)	1 x ¼ oz	1 x 8 g
Farine tout usage	2½ tasses	625 mL
Farine tout usage, environ	2¼ tasses	560 mL
Margarine dure (ou beurre), ramollie	2 c. à thé	10 mL

Faire chauffer le lait avec les premières quantités d'eau, de sucre, de margarine et de sel dans une petite casserole jusqu'à ce que la margarine ait fondu et que le sucre soit dissous. Verser le tout dans un grand bol. Laisser tiédir.

Combiner les secondes quantités de sucre et d'eau tiède dans un petit bol jusqu'à ce que le sucre soit dissous. Saupoudrer la levure sur l'eau. Laisser reposer 10 minutes. Remuer jusqu'à ce que la levure soit dissoute puis l'ajouter au premier mélange. Remuer.

Ajouter la première quantité de farine. Bien battre le tout.

Incorporer la seconde quantité de farine peu à peu, en arrêtant lorsque la pâte n'est plus collante. Poser la pâte sur une surface légèrement farinée. La pétrir pendant 8 à 10 minutes jusqu'à ce qu'elle soit lisse et souple, puis la poser dans un grand bol graissé en la retournant une fois pour en graisser le dessus. Couvrir le bol avec un torchon. Laisser la pâte reposer dans le four fermé, avec la lumière allumée, environ 1 heure jusqu'à ce qu'elle ait doublé de volume. Dégonfler la pâte en y enfonçant le poing. La diviser en deux et façonner deux pains. Poser les pains dans 2 moules à pain graissés de 20 x 10 x 7,5 cm (8 x 4 x 3 po) et les recouvrir avec un torchon. Laisser reposer dans le four fermé, avec la lumière allumée, pendant 30 à 40 minutes jusqu'à ce que les pains aient doublé de volume. Sortir les moules du four pour préchauffer le four. Cuire à 375 °F (190 °C) environ 30 minutes. Démouler les pains sur une grille et les laisser refroidir.

Badigeonner le dessus des pains avec la seconde quantité de margarine pendant qu'ils sont encore tièdes. Donne 2 pains qui se coupent chacun en 16 tranches, soit 32 tranches en tout.

1 tranche : 88 calories; 2 g de protéines; 1,3 g de matières grasses totales; 16 g de glucides; 186 mg de sodium; 1 g de fibres alimentaires

Photo à la page 60.

PAIN DE BLÉ ENTIER Remplacer la ½ de la farine tout usage par autant de farine de blé entier.

Brioches Chelsea

Un joli petit pain moelleux, doré et luisant.
Il est sucré et fruité, avec un soupçon de beurre.

Sucre granulé	1 c. à thé	5 mL
Eau tiède	½ tasse	125 mL
Sachet de levure sèche active (à peine 15 mL, 1 c. à soupe)	1 x ¼ oz	1 x 8 g
Margarine dure (ou beurre)	¼ tasse	60 mL
Sucre granulé	½ tasse	125 mL
Gros œufs	2	2
Sel	½ c. à thé	2 mL
Farine tout usage	1 tasse	250 mL
Lait tiède	1 tasse	250 mL
Farine tout usage, environ	4 tasses	1 L
Garniture :		
Margarine dure (ou beurre), fondue	¼ tasse	60 mL
Raisins secs	¾ tasse	175 mL
Écorce confite hachée	½ tasse	125 mL
Cassonade, tassée	¾ tasse	175 mL
Glaçage :		
Miel liquide tiède	3 c. à soupe	50 mL

Combiner la première quantité de sucre et l'eau tiède dans un petit bol jusqu'à ce que le sucre soit dissous. Saupoudrer la levure sur l'eau. Laisser reposer 10 minutes. Remuer jusqu'à ce que la levure soit dissoute.

Battre la margarine avec la seconde quantité de sucre dans un grand bol. Incorporer les œufs 1 à 1 en battant. Ajouter le sel et la première quantité de farine. Battre à haute vitesse jusqu'à ce que le mélange soit lisse.

Ajouter la levure dissoute. Bien mélanger. Ajouter le lait. Remuer. Incorporer la seconde quantité de farine en arrêtant lorsque la pâte se détache des parois du bol. Poser la pâte sur une surface légèrement farinée. La pétrir pendant 5 à 10 minutes jusqu'à ce qu'elle soit lisse et souple, puis la poser dans un grand bol graissé en la retournant une fois pour en graisser le dessus. Couvrir le bol avec un torchon. Laisser la pâte reposer dans le four fermé, avec la lumière allumée, environ 1 heure jusqu'à ce qu'elle ait doublé de volume. Dégonfler la pâte en y enfonçant le poing. La diviser en 2. Abaisser chaque moitié de la pâte sur une surface légèrement farinée en un rectangle de 25 x 35 cm (10 x 14 po).

Garniture : Badigeonner chaque rectangle de pâte avec la ½ de la margarine puis répandre la ½ des raisins secs, la ½ de l'écorce et la ½ de la cassonade sur chaque rectangle. Enrouler la pâte comme un gâteau roulé, en commençant par le côté le plus long. Couper chaque rouleau en 12 tranches. Poser les tranches à plat sur une plaque à pâtisserie graissée de 28 x 43 cm (11 x 17 po). Couvrir avec un torchon. Laisser reposer dans le four fermé, avec la lumière allumée, environ 1 heure jusqu'à ce que la pâte ait doublé de volume. Sortir la plaque à pâtisserie du four pour préchauffer le four. Cuire à 375 °F (190 °C) pendant 15 à 18 minutes.

Glaçage : Avant que les brioches aient refroidi, tremper un pinceau dans le miel et badigeonner les brioches. Donne 24 brioches.

1 brioche : 227 calories; 4 g de protéines; 4,8 g de matières grasses totales; 43 g de glucides; 117 mg de sodium; 1 g de fibres alimentaires

Photo à la page 60.

Muffins aux pommes et au fromage

On croirait manger un morceau de fromage avec
de la tarte aux pommes. Un muffin moelleux.

Farine tout usage	1½ tasse	375 mL
Bicarbonate de soude	1 c. à thé	5 mL
Sel	½ c. à thé	2 mL
Margarine dure (ou beurre), ramollie	½ tasse	125 mL
Sucre granulé	½ tasse	125 mL
Gros œufs	2	2
Lait	¼ tasse	60 mL
Pomme à cuire (McIntosh par exemple), râpée, environ 1 grosse	¾ tasse	175 mL
Cheddar fort, râpé	¾ tasse	175 mL
Cannelle moulue	½ c. à thé	2 mL
Sucre granulé	1 c. à soupe	15 mL

Combiner la farine avec le bicarbonate de soude et le sel dans un grand bol. Creuser un puits au centre.

Battre en crème la margarine et la première quantité de sucre dans un autre grand bol. Incorporer les œufs 1 à 1 en battant. Ajouter le lait. Battre. Incorporer les pommes et le fromage. Verser le tout dans le puits. Remuer juste assez pour humecter les ingrédients secs. Remplir presque complètement les cavités d'une plaque à muffins graissée.

Combiner la cannelle et la seconde quantité de sucre dans une petite tasse. Répandre sur les muffins. Cuire au four à 400 °F (205 °C) environ 20 minutes jusqu'à ce qu'un cure-dents enfoncé au centre d'un muffin ressorte propre. Laisser les muffins reposer 5 minutes avant de les démouler et de les laisser refroidir sur une grille. Donne 12 muffins.

1 muffin : 220 calories; 5 g de protéines; 11,7 g de matières grasses totales; 24 g de glucides; 383 mg de sodium; 1 g de fibres alimentaires

Photo ci-dessous.

Muffins Graham aux bananes

Le plus moelleux des muffins.

Farine tout usage	¾ tasse	175 mL
Chapelure de biscuits Graham	1 tasse	250 mL
Cassonade, tassée	½ tasse	125 mL
Poudre à pâte	1 c. à thé	5 mL
Bicarbonate de soude	1 c. à thé	5 mL
Sel	¼ c. à thé	1 mL
Gros œuf, battu à la fourchette	1	1
Huile de cuisson	¼ tasse	60 mL
Bananes écrasées (environ 3 moyennes)	1 tasse	250 mL
Noix de Grenoble hachées (facultatif)	⅔ tasse	150 mL

Combiner les 6 premiers ingrédients dans un grand bol. Creuser un puits au centre.

Mêler l'œuf, l'huile de cuisson et les bananes dans un bol moyen. Battre pour combiner le tout. Incorporer les noix. Verser le tout dans le puits. Remuer juste assez pour humecter les ingrédients secs. Remplir presque complètement les cavités d'une plaque à muffins graissée. Cuire au four à 400 °F (205 °C) environ 15 minutes jusqu'à ce qu'un cure-dents enfoncé au centre d'un muffin ressorte propre. Laisser les muffins reposer 5 minutes avant de les démouler et de les laisser refroidir sur une grille. Donne 12 muffins.

1 muffin : 171 calories; 2 g de protéines; 6,3 g de matières grasses totales; 28 g de glucides; 245 mg de sodium; 1 g de fibres alimentaires

Photo ci-dessous.

En haut, à gauche : Muffins aux pommes et au fromage, ci-contre
En haut, à droite : Muffins Graham aux bananes, ci-contre
En bas : Muffins au citron, page 63

Muffins au son et à l'abricot

Un muffin santé qui n'est pas trop sucré.

Farine tout usage	1¼ tasse	300 mL
Son naturel	1 tasse	250 mL
Sucre granulé	½ tasse	125 mL
Poudre à pâte	4 c. à thé	20 mL
Sel	½ c. à thé	2 mL
Gros œufs	2	2
Nectar d'abricots (ou purée d'abricots pour bébés)	½ tasse	125 mL
Huile de cuisson	½ tasse	125 mL
Abricots déshydratés, coupés	½ tasse	125 mL
Muscade moulue	¼ c. à thé	1 mL

Combiner les 5 premiers ingrédients dans un grand bol. Remuer. Creuser un puits au centre.

Combiner les 5 derniers ingrédients au mélangeur jusqu'à ce que les abricots déshydratés soient hachés fin. Verser le tout dans le puits. Remuer juste assez pour humecter les ingrédients secs. Remplir presque complètement les cavités d'une plaque à muffins graissée. Cuire au four à 400 °F (205 °C) environ 15 minutes jusqu'à ce qu'un cure-dents enfoncé au centre d'un muffin ressorte propre. Laisser les muffins reposer 5 minutes avant de les démouler et de les laisser refroidir sur une grille. Donne 12 muffins.

1 muffin : 215 calories; 4 g de protéines; 10,9 g de matières grasses totales; 28 g de glucides; 131 mg de sodium; 3 g de fibres alimentaires

Photo ci-contre.

Muffins au citron

Le citron est discret. Pour un goût plus prononcé, mettre plus de zeste.

Margarine dure (ou beurre), ramollie	⅓ tasse	75 mL
Sucre granulé	½ tasse	125 mL
Gros œuf	1	1
Jus de citron	2 c. à soupe	30 mL
Zeste de citron râpé	1 c. à soupe	15 mL
Lait	¾ tasse	175 mL
Essence de citron (facultatif)	½ c. à thé	2 mL
Farine tout usage	2 tasses	500 mL
Poudre à pâte	2½ c. à thé	12 mL
Sel	½ c. à thé	2 mL

Battre la margarine avec le sucre et l'œuf dans un bol moyen. Incorporer le jus et le zeste de citron, le lait et l'essence de citron en battant.

Mettre la farine, la poudre à pâte et le sel dans un grand bol. Remuer. Creuser un puits au centre. Verser le mélange au citron dans le puits. Remuer juste assez pour humecter les ingrédients secs. Remplir presque complètement les cavités d'une plaque à muffins graissée. Cuire au four à 400 °F (205 °C) environ 20 minutes jusqu'à ce qu'un cure-dents enfoncé au centre d'un muffin ressorte propre. Laisser les muffins reposer 5 minutes avant de les démouler et de les laisser refroidir sur une grille. Donne 12 muffins.

1 muffin : 177 calories; 3 g de protéines; 6,2 g de matières grasses totales; 27 g de glucides; 194 mg de sodium; 1 g de fibres alimentaires

Photo à la page 62.

Muffins à l'ananas, ci-dessous   Muffins au son et à l'abricot, ci-contre

Muffins à l'ananas

L'ananas ajoute de l'humidité à ces muffins.

Farine tout usage	2 tasses	500 mL
Cassonade, tassée	¾ tasse	175 mL
Poudre à pâte	1½ c. à thé	7 mL
Bicarbonate de soude	½ c. à thé	2 mL
Sel	½ c. à thé	2 mL
Gros œuf, battu à la fourchette	1	1
Huile de cuisson	¼ tasse	60 mL
Crème sure	1 tasse	250 mL
Ananas broyé, en conserve, non égoutté	8 oz	227 mL
Noix de Grenoble hachées (ou pacanes)	½ tasse	125 mL

Combiner les 5 premiers ingrédients dans un grand bol. Creuser un puits au centre.

Combiner l'œuf avec l'huile de cuisson et la crème sure dans un bol moyen. Battre. Incorporer l'ananas non égoutté et les noix. Verser le tout dans le puits. Remuer juste assez pour humecter les ingrédients secs. Remplir presque complètement les cavités d'une plaque à muffins graissée. Cuire au four à 400 °F (205 °C) pendant 15 à 20 minutes jusqu'à ce qu'un cure-dents enfoncé au centre d'un muffin ressorte propre. Laisser les muffins reposer 5 minutes avant de les démouler et de les laisser refroidir sur une grille. Donne 14 muffins.

1 muffin : 225 calories; 4 g de protéines; 10,1 g de matières grasses totales; 31 g de glucides; 164 mg de sodium; 1 g de fibres alimentaires

Photo ci-dessus.

Variante : Ajouter 125 mL (½ tasse) de noix de coco en flocons ou en brins grillée.

Muffins au mois

On garde la pâte au réfrigérateur pour faire des muffins frais tout le mois.

Céréales de biscuits de blé filamenté (4 ou 5 biscuits)	2 tasses	500 mL
Flocons d'avoine à cuisson rapide (pas instantanée)	2 tasses	500 mL
Céréales de son entier (son à 100 %)	2 tasses	500 mL
Margarine dure (ou beurre), coupée en morceaux	1 tasse	250 mL
Eau bouillante	2 tasses	500 mL
Gros œufs, battus à la fourchette	4	4
Babeurre (frais ou en poudre, reconstitué)	4 tasses	1 L
Farine tout usage	5 tasses	1,25 L
Sucre granulé	2 tasses	500 mL
Poudre à pâte	1 c. à soupe	15 mL
Bicarbonate de soude	1 c. à soupe	15 mL
Sel	1 c. à soupe	15 mL
Raisins secs (facultatif)	2 tasses	500 mL

Mettre les céréales de blé filamenté dans un grand bol. Y ajouter les flocons d'avoine, le son, la margarine et l'eau bouillante. Remuer jusqu'à ce que la margarine ait fondu.

Bien incorporer les œufs à la pâte, puis le babeurre.

Combiner les 6 derniers ingrédients dans un autre grand bol. Ajouter le tout à la pâte. Remuer juste assez pour humecter les ingrédients secs. Couvrir. Se conserve 1 mois au réfrigérateur. Pour la cuisson, remplir presque complètement les cavités d'une plaque à muffins graissée. Cuire au four à 400 °F (205 °C) environ 20 minutes jusqu'à ce qu'un cure-dents enfoncé au centre d'un muffin ressorte propre. Laisser les muffins reposer 5 minutes avant de les démouler et de les laisser refroidir sur une grille. Donne 4¹/₂ douzaines de muffins.

1 muffin : 151 calories; 4 g de protéines; 4,6 g de matières grasses totales; 25 g de glucides; 288 mg de sodium; 2 g de fibres alimentaires

Photo ci-dessous.

Muffins à la noix de coco

Ils sont délicieux servis avec des fruits frais.

Farine tout usage	1³/₄ tasse	425 mL
Sucre granulé	¹/₂ tasse	125 mL
Noix de coco moyenne (voir remarque)	1 tasse	250 mL
Poudre à pâte	1 c. à soupe	15 mL
Sel	¹/₂ c. à thé	2 mL
Gros œuf, battu à la fourchette	1	1
Lait	1 tasse	250 mL
Huile de cuisson	¹/₄ tasse	60 mL
Essence de noix de coco	1 c. à thé	5 mL

Mettre la farine, le sucre, la noix de coco, la poudre à pâte et le sel dans un grand bol. Remuer. Creuser un puits au centre.

Combiner l'œuf, le lait, l'huile de cuisson et l'essence de noix de coco dans un petit bol. Battre lentement pour combiner les ingrédients. Verser le tout dans le puits. Remuer juste assez pour humecter les ingrédients secs. Remplir presque complètement les cavités d'une plaque à muffins graissée. Cuire au four à 400 °F (205 °C) pendant 15 à 20 minutes jusqu'à ce que les muffins soient dorés et qu'un cure-dents enfoncé au centre ressorte propre. Laisser les muffins reposer 5 minutes avant de les démouler et de les laisser refroidir sur une grille. Donne 12 muffins.

1 muffin : 216 calories; 4 g de protéines; 10,8 g de matières grasses totales; 27 g de glucides; 137 mg de sodium; 1 g de fibres alimentaires

Photo ci-dessous.

Remarque : Faire griller la noix de coco sur une plaque à pâtisserie non graissée à 350 °F (175 °C) environ 5 minutes, jusqu'à ce qu'elle soit dorée, pour varier le goût.

En haut, à gauche : Muffins à la noix de coco, ci-dessus   En haut, à droite : Beignets français, page 65   En bas, à gauche : Muffins au mois, ci-dessus   En bas, à droite : Pain aux abricots et aux dattes, page 65

Beignets français

On jurerait manger du gâteau.

Farine tout usage	2 tasses	500 mL
Poudre à pâte	2½ c. à thé	12 mL
Muscade moulue	½ c. à thé	2 mL
Sel	½ c. à thé	2 mL
Margarine dure (ou beurre), ramollie	¼ tasse	60 mL
Sucre granulé	½ tasse	125 mL
Gros œuf	1	1
Lait	⅔ tasse	150 mL
Margarine dure (ou beurre), fondue	3 c. à soupe	50 mL
Sucre granulé	¼ tasse	60 mL
Cannelle moulue	½ c. à thé	2 mL

Combiner les 4 premiers ingrédients dans un grand bol. Creuser un puits au centre.

Battre en crème les premières quantités de margarine et de sucre dans un bol moyen jusqu'à ce que le mélange soit lisse. Incorporer l'œuf en battant. Ajouter le lait. Battre. Verser le tout dans le puits et remuer pour combiner les ingrédients. Remplir presque complètement les cavités d'une plaque à muffins graissée. Cuire au four à 375 °F (190 °C) pendant 20 à 25 minutes jusqu'à ce qu'un cure-dents enfoncé au centre d'un ressorte propre. Laisser les beignets reposer 5 minutes avant de les démouler sur une grille.

Badigeonner généreusement les beignets avec la seconde quantité de margarine. Combiner la seconde quantité de sucre et la cannelle dans un petit bol. Tremper le dessus badigeonné de chaque beignet dans le mélange de sucre. Donne 12 beignets.

1 beignet : 206 calories; 3 g de protéines; 7,6 g de matières grasses totales; 31 g de glucides; 209 mg de sodium; 1 g de fibres alimentaires

Photo à la page 64.

Pain aux abricots et aux dattes

Idéal avec le thé. Servir légèrement beurré.

Margarine dure (ou beurre), ramollie	¼ tasse	60 mL
Dattes, hachées	½ tasse	125 mL
Abricots déshydratés, hachés	½ tasse	125 mL
Bicarbonate de soude	1 c. à thé	5 mL
Eau bouillante	¾ tasse	175 mL
Gros œuf, battu à la fourchette	1	1
Cassonade, tassée	½ tasse	125 mL
Sel	½ c. à thé	2 mL
Vanille	1 c. à thé	5 mL
Farine tout usage	1 tasse	250 mL
Farine de blé entier (ou tout usage)	1 tasse	250 mL
Poudre à pâte	1½ c. à thé	7 mL

Combiner les 5 premiers ingrédients dans un petit bol. Laisser refroidir.

Combiner l'œuf, la cassonade, le sel et la vanille dans un grand bol. Battre. Incorporer le mélange de dattes.

Ajouter les farines et la poudre à pâte. Remuer juste assez pour humecter les ingrédients secs. Verser le tout dans un moule à pain graissé de 22 x 12,5 cm x 7,5 cm (9 x 5 x 3 po). Cuire au four à 350 °F (175 °C) environ 1 heure. Laisser reposer 5 minutes avant de démouler et de laisser refroidir sur une grille. Couper en 18 tranches.

1 tranche : 126 calories; 2 g de protéines; 3,3 g de matières grasses totales; 23 g de glucides; 191 mg de sodium; 2 g de fibres alimentaires

Photo à la page 64.

Barm Brack, ci-dessous

RECETTE À L'ÉPREUVE DU TEMPS

Barm Brack

La préparation de ce pain irlandais, fort moelleux, commence la veille au soir. Servir tranché avec du beurre.

Thé froid	1 tasse	250 mL
Raisins secs	1 tasse	250 mL
Mélange d'écorce confite	½ tasse	125 mL
Raisins de Corinthe	½ tasse	125 mL
Sucre granulé	1 tasse	250 mL
Gros œuf, battu à la fourchette	1	1
Margarine dure (ou beurre), fondue	¼ tasse	60 mL
Farine tout usage	2 tasses	500 mL
Poudre à pâte	1 c. à thé	5 mL
Bicarbonate de soude	¼ c. à thé	1 mL
Sel	¼ c. à thé	1 mL

Combiner le thé, les raisins secs, l'écorce, les raisins de Corinthe et le sucre dans un grand bol. Couvrir. Laisser reposer jusqu'au lendemain.

Incorporer l'œuf et la margarine au mélange de fruits.

Combiner les 4 derniers ingrédients dans un petit bol. Remuer. Ajouter au mélange de fruits. Remuer jusqu'à ce que les ingrédients soient bien combinés. Dresser la pâte à la cuillère dans un moule à pain graissé de 22 x 12,5 cm x 7,5 cm (9 x 5 x 3 po). Cuire au four à 350 °F (175 °C) pendant 60 à 70 minutes. Laisser reposer 10 minutes avant de démouler sur une grille. Couper en 18 tranches.

1 tranche : 180 calories; 2 g de protéines; 3 g de matières grasses totales; 37 g de glucides; 93 mg de sodium; 1 g de fibres alimentaires

Photo ci-dessus.

Brunchs et dîners

Au tournant du siècle, on servait surtout des

sandwiches et des soupes au thé du matin ou

de quatre heures et en pique-nique. Les garnitures

pour les sandwiches étaient très différentes : laitue,

sardines, anchois, huîtres, gingembre confit tranché

et fruits tranchés. Aujourd'hui, les plats servis pour

le brunch ou le dîner sont très divers et incluent les

plats étagés, les fricassées et les salades de pâtes.

Si vous préférez un menu plus traditionnel, optez

pour la crêpe au four accompagnée de sirop

aromatisé à l'érable, le macaroni au fromage

ou les Biscuits de pâte au thon.

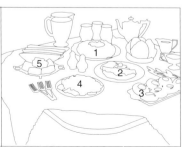

Plat étagé à la dinde

Ce plat rappelle un sandwich à la salade de poulet chaude.

Tranches de pain blanc (ou brun), avec la croûte, taillées au besoin	6	6
Cheddar mi-fort, râpé	1 tasse	250 mL
Sauce à salade légère (ou mayonnaise)	½ tasse	125 mL
Relish de cornichons sucrés	¼ tasse	60 mL
Dinde cuite, hachée fin	2 tasses	500 mL
Tranches de pain blanc (ou brun), avec la croûte, taillées au besoin	6	6
Gros œufs	6	6
Sel	¾ c. à thé	4 mL
Poivre	⅛ c. à thé	0,5 mL
Lait	2¾ tasses	675 mL
Amandes tranchées, grillées au four à 350 °F (175 °C) pendant 5 à 8 minutes	½ tasse	125 mL

Étaler les 6 premières tranches de pain dans un plat graissé de 22 × 33 cm (9 × 13 po) de façon à en recouvrir le fond.

Combiner les 4 prochains ingrédients dans un bol moyen. Étaler le mélange sur le pain. Couvrir avec les 6 autres tranches de pain.

Battre les œufs, le sel et le poivre dans un bol moyen. Incorporer le lait. Verser le tout dans le plat. Couvrir. Réfrigérer plusieurs heures ou jusqu'au lendemain. Cuire au four sous couvert à 350 °F (175 °C) pendant 45 à 50 minutes. Découvrir.

Répandre les amandes sur le dessus. Poursuivre la cuisson à découvert environ 15 minutes. Pour 6 personnes.

1 portion : 539 calories; 37 g de protéines; 24,6 g de matières grasses totales; 42 g de glucides; 1 098 mg de sodium; 2 g de fibres alimentaires

Photo ci-dessous.

PLAT ÉTAGÉ AU POULET : Remplacer la dinde par du poulet cuit haché fin.

Macaroni au fromage

Un plat qui se retrouve dans toutes les familles d'hier et d'aujourd'hui!

Coudes	2 tasses	500 mL
Oignon haché	½ tasse	125 mL
Eau bouillante	3 pte	3 L
Huile de cuisson (facultatif)	1 c. à soupe	15 mL
Sel	2 c. à thé	10 mL
Lait	1¼ tasse	300 mL
Farine tout usage	3 c. à soupe	50 mL
Cheddar mi-fort ou fort, râpé	2 tasses	500 mL
Moutarde sèche	1 c. à thé	5 mL
Sel	½ c. à thé	2 mL
Poivre	⅛ c. à thé	0,5 mL
Paprika, une pincée		

Cuire les pâtes et l'oignon dans l'eau bouillante additionnée de l'huile de cuisson et de la première quantité de sel dans une marmite ou un faitout découvert pendant 7 à 8 minutes jusqu'à ce que les pâtes soient fermes, mais encore tendres. Bien égoutter puis remettre les pâtes dans la marmite.

Combiner graduellement le lait et la farine au fouet dans une casserole moyenne. Remuer jusqu'à ce que le mélange soit lisse. Chauffer à feu moyen, en remuant sans arrêt jusqu'à ce que la préparation épaississe. Incorporer le fromage, la moutarde sèche, la seconde quantité de sel et le poivre. Remuer jusqu'à ce que le fromage fonde. Ajouter la préparation aux pâtes. Remuer. Verser le tout dans un plat peu profond non graissé de 2 L (2 pte).

Saupoudrer de paprika. Cuire au four sous couvert à 350 °F (175 °C) environ 35 minutes jusqu'à ce que la préparation épaississe et bouillonne. Découvrir. Poursuivre la cuisson pendant 10 minutes. Pour 4 personnes.

1 portion : 514 calories; 26 g de protéines; 21,9 g de matières grasses totales; 53 g de glucides; 755 mg de sodium; 2 g de fibres alimentaires

Photo ci-dessous.

Plat étagé à la dinde, ci-dessus
Macaroni au fromage, ci-dessus
Sandwiches à la dinde, page 69

Omelette aux crevettes

Un régal pour le déjeuner ou le brunch.

Sauce pour fruits de mer :		
Ketchup	3 c. à soupe	50 mL
Jus de citron	1½ c. à thé	7 mL
Raifort crémeux	1 c. à thé	5 mL
Sauce Worcestershire	¼ c. à thé	1 mL
Omelette :		
Margarine dure (ou beurre)	½ c. à thé	2 mL
Gros œufs, battus à la fourchette	2	2
Fromage à la crème léger, ramolli et coupé en morceaux	3 c. à soupe	50 mL
Oignons verts, hachés	2 c. à soupe	30 mL
Petites crevettes fraîches, cuites	⅓ tasse	75 mL

Sauce pour fruits de mer : Combiner le ketchup avec le jus de citron, le raifort et la sauce Worcestershire dans un petit bol. Donne 50 mL (3 c. à soupe) de sauce.

Omelette : Faire fondre la margarine à feu moyen dans une poêle de 20 cm (8 po) à revêtement antiadhésif. Y verser les œufs. Couvrir. Cuire pendant 1 minute. Repousser les œufs d'un côté de la poêle et incliner celle-ci pour que les œufs non cuits s'écoulent au fond. Couvrir. Cuire pendant 1 minute.

Répandre le fromage à la crème sur les œufs. Arroser de sauce pour fruits de mer. Étaler les oignons verts et les crevettes sur le dessus. Couvrir. Cuire à feu doux pendant 1 à 2 minutes, le temps que le fromage fonde et que les crevettes soient chaudes. Faire glisser l'omelette sur une assiette, en la repliant sur elle-même. Pour 1 personne.

1 portion : 363 calories; 28 g de protéines; 19,8 g de matières grasses totales; 19 g de glucides; 1 309 mg de sodium; 1 g de fibres alimentaires

Photo à la page 67.

Sandwiches à la dinde

Personne ne devinera qu'il s'agit de dinde en conserve.

Garniture à la dinde :		
Flocons de dinde en conserve, non égouttés	6½ oz	184 g
Cheddar mi-fort, râpé	½ tasse	125 mL
Relish de cornichons sucrés	2 c. à soupe	30 mL
Sauce à salade légère (ou mayonnaise)	2 c. à soupe	30 mL
Céleri, haché fin	2 c. à soupe	30 mL
Oignon, haché fin (ou 2 mL, ½ c. à thé, de poudre d'oignon)	2 c. à soupe	30 mL
Sel, une pincée		
Poivre, une pincée		
Tranches de pain (beurrées, facultatif)	8	8

Garniture à la dinde : Bien mêler les 8 premiers ingrédients dans un petit bol.

Étaler le ¼ de la garniture sur 4 tranches de pain. Recouvrir avec les 4 autres tranches. Couper en quatre sur la diagonale. Donne 16 petits sandwiches, assez pour 4 personnes.

1 portion : 302 calories; 18 g de protéines; 11 g de matières grasses totales; 31 g de glucides; 648 mg de sodium; 1 g de fibres alimentaires

Photo à la page 68.

Biscuits de pâte au thon

Biscuits de pâte au thon

Le sandwich au thon fait peau neuve.

Garniture au thon :		
Thon en conserve, égoutté et émietté	6½ oz	184 g
Céleri, en dés fins	⅓ tasse	75 mL
Carottes, râpées	⅓ tasse	75 mL
Sauce à salade légère (ou mayonnaise)	⅓ tasse	75 mL
Relish de cornichons sucrés	2 c. à soupe	30 mL
Jus de citron	½ c. à thé	2 mL
Sel	⅛ c. à thé	0,5 mL
Poivre, une pincée		
Pâte à biscuits de pâte :		
Farine tout usage	2 tasses	500 mL
Poudre à pâte	4 c. à thé	20 mL
Sucre granulé	1 c. à thé	5 mL
Sel	1 c. à thé	5 mL
Lait	¾ tasse	175 mL
Huile de cuisson	⅓ tasse	75 mL

Garniture au thon : Combiner les 8 ingrédients dans un petit bol.

Pâte à biscuits de pâte : Combiner la farine avec la poudre à pâte, le sucre et le sel dans un bol moyen.

Ajouter le lait et l'huile de cuisson. Remuer jusqu'à obtenir une boule de pâte molle. La pétrir sur une surface légèrement farinée 8 fois. Abaisser la ½ de la pâte à 6 mm (¼ po) d'épaisseur. La couper en 6 ronds de 10 cm (4 po) de diamètre.

Dresser 50 mL (3 c. à soupe) de garniture sur chaque rond de pâte. Abaisser l'autre ½ de la pâte et couper 6 autres ronds. Humecter le bord avec de l'eau. Poser les ronds sur les 6 premiers. Pincer le bord pour le sceller. Poser les ronds sur une plaque à pâtisserie non graissée. Cuire au four à 375 °F (190 °C) pendant 15 à 20 minutes jusqu'à ce que la pâte soit dorée. On peut façonner d'autres biscuits de pâte avec les retailles. Donne 6 biscuits de pâte garnis.

1 biscuit de pâte : 376 calories; 13 g de protéines; 17,7 g de matières grasses totales; 41 g de glucides; 775 mg de sodium; 2 g de fibres alimentaires

Photo ci-dessus.

Salade niçoise de pâtes

Une salade décorative. La servir au dîner avec du pain croûté.

Fusilli tricolores (ou autres pâtes moyennes)	8 oz	225 g
Eau bouillante	2 pte	2 L
Huile de cuisson (facultatif)	1 c. à soupe	15 mL
Sel	2 c. à thé	10 mL
Petite laitue Iceberg, grossièrement déchiquetée	1	1
Petit oignon rouge, tranché fin et défait en anneaux	1	1
Thon entier en conserve, égoutté et défait en gros morceaux	2 × 6½ oz	2 × 184 g
Haricots verts cuits45 (frais ou surgelés) coupés, refroidis	1½ tasse	375 mL
Olives noires dénoyautées, en moitiés	⅓ tasse	75 mL
Vinaigrette :		
Huile de cuisson	⅓ tasse	75 mL
Vinaigre de vin rouge	⅓ tasse	75 mL
Basilic déshydraté	½ c. à thé	2 mL
Sel	½ c. à thé	2 mL
Poivre	¼ c. à thé	1 mL
Poudre d'ail	¼ c. à thé	1 mL
Tomates moyennes, coupées en quartiers	2	2
Œufs durs, en quartiers (ou tranchés)	3	3

Cuire les pâtes dans l'eau bouillante additionnée de l'huile de cuisson et du sel dans une marmite ou un faitout découvert pendant 8 à 10 minutes jusqu'à ce qu'elles soient tendres, mais encore fermes. Égoutter. Rincer à l'eau froide. Bien égoutter. Mettre les pâtes dans un grand saladier et les laisser refroidir complètement.

Ajouter les 5 prochains ingrédients. Combiner.

Vinaigrette : Combiner les 6 ingrédients dans un petit bol. Verser dans le saladier. Remuer. Répartir la salade sur 6 assiettes.

Décorer chaque assiette avec des quartiers de tomates et d'œufs durs. Pour 6 personnes.

1 portion : 397 calories; 23 g de protéines; 18,1 g de matières grasses totales; 36 g de glucides; 516 mg de sodium; 3 g de fibres alimentaires

Photo ci-dessous.

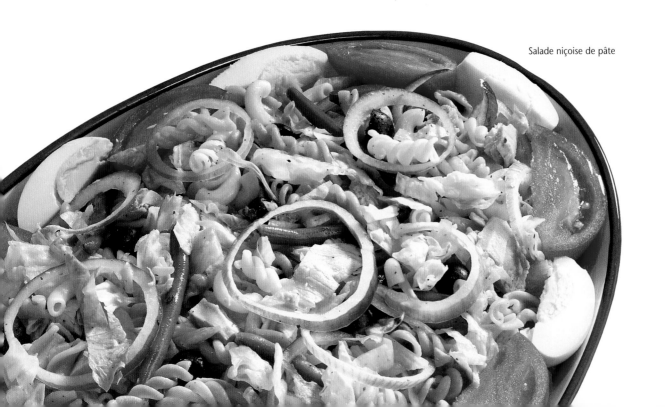

Salade niçoise de pâte

Asperges en sauce

Elles cuisent sur un fond de pâte. La présentation sort de l'ordinaire.

Lait	1½ tasse	375 mL
Farine tout usage	3 c. à soupe	50 mL
Cheddar mi-fort, râpé	1 tasse	250 mL
Sel	¼ c. à thé	1 mL
Poivre	¼ c. à thé	1 mL
Pâte à biscuits de pâte campagnards (10 par tube)	12 oz	340 g
Pointes d'asperges, en conserve, égouttées	12 oz	341 mL
Amandes tranchées, grillées au four à 350 °F (175 °C) pendant 5 à 8 minutes	¼ tasse	60 mL

Combiner graduellement le lait et la farine au fouet dans une petite casserole jusqu'à ce que la préparation soit lisse. Chauffer en remuant jusqu'à ce qu'elle bouille et épaississe.

Incorporer le fromage, le sel et le poivre et remuer jusqu'à ce que le fromage fonde.

Presser la pâte des biscuits dans un moule à tarte graissé de 22 cm (9 po).

Poser les asperges sur la pâte. Verser la sauce sur les asperges. Répandre les amandes sur le dessus. Cuire au four à 450 °F (230 °C) environ 15 minutes. Couper en 8 pointes.

1 pointe : 236 calories; 10 g de protéines; 10,1 g de matières grasses totales; 26 g de glucides; 736 mg de sodium; 1 g de fibres alimentaires

Photo ci-contre.

Pommes dauphinoises

Un bon début au déjeuner. Pour un buffet, doubler ou tripler la recette. Il suffit d'un feston de garniture fouettée pour clouer le tout.

Sucre granulé	¼ tasse	60 mL
Farine tout usage	1½ c. à soupe	25 mL
Cannelle moulue	1 c. à thé	5 mL
Pommes à cuire moyennes, (McIntosh par exemple), pelées et tranchées	4	4
Margarine dure (ou beurre)	1 c. à soupe	15 mL

Mettre le sucre, la farine et la cannelle dans une cocotte non graissée de 1,5 L (1½ pte). Remuer.

Ajouter les pommes. Bien remuer.

Éparpiller des morceaux de margarine sur les pommes. Cuire au four sous couvert à 350 °F (175 °C) pendant 45 à 55 minutes, jusqu'à ce que les pommes soient tendres. Pour 4 personnes.

1 portion : 164 calories; 1 g de protéines; 3,4 g de matières grasses totales; 35 g de glucides; 35 mg de sodium; 3 g de fibres alimentaires

Photo ci-contre.

En haut : Pommes dauphinoises, ci-contre   En bas : Asperges en sauce, ci-contre

Salade fricassée

La présentation est attrayante. Cette salade contient du bœuf.

Vinaigrette :		
Huile de cuisson	¼ tasse	60 mL
Cassonade, tassée	1 c. à soupe	15 mL
Cumin moulu	1 c. à thé	5 mL
Coriandre moulue	1 c. à thé	5 mL
Piments forts déshydratés broyés, écrasés fin	1 c. à thé	5 mL
Poudre d'ail	½ c. à thé	2 mL
Jus de lime	2 c. à soupe	30 mL
Bifteck de flanc (ou de haut de ronde), coupé sur le biais en lanières très étroites	1 lb	454 g
Poivron vert moyen, en lanières	1	1
Poivron rouge moyen, en lanières	1	1
Oignon rouge moyen, coupé en deux sur la hauteur puis de travers en tranches de 6 mm (¼ po)	1	1
Piment jalapeño vert, épépiné et vidé, haché fin	1	1
Romaine, déchiquetée	4 tasses	1 L

Vinaigrette : Combiner les 6 ingrédients dans une petite tasse.

Mettre le jus de lime et les morceaux de bœuf dans un bol moyen. Ajouter 15 mL (1 c. à soupe) de vinaigrette. Remuer pour napper le bœuf. Laisser reposer 30 minutes à la température de la pièce.

Faire chauffer 15 mL (1 c. à soupe) de vinaigrette dans une grande poêle à revêtement antiadhésif. Ajouter les poivrons, l'oignon et le piment et les faire revenir jusqu'à ce qu'ils soient tendres, mais encore croquants. Mettre les légumes et le reste de vinaigrette dans un grand saladier.

Mettre le bœuf et le liquide dans la poêle chaude. Le faire revenir 3 à 4 minutes jusqu'à ce qu'il soit à point. L'ajouter aux légumes. Remuer. Répartir la salade sur 4 assiettes. Dresser le mélange de bœuf sur la salade. Servir sur-le-champ. Pour 4 personnes.

1 portion : 318 calories; 26 g de protéines; 25 g de matières grasses totales; 11 g de glucides; 85 mg de sodium; 2 g de fibres alimentaires

Photo à la page 67.

Brioche suédoise

Une pâtisserie fort jolie, délicatement relevée par le fromage à la crème. Elle est bonne tiède ou froide.

Garniture au fromage :		
Fromage à la crème léger, ramolli	4 oz	125 g
Sucre granulé	3 c. à soupe	50 mL
Vanille	½ c. à thé	2 mL
Brioche :		
Farine tout usage	1¾ tasse	425 mL
Sucre granulé	1 c. à soupe	15 mL
Poudre à pâte	1 c. à soupe	15 mL
Sel	½ c. à thé	2 mL
Margarine dure (ou beurre)	¼ tasse	60 mL
Lait	¾ tasse	175 mL
Cerises glacées, hachées	⅓ tasse	75 mL
Raisins secs	¼ tasse	60 mL
Glaçage :		
Sucre à glacer	½ tasse	125 mL
Eau	1½ c. à thé	7 mL
Amandes tranchées, grillées au four à 350 °F (175 °C) pendant 5 à 8 minutes (facultatif)	¼ tasse	60 mL

Garniture au fromage : Battre le fromage à la crème avec le sucre et la vanille dans un petit bol jusqu'à ce que le mélange soit lisse.

Brioche : Mettre la farine, le sucre, la poudre à pâte, le sel et la margarine dans un bol moyen. Incorporer la margarine au couteau à pâtisserie jusqu'à obtenir un mélange grossier.

Ajouter le lait et remuer jusqu'à obtenir une boule. Poser la pâte sur une surface légèrement farinée. La pétrir 8 fois. L'abaisser en un rectangle de 20 × 40 cm (8 × 16 po). Étaler la garniture sur la pâte.

Répandre les cerises et les raisins secs sur la garniture. Enrouler la pâte comme un gâteau roulé, depuis le côté le plus long. Sceller le bord. Poser le rouleau avec le bord vers le bas sur une plaque à pâtisserie graissée. Façonner un anneau. Pincer les bouts pour les sceller. Avec des ciseaux, inciser l'anneau à moitié de l'extérieur vers le centre à intervalles de 2,5 cm (1 po). Retourner chaque section coupée sur son côté. Cuire au four à 425 °F (220 °C) pendant 18 à 20 minutes, jusqu'à ce que la brioche soit dorée. Laisser refroidir quelques instants.

Glaçage : Combiner le sucre à glacer et l'eau dans un petit bol, en rajoutant de l'un ou de l'autre au besoin jusqu'à obtenir un glaçage à peine liquide. Arroser la brioche tout juste tiède d'un filet de glaçage.

Répandre les amandes sur le glaçage. Couper en 12 morceaux.

1 morceau : 200 calories; 4 g de protéines; 6,2 g de matières grasses totales; 33 g de glucides; 274 mg de sodium; 1 g de fibres alimentaires

Photo à la page 67.

Spirales au sucre

Très décoratives. La confiture rouge paraît sous le glaçage.

Gros œuf, battu à la fourchette	1	1
Sucre granulé	2 c. à soupe	30 mL
Sachet de levure instantanée (à peine 15 mL, 1 c. à soupe)	1 × ¼ oz	1 × 8 g
Lait tiède	¾ tasse	175 mL
Eau tiède	⅓ tasse	75 mL
Sel	1 c. à thé	5 mL
Farine tout usage	1½ tasse	375 mL
Farine tout usage, environ	2 tasses	500 mL
Confiture de fruits rouges	½ tasse	125 mL
Glaçage :		
Sucre à glacer	1 tasse	250 mL
Lait (ou eau)	1 c. à soupe	15 mL
Vanille	¼ c. à thé	1 mL

Combiner l'œuf, le sucre et la levure dans un grand bol. Mélanger. Ajouter le lait et l'eau tièdes et le sel. Mélanger.

Ajouter la première quantité de farine. Bien battre le tout.

Incorporer la seconde quantité de farine peu à peu, en pétrissant la pâte, en arrêtant lorsqu'elle n'est plus collante. Diviser la pâte en 20. Façonner un cordon de 35 cm (14 po) avec chaque morceau de pâte. Enrouler chaque cordon sur lui-même pour faire une spirale et les poser sur 2 plaques à pâtisserie graissée, en pinçant les extrémités et en les repliant sous chaque spirale pour les sceller. Couvrir le bol avec un torchon. Laisser la pâte reposer dans le four fermé, avec la lumière allumée, environ 1 heure jusqu'à ce qu'elle ait doublé de volume.

Faire un creux avec le pouce au milieu de chaque spirale. Y déposer 5 mL (1 c. à thé) de confiture. Cuire au four à 375 °F (190 °C) environ 15 minutes jusqu'à ce que les spirales soient dorées. Laisser refroidir.

Glaçage : Combiner le sucre à glacer, l'eau et la vanille dans un petit bol, en rajoutant du sucre ou de l'eau au besoin jusqu'à obtenir un glaçage à peine liquide. En arroser les spirales. Donne 20 spirales.

1 spirale : 145 calories; 3 g de protéines; 0,6 g de matières grasses totales; 32 g de glucides; 146 mg de sodium; 1 g de fibres alimentaires

Photo à la page 67.

Gâteau au fromage du brunch

Donne deux savoureuses brioches. En servir une tiède et surgeler l'autre.

Lait	½ tasse	125 mL
Margarine dure (ou beurre)	6 c. à soupe	100 mL
Sucre granulé	⅓ tasse	75 mL
Sel	¾ c. à thé	4 mL
Sachet de levure instantanée (à peine 15 mL, 1 c. à soupe)	1 × ¼ oz	1 × 8 g
Farine tout usage	½ tasse	125 mL
Gros œufs, à la température de la pièce	3	3
Raisins dorés	½ tasse	125 mL
Zeste de citron râpé	2 c. à thé	10 mL
Farine tout usage, environ	3¼ tasses	810 mL
Garniture au fromage :		
Fromage à la crème léger	8 oz	250 g
Fromage cottage caillé sec	½ tasse	125 mL
Sucre granulé	¼ tasse	60 mL
Gros œuf	1	1
Zeste de citron râpé	1 c. à thé	5 mL
Vanille	1 c. à thé	5 mL
Cannelle moulue	¼ c. à thé	1 mL
Garniture :		
Farine tout usage	¼ tasse	60 mL
Sucre granulé	¼ tasse	60 mL
Noix, hachées fin	⅓ tasse	75 mL
Cannelle moulue	¼ c. à thé	1 mL
Margarine dure (ou beurre), ramollie	¼ tasse	60 mL

Combiner les 4 premiers ingrédients dans une petite casserole. Chauffer jusqu'à ce que la margarine ait fondu. Verser le tout dans un grand bol. Laisser la préparation refroidir jusqu'à ce qu'elle soit très tiède, mais pas chaude.

Combiner la levure et la première quantité de farine dans un petit bol. Incorporer les ingrédients au premier mélange, au fouet, jusqu'à ce que le tout soit lisse et que la levure soit dissoute.

Battre les œufs dans un bol moyen jusqu'à ce qu'ils moussent. Les incorporer au mélange de levure dissoute. Ajouter les raisins et la première quantité de citron râpé. Remuer.

Incorporer la seconde quantité de farine peu à peu, en arrêtant lorsque la pâte devient souple et n'est plus collante. Poser la pâte dans un grand bol graissé en la retournant une fois pour en graisser le dessus. Couvrir le bol avec un torchon. Laisser la pâte reposer dans le four fermé, avec la lumière allumée, pendant 1 heure. Dégonfler la pâte en y enfonçant le poing. La diviser en 4. Presser 1 partie de la pâte dans un moule à gâteau rond graissé de 20 ou 22 cm (8 ou 9 po), en couvrant le fond et en remontant de 2,5 cm (1 po) sur le pourtour. Préparer une autre partie de la pâte de la même façon, dans un autre moule. Réserver les 2 autres morceaux de pâte.

Garniture au fromage : Bien battre les 7 ingrédients dans un bol moyen jusqu'à ce que le mélange soit plutôt lisse. En étaler la ½ sur la pâte posée dans les moules. Abaisser les 2 autres morceaux de pâte en deux ronds assez grands pour couvrir les moules. Poser les ronds sur la garniture au fromage. Pincer le bord pour sceller la pâte.

Garniture : Mélanger les 5 ingrédients dans un petit bol jusqu'à obtenir un mélange grossier. En répartir la ½ sur chaque gâteau. Couvrir avec un torchon. Laisser reposer dans le four fermé, avec la lumière allumée, pendant 1 heure jusqu'à ce que les gâteaux aient doublé de volume. Cuire au four à 350 °F (175 °C) environ 30 minutes jusqu'à ce qu'ils soient dorés. Démouler et laisser refroidir sur une grille pendant 30 minutes avant de servir. Couper chaque gâteau en 6 pointes, soit 12 pointes en tout.

1 pointe : 430 calories; 11 g de protéines; 18 g de matières grasses totales; 56 g de glucides; 515 mg de sodium; 2 g de fibres alimentaires

Photo ci-dessous.

En haut, à gauche : Sirop aromatisé à l'érable, page 74
En haut, à droite : Gâteau au fromage du brunch, ci-contre
Au centre, à gauche : Choux à la guimauve, page 74
En bas, à droite : Crêpe au four, page 74

Barres granola

*Ces barres moelleuses sont parfaites pour
un déjeuner rapide ou pour un dîner à l'école.*

Flocons d'avoine à cuisson rapide (pas instantanée)	3 tasses	750 mL
Cassonade, tassée	¼ tasse	60 mL
Noix de coco en flocons	¼ tasse	60 mL
Sel	½ c. à thé	2 mL
Germe de blé	¼ tasse	60 mL
Margarine dure (ou beurre)	½ tasse	125 mL
Sirop de maïs	⅓ tasse	75 mL
Miel liquide	⅓ tasse	75 mL
Vanille	1 c. à thé	5 mL
Brisures de chocolat mi-sucré	½ tasse	125 mL

Combiner les flocons d'avoine avec la cassonade, la noix de coco, le sel et le germe de blé dans un grand bol. Incorporer la margarine au couteau à pâtisserie jusqu'à obtenir un mélange grossier qui ne contient plus de gros morceaux.

Ajouter le sirop de maïs, le miel et la vanille. Bien remuer.

Ajouter les brisures de chocolat. Incorporer. Presser le mélange dans un plat graissé de 22 × 22 cm (9 × 9 po). Cuire au four à 350 °F (175 °C) pendant 30 à 40 minutes jusqu'à ce que les barres soient dorées. Réfrigérer plusieurs heures ou jusqu'au lendemain. Couper en 24 barres.

1 barre : 159 calories; 2 g de protéines; 7,5 g de matières grasses totales; 22 g de glucides; 111 mg de sodium; 2 g de fibres alimentaires

Photo à la page 66.

Crêpe au four

*De quoi apaiser même les plus grognons.
Servir avec le sirop aromatisé à l'érable tiède, ci-dessous.*

Gros œufs	3	3
Farine tout usage	½ tasse	125 mL
Lait	½ tasse	125 mL
Sel	¼ c. à thé	1 mL
Margarine dure (ou beurre), fondue	2 c. à soupe	30 mL

Battre les 5 ingrédients dans un petit bol ou les combiner au mélangeur. Verser la pâte dans un moule graissé de 20 × 20 cm (8 × 8 po). Cuire au four à 400 °F (205 °C) environ 20 minutes jusqu'à ce que la crêpe soit légèrement dorée. Couper en 4 morceaux.

1 morceau : 177 calories; 8 g de protéines; 9,6 g de matières grasses totales; 15 g de glucides; 296 mg de sodium; 1 g de fibres alimentaires

Photo à la page 73.

Choux à la guimauve

*De la magie! Les guimauves disparaissent et laissent
des pains creux. Servir tièdes avec une salade de fruits.*

Pâte à croissant réfrigérée (8 par tube)	2 × 8½ oz	2 × 235 g
Margarine dure (ou beurre), fondue	1 c. à soupe	15 mL
Pacanes (ou noix de Grenoble), hachées fin	3 c. à soupe	50 mL
Grosses guimauves	16	16
Sucre granulé	2 c. à soupe	30 mL
Cannelle moulue	½ c. à thé	2 mL

Dérouler la pâte en 16 triangles.

Mettre la margarine et les pacanes dans 2 petits plats. Tremper 1 extrémité de chaque guimauve dans la margarine, puis dans les pacanes. Poser 1 guimauve sur chaque triangle de pâte.

Combiner le sucre et la cannelle dans une petite tasse. Répandre ¼ c. à thé (1 mL) du mélange sur chaque guimauve. Ramener la pâte sur la guimauve et la pincer pour la sceller. Façonner délicatement une boule avec chaque morceau et les poser dans les cavités graissées d'une plaque à muffins. Cuire au four à 375 °F (190 °C) pendant 10 à 15 minutes jusqu'à ce que les choux soient dorés. Donne 16 choux.

1 chou : 92 calories; 1 g de protéines; 4 g de matières grasses totales; 13 g de glucides; 157 mg de sodium; trace de fibres alimentaires

Photo à la page 73.

Sirop aromatisé à l'érable

*Une bon sirop à garder sous la main. Servir avec la crêpe au four, ci-
contre, ou des crêpes, des gaufres ou du pain doré.*

Cassonade, tassée	2 tasses	500 mL
Eau	1 tasse	250 mL
Essence d'érable	1 c. à thé	5 mL

Combiner la cassonade et l'eau dans une petite casserole. Porter à ébullition. Laisser bouillir 2 à 3 minutes. Retirer du feu.

Ajouter l'essence d'érable. Donne 500 mL (2 tasses) de sirop.

30 mL (2 c. à soupe) : 104 calories; 0 g de protéines; 0 g de matières grasses totales; 27 g de glucides; 8 mg de sodium; trace de fibres alimentaires

Photo à la page 73.

> « *Dans les années 1950, le vrai sirop d'érable n'était pas considéré comme extravagant et ne coûtait pas cher. Aujourd'hui, il est assez cher et est devenu une gâterie.* »
>
> Jean Paré

Gâteaux

Gâteaux

Les gâteaux aux fruits, les quatre-quarts, les gâteaux éponges et les gâteaux roulés sont anciens. Le gâteau des anges était particulièrement populaire dans les années 1880; les gâteaux marbrés au chocolat étaient très recherchés après la Guerre de sécession américaine en 1865. Pendant la Première Guerre mondiale, la nécessité exigeait que les gâteaux soient faits avec moins de beurre, de sucre et d'œufs : le gâteau à la compote de pommes était né. La préparation de gâteaux a toujours été populaire, même pendant la crise des années 1930 et lorsque le beurre et le sucre étaient rationnés pendant la Seconde Guerre mondiale.

Comme les ingrédients étaient moins nombreux, on pouvait préparer les gâteaux dans un seul bol, simplification qui fut à l'origine de l'invention de la première préparation à gâteaux commerciale en 1947. Lorsqu'on se servait de ces mélanges, il suffisait d'ajouter de l'eau. Dans les années 1990, l'engouement pour la santé et la bonne forme physique donnèrent lieu aux recettes de gâteaux à basse teneur en gras ou sans gras dans lesquelles on remplaçait les matières grasses par de la compote de pommes ou une autre purée de fruits. De même, les blancs d'œufs et les produits de remplacement se substituèrent aux œufs entiers pour couper encore la teneur en cholestérol et en gras.

La composition des gâteaux a changé au fil du temps, mais ils ont toujours été appréciés. Voici un assortiment de recettes délicieuses, d'hier et d'aujourd'hui.

Gâteau à l'orange, ci-contre, avec le
Glaçage au chocolat et à l'orange, ci-contre

Gâteau à l'orange

Il est orange et goûte l'orange. Le glacer avec
le glaçage au chocolat et à l'orange, ci-dessous.

Farine tout usage	2¼ tasses	560 mL
Poudre à pâte	4 c. à thé	20 mL
Sel	½ c. à thé	2 mL
Margarine dure (ou beurre), ramollie	½ tasse	125 mL
Sucre granulé	1½ tasse	375 mL
Zeste râpé d'une orange moyenne		
Gros œufs	2	2
Concentré de jus d'orange surgelé, dégelé	⅓ tasse	75 mL
Lait	1 tasse	250 mL

Combiner la farine, la poudre à pâte et le sel dans un bol moyen.

Battre en crème la margarine avec le sucre dans un grand bol. Incorporer le zeste, puis les œufs 1 à 1 en battant. Ajouter le concentré de jus d'orange. Mélanger.

Ajouter le mélange de farine en 3 fois, en alternant avec le lait en 2 fois, en commençant et en terminant avec la farine. Verser la pâte dans des moules à gâteaux rond graissé de 20 cm (8 po). Cuire au four à 350 °F (175 °C) environ 35 minutes jusqu'à ce qu'un cure-dents enfoncé au centre ressorte propre. Laisser reposer 10 minutes avant de démouler et de laisser refroidir sur une grille. Couper en 16 morceaux.

1 morceau (sans glaçage) : 227 calories; 3 g de protéines; 7,1 g de matières grasses totales; 38 g de glucides; 177 mg de sodium; 1 g de fibres alimentaires

Photo à la page 75 et sur la couverture dos.

Glaçage au chocolat et à l'orange

Le chocolat et l'orange s'accordent merveilleusement.
S'en servir pour le gâteau à l'orange, ci-dessus.

Margarine dure (ou beurre), ramollie	6 c. à soupe	100 mL
Sucre à glacer	2½ tasses	625 mL
Cacao	½ tasse	125 mL
Concentré de jus d'orange surgelé, dégelé	2 c. à soupe	30 mL

Combiner les 4 ingrédients dans un bol moyen. Battre à basse vitesse pour les humecter, puis à haute vitesse pour bien les combiner. Rajouter du sucre à glacer ou du liquide au besoin pour obtenir la consistance voulue. Donne environ 500 mL (2 tasses) de glaçage.

30 mL (2 c. à soupe) : 117 calories; 1 g de protéines; 4,5 g de matières grasses totales; 21 g de glucides; 50 mg de sodium; 1 g de fibres alimentaires

Photo à la page 75 et sur la couverture dos.

Gâteau aux fruits

(version d'antan)

Cette recette est tirée du livre de ma grand-mère Elford.
Je me demande à combien ce gâteau reviendrait aujourd'hui?

Gâteau aux fruits

½ tasse de sucre   ½ tasse de mélasse
4 œufs, bien battus   3 tasses de farine
½ tasse de café   1 c. à thé de bicarbonate de soude
½ tasse de suif haché   ½ cuillerée à thé de clou de girofle
1 cuillerée à thé de cannelle   2 tasses de raisins secs
½ cuillerée à thé de piment de la Jamaïque
1 tasse de beurre

10 sous d'écorces de cédrat; 10 sous de farine
d'amandes, 5 sous d'écorces de citron et d'orange
mêlées; hacher ces ingrédients très fin ou les
broyer au hachoir à viande.

Gâteau aux fruits

Gâteau aux fruits

(version moderne)

Autrefois, la coutume voulait que l'on serve du gâteau
aux fruits lors d'un mariage. Les invités en ramenaient
un morceau chez eux et le plaçaient sous leur oreiller.

Raisins secs	2 tasses	500 mL
Citron haché	1 tasse	250 mL
Amandes tranchées, grillées au four à 350 °F (175 °C) pendant 5 à 8 minutes	1 tasse	250 mL
Mélange de fruits confits de Noël	1 tasse	250 mL
Cerises glacées, hachées	¼ tasse	60 mL
Farine tout usage	⅓ tasse	75 mL
Margarine dure (ou beurre), ramollie	1 tasse	250 mL
Sucre granulé	1½ tasse	375 mL
Gros œufs	4	4
Mélasse de fantaisie	½ tasse	125 mL
Café	½ tasse	125 mL
Farine tout usage	3 tasses	750 mL
Cannelle moulue	1 c. à thé	5 mL
Piment de la Jamaïque moulu	½ c. à thé	2 mL
Clou de girofle moulu	½ c. à thé	2 mL
Bicarbonate de soude	1 c. à thé	5 mL

Mettre les 6 premiers ingrédients dans un bol moyen. Remuer pour les enrober de farine.

Battre en crème la margarine avec le sucre dans un grand bol. Incorporer les œufs 1 à 1 en battant. Incorporer la mélasse et le café.

Combiner les derniers 5 ingrédients dans un autre bol moyen. Ajouter le mélange de café. Remuer juste assez pour humecter les ingrédients secs. Ajouter le mélange de fruits. Mélanger. Tapisser 2 moules à pain graissés de 22 × 12,5 cm × 7,5 cm (9 × 5 × 3 po) avec du papier brun graissé. Répartir la pâte dans les moules. Poser un autre plat rempli d'environ 2,5 cm (1 po) d'eau sur la grille inférieure du four. Cuire les gâteaux dans le milieu du four à 275 °F (140 °C) environ 2 heures 50 minutes jusqu'à ce qu'un cure-dents enfoncé au centre ressorte propre. Laisser reposer 10 minutes avant de démouler et de laisser refroidir sur une grille. Donne 2 gâteaux. Les trancher chacun en 20, soit 40 tranches en tout.

1 morceau : 422 calories; 6 g de protéines; 14,6 g de matières grasses totales; 70 g de glucides; 233 mg de sodium; 2 g de fibres alimentaires

Photo ci-contre.

Gâteau aux raisins bouillis

Un gâteau moelleux, qui contient des raisins et des épices.
Il est recouvert de glaçage au caramel.

Raisins secs	1¹/₂ tasse	375 mL
Eau	2 tasses	500 mL
Farine tout usage	1³/₄ tasse	425 mL
Poudre à pâte	1¹/₂ c. à thé	7 mL
Bicarbonate de soude	¹/₂ c. à thé	2 mL
Cannelle moulue	³/₄ c. à thé	4 mL
Muscade moulue	¹/₂ c. à thé	2 mL
Sel	¹/₂ c. à thé	2 mL
Margarine dure (ou beurre), ramollie	¹/₂ tasse	125 mL
Cassonade, tassée	1 tasse	250 mL
Gros œuf, battu à la fourchette	1	1
Vanille	1 c. à thé	5 mL

Glaçage au caramel, page 172

Combiner les raisins secs et l'eau dans une petite casserole. Ébouillanter à petit feu environ 6 minutes. Égoutter et réserver 150 mL (²/₃ tasse) du liquide.

Combiner les 6 prochains ingrédients dans un bol moyen.

Bien battre en crème la margarine, la cassonade, l'œuf et vanille dans un grand bol.

Ajouter le mélange de farine en 3 fois, en alternant avec le liquide réservé en 2 fois, en commençant et en terminant avec la farine. Verser la pâte dans un moule graissé de 22 x 22 cm (9 x 9 po). Cuire au four à 350 °F (175 °C) environ 40 minutes jusqu'à ce qu'un cure-dents enfoncé au centre ressorte propre.

Glacer avec le glaçage au caramel. Couper en 12 morceaux.

1 morceau avec glaçage : 415 calories; 3 g de protéines; 13 g de matières grasses totales; 74 g de glucides; 335 mg de sodium; 1 g de fibres alimentaires

Photo ci-dessous.

Gâteau aux raisins bouillis

Gâteau Piña Colada

Ce gâteau étagé gonfle bien. Le glaçage est léger.

Préparation à gâteau blanc (double)	1	1
Pouding à la vanille instantané en poudre (4 portions)	1	1
Eau	²/₃ tasse	150 mL
Rhum blanc (ou pâle)	¹/₃ tasse	75 mL
Huile de cuisson	¹/₂ tasse	125 mL
Gros œufs	4	4
Essence de noix de coco (facultatif)	1 c. à thé	5 mL
Noix de coco en brins, grillée au four 350 °F (175 °C) en remuant souvent pendant 5 à 8 minutes	¹/₂ tasse	125 mL
Glaçage à l'ananas :		
Sucre à glacer	¹/₂ tasse	125 mL
Ananas broyé, en conserve, non égoutté	8 oz	225 mL
Pouding à la vanille instantané en poudre (4 portions)	1	1
Rhum blanc (ou pâle)	1 c. à thé	5 mL
Sachet de garniture à dessert (non préparée)	1	1
Lait	¹/₃ tasse	75 mL
Noix de coco en brins, grillée au four 350 °F (175 °C) en remuant souvent pendant 5 à 8 minutes, pour décorer	2 c. à soupe	30 mL

Combiner les 7 premiers ingrédients dans un bol moyen. Battre à basse vitesse jusqu'à ce que les ingrédients soient humectés, puis à vitesse moyenne environ 2 minutes, jusqu'à ce que le mélange soit lisse.

Incorporer la noix de coco. Verser la pâte dans un moule graissé de 22 x 33 cm (9 x 13 po). Cuire au four à 350 °F (175 °C) pendant 35 à 45 minutes jusqu'à ce qu'un cure-dents enfoncé au centre ressorte propre. Laisser refroidir.

Glaçage à l'ananas : Mêler les 4 premiers ingrédients dans un petit bol. Laisser reposer 5 minutes.

Battre la garniture à dessert avec le lait jusqu'à ce qu'elle monte en neige ferme. L'incorporer au mélange à l'ananas en pliant. Glacer le gâteau.

Répandre la noix de coco sur le gâteau. Couper en 18 morceaux.

1 morceau (avec le glaçage) : 305 calories; 3 g de protéines; 13,6 g de matières grasses totales; 41 g de glucides; 160 mg de sodium; 1 g de fibres alimentaires

Photo à la page 84.

Remarque : Pour faire un gâteau double, répartir la pâte dans 2 moules à gâteau rond graissés de 20 cm (8 po). Cuire 30 à 35 minutes.

Gâteau à l'ananas et aux noix

Un bon gâteau, plutôt solide.
Décorer chaque tranche d'un feston de crème fouettée.

Farine tout usage	2¹/₂ tasses	625 mL
Poudre à pâte	1¹/₂ c. à thé	7 mL
Sel	¹/₂ c. à thé	2 mL
Noix de Grenoble (ou pacanes), hachées fin	1 tasse	250 mL
Ananas glacé, haché fin	³/₄ tasse	175 mL
Margarine dure (ou beurre), ramollie	1 tasse	250 mL
Sucre granulé	1 tasse	250 mL
Gros œufs	5	5
Ananas broyé, non égoutté	³/₄ tasse	175 mL
Essence de brandy	2 c. à thé	10 mL

Combiner les 5 premiers ingrédients dans un grand bol. Creuser un puits au centre.

Battre en crème la margarine avec le sucre dans un bol moyen. Incorporer les œufs 1 à 1 en battant. Incorporer l'ananas non égoutté et l'essence de brandy. Verser le tout dans le puits. Remuer juste assez pour humecter les ingrédients secs. Verser la pâte dans un moule à cheminée graissé de 25 cm (10 po). Cuire au four à 275 °F (140 °C) pendant 2 heures jusqu'à ce qu'un cure-dents enfoncé au centre ressorte propre. Laisser reposer 10 minutes avant de démouler et de laisser refroidir sur une grille. Couper en 24 morceaux.

1 morceau : 232 calories; 4 g de protéines; 12,8 g de matières grasses totales; 27 g de glucides; 168 mg de sodium; 1 g de fibres alimentaires

Photo ci-contre.

Gâteau au citron et au rhum

Un coup de vent des Caraïbes.

Préparation pour gâteau au citron (double)	1	1
Gros œufs	4	4
Huile de cuisson	¹/₂ tasse	125 mL
Lait	¹/₂ tasse	125 mL
Zeste râpé d'un citron moyen		
Rhum foncé	¹/₂ tasse	125 mL
Glaçage :		
Sucre à glacer	1 tasse	250 mL
Jus de citron	1 c. à soupe	15 mL
Rhum foncé	1¹/₂ c. à thé	7 mL

Combiner les 6 premiers ingrédients dans un bol moyen. Battre à basse vitesse pour les humecter puis à vitesse moyenne environ 2 minutes, jusqu'à ce que le mélange soit lisse. Verser la pâte dans un moule à kugelhopf graissé de 2,7 L (12 tasses). Cuire au four à 350 °F (175 °C) environ 1 heure jusqu'à ce qu'un cure-dents enfoncé au centre ressorte propre. Laisser reposer 20 minutes puis démouler sur une assiette ou une grille et laisser refroidir.

Glaçage : Mêler le sucre à glacer, le jus de citron et le rhum dans un petit bol. Rajouter un peu de sucre à glacer ou de jus de citron au besoin pour faire un glaçage à peine liquide. En arroser le gâteau. Couper en 16 morceaux.

1 morceau : 273 calories; 3 g de protéines; 12,7 g de matières grasses totales; 33 g de glucides; 150 mg de sodium; trace de fibres alimentaires

Photo ci-contre.

En haut : Gâteau au citron et au rhum, ci-contre
Au centre : Gâteau à l'ananas et aux noix, ci-contre
En bas : Gâteau à la crème sure, ci-dessous

Gâteau à la crème sure

On le trouvait dans toutes les fermes il y a bien longtemps. La crème était abondante et facile à utiliser. Un gâteau léger et savoureux.

Farine à gâteaux (la tamiser avant de la mesurer)	1¹/₂ tasse	375 mL
Poudre à pâte	1¹/₂ c. à thé	7 mL
Bicarbonate de soude	¹/₄ c. à thé	1 mL
Sel	¹/₄ c. à thé	1 mL
Gros œufs (à la température de la pièce)	2	2
Sucre granulé	³/₄ tasse	175 mL
Vanille	1 c. à thé	5 mL
Crème sure (pas légère ou à basse teneur en gras)	²/₃ tasse	150 mL

Tamiser la farine, la poudre à pâte, le bicarbonate de soude et le sel à 2 reprises sur une grande assiette ou un morceau de papier ciré.

Battre les œufs dans un bol moyen jusqu'à ce qu'ils soient pâles, très épais et aient augmenté de volume, soit environ 5 minutes. Ajouter le sucre graduellement, à raison de 30 mL (2 c. à soupe) à la fois, en battant bien après chaque ajout. Ajouter la vanille. Remuer.

Combiner le mélange de farine et celui d'œufs en alternant en 3 fois et en commençant et terminant par la farine. Verser la pâte dans un moule graissé et fariné de 20 x 20 cm (8 x 8 po). Cuire au four à 350 °F (175 °C) pendant 30 à 35 minutes, jusqu'à ce que le gâteau soit doré et qu'un cure-dents enfoncé au centre ressorte propre. Couper en 12 morceaux.

1 morceau : 137 calories; 3 g de protéines; 2,8 g de matières grasses totales; 25 g de glucides; 104 mg de sodium; trace de fibres alimentaires

Photo ci-dessus.

Gâteau au chocolat et aux dattes

Le rêve de tout cuisinier—un gâteau sans glaçage.

Eau bouillante	1¼ tasse	300 mL
Dattes hachées	2 tasses	500 mL
Margarine dure (ou beurre), ramollie	¾ tasse	175 mL
Sucre granulé	1 tasse	250 mL
Gros œufs	2	2
Vanille	1 c. à thé	5 mL
Farine tout usage	2 tasses	500 mL
Cacao	1 c. à soupe	15 mL
Bicarbonate de soude	1 c. à thé	5 mL
Sel	½ c. à thé	2 mL
Brisures de chocolat mi-sucré	½ tasse	125 mL
Noix de Grenoble (ou pacanes), hachées	½ tasse	125 mL

Verser l'eau bouillante sur les dattes dans un petit bol. Les laisser reposer jusqu'à ce qu'elles aient refroidi.

Battre en crème la margarine avec le sucre dans un grand bol. Incorporer les œufs 1 à 1 en battant. Ajouter la vanille, puis le mélange de dattes. Remuer.

Ajouter la farine, le cacao, le bicarbonate de soude et le sel. Mélanger. Verser la pâte dans un moule graissé de 22 x 33 cm (9 x 13 po).

Répandre les brisures de chocolat et les noix sur la pâte. Cuire au four à 350 °F (175 °C) environ 40 minutes. Couper en 24 morceaux.

1 morceau : 208 calories; 3 g de protéines; 9,8 g de matières grasses totales; 30 g de glucides; 192 mg de sodium; 2 g de fibres alimentaires

Photo ci-dessous.

Gâteau au chocolat et aux dattes

Gâteau au chocolat foncé

Un gâteau savoureux, très léger. On le glace avec le glaçage au chocolat et au moka, ci-dessous.

Huile de cuisson	½ tasse	125 mL
Sucre granulé	¾ tasse	175 mL
Cassonade, tassée	1 tasse	250 mL
Gros œufs	2	2
Vanille	1 c. à thé	5 mL
Babeurre (frais ou en poudre, reconstitué)	1 tasse	250 mL
Café fort	1 tasse	250 mL
Farine tout usage	2 tasses	500 mL
Cacao (tamisé au besoin)	¾ tasse	175 mL
Bicarbonate de soude	2 c. à thé	10 mL
Poudre à pâte	1 c. à thé	5 mL
Sel	1 c. à thé	5 mL

Battre l'huile de cuisson avec le sucre et la cassonade dans un grand bol. Incorporer les œufs 1 à 1 en battant. Ajouter la vanille. Mélanger.

Incorporer le babeurre et le café en battant.

Ajouter les 5 derniers ingrédients et battre jusqu'à ce que le mélange soit lisse. La pâte est liquide. La verser dans un moule graissé de 22 x 33 cm (9 x 13 po). Cuire au four à 350 °F (175 °C) environ 45 minutes jusqu'à ce qu'un cure-dents enfoncé au centre ressorte propre. Laisser refroidir. Couper en 18 morceaux.

1 morceau (sans glaçage) : 214 calories; 3 g de protéines; 7,5 g de matières grasses totales; 35 g de glucides; 331 mg de sodium; 2 g de fibres alimentaires

Photo à la page 84.

Variante : Pour faire un gâteau à étages, verser la pâte dans 2 moules à gâteau ronds graissés de 20 cm (8 po) et cuire 30 à 35 minutes.

Glaçage au chocolat et au moka

Un savoureux mélange de café et de chocolat. Pour glacer le gâteau au chocolat foncé, ci-dessus.

Sucre à glacer	3 tasses	750 mL
Margarine dure (ou beurre), ramollie	½ tasse	125 mL
Cacao	¼ tasse	60 mL
Vanille	2 c. à thé	10 mL
Café fort	¼ tasse	60 mL

Verser les 5 ingrédients dans un bol moyen. Battre à basse vitesse pour humecter le sucre, puis à vitesse moyenne jusqu'à ce que le mélange soit lisse et crémeux. Rajouter du sucre à glacer ou du café au besoin pour obtenir un glaçage qui s'étale bien. Donne 375 mL (1½ tasse) de glaçage.

30 mL (2 c. à soupe) de glaçage : 189 calories; 1 g de protéines; 8 g de matières grasses totales; 31 g de glucides; 92 mg de sodium; 1 g de fibres alimentaires

Photo à la page 84.

Faux gâteau des anges

(version d'antan)

J'ai obtenu cette recette de mon arrière-grand-tante Francis. La méthode ne précise ni température, ni temps de cuisson, mais le résultat était toujours délicieux!

de : tante Frank

Faux gâteau des anges

1 tasse de farine   1 tasse de sucre
2 cuillerées à thé de poudre à pâte, pincée de sel; mettre tous les ingrédients dans le tamis à farine et les tamiser 4 fois; ajouter 1 tasse de lait bouillant; remuer jusqu'à ce qu'il ne reste plus de grumeaux; enfin, ajouter en pliant 2 blancs d'œufs bien battus; les incorporer délicatement en pliant jusqu'à ce qu'il n'en reste plus de trace dans la pâte; ne pas graisser le moule ou ajouter d'essence à la pâte; glacer avec un glaçage au choix.

Faux gâteau des anges

(version moderne)

Cette recette est en fait une recette et demie pour profiter du fait que les moules à cheminée sont aujourd'hui plus grands. Si l'on se sert d'un moule de 20 cm (8 po), reprendre les proportions données dans la version d'antan, ci-contre.

Farine tout usage	1½ tasse	375 mL
Sucre granulé	1½ tasse	375 mL
Poudre à pâte	1 c. à soupe	15 mL
Sel	¼ c. à thé	1 mL
Lait	1½ tasse	375 mL
Blancs de gros œufs, à la température de la pièce	3	3

Tamiser les 4 premiers ingrédients ensemble sur une grande assiette ou une feuille de papier ciré. Les tamiser encore 3 fois, puis la dernière fois, les recueillir dans un grand bol.

Porter le lait tout juste à ébullition dans une petite casserole. Retirer du feu sur-le-champ. Incorporer le lait au mélange de farine jusqu'à ce que la préparation soit lisse.

Monter les blancs d'œufs en neige ferme dans un bol moyen. Les incorporer complètement à la pâte, jusqu'à ce qu'il n'en reste plus de traces. Verser la pâte dans un moule à cheminée de 25 cm (10 po). Cuire au four à 350 °F (175 °C) environ 45 minutes, jusqu'à ce que le gâteau soit doré. Inverser le moule sur une grille et laisser refroidir. Démouler le gâteau une fois qu'il est froid. Couper en 16 morceaux.

1 morceau : 135 calories; 3 g de protéines; 0,4 g de matières grasses totales; 31 g de glucides; 68 mg de sodium; trace de fibres alimentaires

Photo ci-dessous.

Faux gâteau des anges

En haut : Gros gâteau à la noix de coco, ci-contre
En bas : Gâteau à la soupe de tomates, ci-dessous

RECETTE À L'ÉPREUVE DU TEMPS

Gâteau à la soupe de tomates

Un vieux classique, qui ne contient ni noix, ni raisins. Un gâteau moelleux, à couvrir d'un glaçage au chocolat ou à garnir de crème fouettée et de noix de Grenoble hachées.

Margarine dure (ou beurre)	½ tasse	125 mL
Sucre granulé	1 tasse	250 mL
Gros œuf	1	1
Farine tout usage	1½ tasse	375 mL
Cannelle moulue	½ c. à thé	2 mL
Muscade moulue	½ c. à thé	2 mL
Clou de girofle moulu	½ c. à thé	2 mL
Sel	½ c. à thé	2 mL
Raisins secs (facultatif)	1 tasse	250 mL
Noix de Grenoble, hachées (facultatif)	¾ tasse	175 mL
Bicarbonate de soude	1 c. à thé	5 mL
Eau chaude	2 c. à thé	10 mL
Soupe de tomates condensée	10 oz	284 mL

Battre en crème la margarine avec le sucre dans un grand bol. Ajouter le l'œuf. Bien battre le tout.

Mettre la farine, la cannelle, la muscade, le clou de girofle, le sel, les raisins secs et les noix dans un petit bol. Bien combiner.

Délayer le bicarbonate de soude dans l'eau chaude dans une petite tasse. Bien mélanger. Incorporer ce mélange à la soupe de tomates dans un petit bol. Ajouter le mélange de soupe de tomates à celui de sucre en 2 fois, en alternant avec le mélange de farine en 3 fois, en commençant et en terminant par le mélange de farine. Verser la pâte dans un moule graissé de 22 x 33 cm (9 x 13 po). Cuire au four à 325 °F (160 °C) pendant 35 à 45 minutes jusqu'à ce qu'un cure-dents enfoncé au centre ressorte propre. Laisser refroidir. Couper en 18 morceaux.

1 morceau : 150 calories; 2 g de protéines; 6,1 g de matières grasses totales; 22 g de glucides; 336 mg de sodium; 1 g de fibres alimentaires

Photo ci-dessus.

Gros gâteau à la noix de coco

Servir tiède. Ce gâteau parfumé à l'orange, à la garniture croquante, est sublime!

Eau bouillante	1½ tasse	300 mL
Flocons d'avoine à cuisson rapide (pas instantanée)	1 tasse	250 mL
Farine tout usage	1¾ tasse	425 mL
Poudre à pâte	1 c. à thé	5 mL
Bicarbonate de soude	1 c. à thé	5 mL
Sel	½ c. à thé	2 mL
Cannelle moulue	½ c. à thé	2 mL
Margarine dure (ou beurre), ramollie	½ tasse	125 mL
Sucre granulé	1 tasse	250 mL
Cassonade, tassée	½ tasse	125 mL
Gros œufs	2	2
Vanille	1 c. à thé	5 mL
Concentré de jus d'orange surgelé, dégelé	¼ tasse	60 mL
Garniture à la noix de coco :		
Margarine dure (ou beurre)	¼ tasse	60 mL
Cassonade, tassée	½ tasse	125 mL
Concentré de jus d'orange	2 c. à soupe	30 mL
Noix de coco en flocons	1 tasse	250 mL
Noix de Grenoble hachées	½ tasse	125 mL

Verser l'eau bouillante sur les flocons d'avoine dans un petit bol. Mettre de côté.

Combiner les 5 prochains ingrédients dans un autre petit bol.

Battre en crème la margarine, le sucre et la cassonade dans un grand bol. Incorporer les œufs 1 à 1 en battant. Ajouter la vanille et le concentré de jus d'orange. Mélanger.

Ajouter le mélange de flocons d'avoine en 2 fois en alternant avec le mélange de farine en 3 fois, en commençant et en terminant par le mélange de farine. Verser la pâte dans un moule graissé de 22 x 33 cm (9 x 13 po). Cuire au four à 350 °F (175 °C) environ 40 minutes jusqu'à ce qu'un cure-dents enfoncé au centre ressorte propre.

Garniture à la noix de coco : Mettre la margarine, la cassonade et le concentré de jus d'orange dans une petite casserole. Porter à ébullition en remuant. Laisser bouillir 1 minute.

Ajouter la noix de coco et les noix. Remuer. Arroser le gâteau chaud de garniture. Griller au four jusqu'à ce que la garniture soit dorée. Couper en 16 morceaux.

1 morceau : 348 calories; 4 g de protéines; 16,7 g de matières grasses totales; 47 g de glucides; 295 mg de sodium; 2 g de fibres alimentaires

Photo ci-contre.

Gâteaux impériaux

(version d'antan)

Cette recette date du tournant du siècle. Elle provient de la tante d'une bonne amie qui a émigré de l'Angleterre au Canada. On remarque que tous les ingrédients sont pesés, conformément à la méthode britannique.

Gâteaux impériaux

½ livre de sucre fin, ¼ de livre de beurre.
¼ de livre de sucre - semoule, ¼ de livre de raisins
Zeste râpé d'un demi-citron, 3 œufs de Corinthe

Battre en crème le beurre et le sucre, ajouter
la farine en la tamisant, incorporer les œufs
graduellement, puis bien battre la pâte.
Ajouter les raisins et le zeste. Battre
pendant 10 minutes. Cuire pendant 15
minutes dans des petits moules bien
graissés.

Délicats impériaux

Délicats impériaux

(version moderne)

*La margarine n'existait pas lorsque cette recette a été inventée.
Plus tard, elle s'est substituée au beurre plus coûteux.
Les cerises donnent de la couleur.*

Margarine dure (ou beurre), ramollie	½ tasse	125 mL
Sucre granulé	½ tasse	125 mL
Gros œufs	3	3
Lait	¼ tasse	60 mL
Zeste de citron râpé	1 c. à thé	5 mL
Vanille	1 c. à thé	5 mL
Farine tout usage	1¾ tasse	425 mL
Poudre à pâte	1 c. à thé	5 mL
Sel	½ c. à thé	2 mL
Raisins de Corinthe	⅓ tasse	75 mL
Cerises glacées, hachées	½ tasse	125 mL

Battre en crème la margarine avec le sucre dans un grand bol. Incorporer les œufs 1 à 1 en battant. Ajouter le lait, le zeste et la vanille. Mélanger.

Incorporer la farine, la poudre à pâte, le sel, les raisins et les cerises. Répartir la pâte dans les 24 cavités graissées de plaques à petits muffins. Cuire au four à 375 °F (190 °C) pendant 12 à 15 minutes jusqu'à ce qu'un cure-dents enfoncé au centre ressorte propre. Laisser reposer 5 minutes avant de démouler et de laisser refroidir sur une grille. Donne 24 petits gâteaux.

1 gâteau : 119 calories; 2 g de protéines; 4,8 g de matières grasses totales; 17 g de glucides; 115 mg de sodium; trace de fibres alimentaires

Photo ci-contre.

Gâteau velouté rouge

Ce triple gâteau rouge, qui a le goût d'un
gâteau blanc, faisait fureur à une certaine époque.

Farine tout usage	2½ tasses	625 mL
Cacao	1 c. à thé	5 mL
Sel	1 c. à thé	5 mL
Margarine dure (ou beurre), ramollie	½ tasse	125 mL
Sucre granulé	1½ tasse	375 mL
Gros œufs	2	2
Colorant alimentaire rouge	2 oz	56 mL
Vanille	1 c. à thé	5 mL
Babeurre (frais ou en poudre, reconstitué)	1 tasse	250 mL
Bicarbonate de soude	1 c. à thé	5 mL
Vinaigre blanc	1 c. à thé	5 mL
Glaçage :		
Lait	2 tasses	500 mL
Farine tout usage	¼ tasse	60 mL
Margarine dure (ou beurre), ramollie	2 tasses	500 mL
Sucre granulé	2 tasses	500 mL
Vanille	2 c. à thé	10 mL

Tamiser la farine avec le cacao et le sel dans un bol moyen.

Battre en crème la margarine avec le sucre dans un grand bol. Incorporer les œufs 1 à 1 en battant. Ajouter le colorant et la vanille. Ajouter le mélange de farine et le babeurre en alternant, en commençant et en terminant par le mélange de farine.

Délayer le bicarbonate de soude dans le vinaigre dans une petite tasse. Ajouter ce mélange à la pâte et remuer. Répartir la pâte dans 3 moules à gâteau rond graissés de 22 cm (9 po). Cuire au four à 350 °F (175 °C) pendant 25 à 30 minutes jusqu'à ce qu'un cure-dents enfoncé au centre ressorte propre. Laisser reposer 10 minutes avant de démouler et de laisser refroidir sur une grille. Couper chaque gâteau en 3 tranches.

Glaçage : Combiner graduellement le lait et la farine au fouet dans une petite casserole jusqu'à ce qu'il ne reste plus de grumeaux. Chauffer en remuant jusqu'à ce que la préparation bouille et épaississe.

Battre la margarine à haute vitesse. Y ajouter le sucre peu à peu jusqu'à ce qu'il soit complètement dissous. Ajouter la vanille et le mélange de lait. Battre à haute vitesse jusqu'à ce que le glaçage soit léger et mousseux. Étaler le glaçage entre les tranches et sur l'extérieur du gâteau. Couper en 16 morceaux.

1 morceau (avec le glaçage) : 565 calories; 5 g de protéines; 32 g de matières grasses totales; 66 g de glucides; 655 mg de sodium; 1 g de fibres alimentaires

Photo à la page 85.

Remarque : 2 bouteilles de 28 g (2 x 1 oz) de colorant alimentaire rouge sont égales à 60 mL (¼ tasse). Une seule bouteille contient l'équivalent de 30 mL (2 c. à soupe).

1. Gâteau Piña Colada, page 78
2. Gâteau au sirop, page 88
3. Gâteau velouté rouge, ci-dessus
4. Gâteau au chocolat foncé avec le glaçage au chocolat et au moka, page 80

En haut : Gâteau de l'amitié, ci-contre   En bas : Quatre-quarts à la cassonade, ci-dessous

Quatre-quarts à la cassonade

Le voilà—ce grand gâteau qui remonte à une époque où on ne comptait pas les calories et les grammes de gras! J'ai trouvé cette recette dans le recueil de mon arrière-grand-mère. Moelleux, plein de noix, il a un goût incomparable. Le décorer de crème fouettée.

Farine tout usage	3 tasses	750 mL
Poudre à pâte	½ c. à thé	2 mL
Sel	½ c. à thé	2 mL
Beurre (ou margarine dure), ramolli (mieux vaut le beurre)	1½ tasse	375 mL
Cassonade, tassée	4 tasses	1 L
Gros œufs	5	5
Vanille	1 c. à thé	5 mL
Essence d'érable	½ c. à thé	2 mL
Lait	1 tasse	250 mL
Pacanes (ou noix de Grenoble), hachées fin	1 tasse	250 mL

Mettre la farine, la poudre à pâte et le sel dans un bol moyen. Remuer.

Gâteau de l'amitié

Connaissez-vous la version originale? Les préparatifs prenaient trois semaines et les fruits devaient mariner dans le brandy pendant 30 jours? Celle-ci est plus rapide et coûte moins cher.

Instantané :

Jus d'orange (ou d'ananas ou de pamplemousse)	¾ tasse	175 mL
Sucre granulé	2 tasses	500 mL
Pêches tranchées, en conserve, non égouttées, coupées en morceaux	3 × 14 oz	3 × 398 mL
Gros morceaux d'ananas, en conserve, non égouttés, coupés	19 oz	540 mL
Cerises au marasquin, égouttées et coupées en moitiés (ou en quarts)	2 tasses	500 mL

Instantané : Combiner les 5 ingrédients dans un grand récipient en plastique ou en verre. Remuer. Laisser reposer une nuit à la température de la pièce. Le lendemain, égoutter les fruits et réserver le jus pour le donner à des amis qui l'utiliseront à la place du jus d'orange dans leur instantané. Il faut utiliser le jus dans les quelques jours.

Gâteau :

Fruits de l'instantané, bien égouttés		
Préparations à gâteau jaune (ou blanc) double	2	2
Gros œufs, battus à la fourchette	16	16
Huile de cuisson	1½ tasse	375 mL
Préparations à gâteau jaune (ou blanc) double	2	2
Farine tout usage	1 tasse	250 mL
Noix, hachées	4 tasses	1 L

Gâteau : Mettre les fruits égouttés et les 2 premières préparations à gâteau dans un grand bol. Remuer pour enrober les fruits. Réserver.

Combiner les œufs, l'huile de cuisson, les 2 autres préparations à gâteau et la farine dans un autre grand bol. Battre à haute vitesse environ 2 minutes, jusqu'à ce que la pâte soit lisse.

Ajouter les noix et les fruits. Remuer. Répartir la pâte dans 6 moules à pain graissés de 22 x 12,5 cm x 7,5 cm (9 x 5 x 3 po). Cuire au four à 350 °F (175 °C) pendant 1 à 1¼ heure jusqu'à ce qu'un cure-dents enfoncé au centre ressorte propre. Laisser reposer 10 minutes avant de démouler et de laisser refroidir complètement sur une grille. Donne 6 gâteaux. Couper chaque gâteau en 16 morceaux, soit 96 morceaux en tout.

1 morceau : 207 calories; 3 g de protéines; 10,6 g de matières grasses totales; 26 g de glucides; 98 mg de sodium; 1 g de fibres alimentaires

Photo ci-contre.

Gâteau éponge à la crème douce

(version d'antan)
Cette recette est tirée d'un livre publié par une église.
On peut supposer que la quantité de crème varie selon la taille
de la tasse à thé, tout comme celle de farine. La recette ne précise
ni le temps de cuisson, ni la température du four.

> Gâteau éponge à la crème douce
>
> 2 œufs cassés dans une tasse à thé; remplir la tasse de crème douce et battre jusqu'à ce que le mélange soit léger : 1 tasse de sucre, 1 1/2 tasse de farine, 2 c. à thé de poudre à pâte, une essence au goût et une pincée de sel; battre le sucre avec les œufs et la crème jusqu'à obtenir une pâte coulante. Le mieux, c'est de ne pas ajouter la farine d'un coup car si la pâte est épaisse, le gâteau éponge ne sera pas léger.

RECETTE ÉPROUVÉE PAR LE TEMPS

Gâteau de l'ermite

Ce gâteau énorme est fameux. La recette a plus de 100 ans
et contient donc du beurre, et non de la margarine.

Beurre (pas de margarine), ramolli	2 tasses	500 mL
Cassonade, tassée	3 tasses	750 mL
Gros œufs	6	6
Jus d'un citron		
Vanille	4 c. à thé	20 mL
Farine tout usage	4½ tasses	1,1 L
Poudre à pâte	4 c. à thé	20 mL
Cannelle moulue	2 c. à thé	10 mL
Sel	¼ c. à thé	1 mL
Dattes, hachées	3 tasses	750 mL
Noix de Grenoble, hachées	3 tasses	750 mL

Bien battre en crème le beurre et la cassonade dans un grand bol. Incorporer les œufs 1 à 1 en battant. Incorporer le jus de citron et la vanille.

Ajouter les 6 derniers ingrédients. Bien remuer. Verser la pâte dans un moule à cheminée graissé et fariné de 25 cm (10 po). Cuire au four à 275 °F (140 °C) pendant 2½ à 3 heures jusqu'à ce qu'un cure-dents enfoncé au centre ressorte propre. Laisser reposer 10 minutes avant de démouler et de laisser refroidir sur une grille. Couper en 24 morceaux.

1 morceau : 525 calories; 7 g de protéines; 28 g de matières grasses totales; 65 g de glucides; 224 mg de sodium; 3 g de fibres alimentaires

Photo ci-contre.

Gâteau éponge à la crème douce

(version moderne)

Autrefois, la crème à fouetter était pratiquement un ingrédient de base.
Décorer avec de la garniture fouettée.

Gros œufs	2	2
Crème à fouetter	1 tasse	250 mL
Sucre granulé	1 tasse	250 mL
Vanille	1 c. à thé	5 mL
Farine tout usage	1½ tasse	375 mL
Poudre à pâte	2 c. à thé	10 mL
Sel	½ c. à thé	2 mL

Battre les œufs dans un grand bol jusqu'à ce qu'ils soient pâles et épais. Ajouter la crème, le sucre et la vanille. Bien battre le tout.

Ajouter la ½ de la farine. Battre jusqu'à ce que la pâte soit lisse. Ajouter le reste de la farine, la poudre à pâte et le sel. Battre jusqu'à ce que la pâte soit lisse, puis la verser dans un moule graissé de 22 x 22 cm (9 x 9 po). Cuire au four à 350 °F (175 °C) environ 30 minutes jusqu'à ce qu'un cure-dents enfoncé au centre ressorte propre. Couper en 24 morceaux.

1 morceau : 103 calories; 2 g de protéines; 3,9 g de matières grasses totales; 16 g de glucides; 67 mg de sodium; trace de fibres alimentaires

Photo ci-contre.

En haut : Gâteau de l'ermite, ci-contre
En bas : Gâteau éponge à la crème douce, ci-dessus

Gâteau Lazy Daisy

Bon tiède ou froid. Sans la garniture, il se transforme en un gâteau sablé qui ne s'émiette pas. Une recette si vieille et si bonne qui se transmet au fil des années et résiste à l'épreuve du temps

Gros œufs	2	2
Sucre granulé	1 tasse	250 mL
Vanille	1 c. à thé	5 mL
Farine tout usage	1 tasse	250 mL
Poudre à pâte	1 c. à thé	5 mL
Sel	½ c. à thé	2 mL
Lait	½ tasse	125 mL
Margarine dure (ou beurre)	1 c. à soupe	15 mL
Garniture :		
Margarine dure (ou beurre)	3 c. à soupe	50 mL
Cassonade, tassée	½ tasse	125 mL
Crème (ou lait)	2 c. à soupe	30 mL
Noix de coco en flocons	½ tasse	125 mL

Battre les œufs dans un bol moyen jusqu'à ce qu'ils moussent. Ajouter graduellement le sucre sans cesser de battre jusqu'à ce que la préparation épaississe. Ajouter la vanille. Mélanger.

Combiner la farine, poudre à pâte et le sel dans un petit bol. Incorporer le tout au premier mélange.

Combiner le lait et la margarine dans une petite casserole. Chauffer jusqu'à ce que le liquide soit chaud et que la margarine ait fondu. Incorporer le tout à la pâte puis la verser dans un moule graissé de 22 x 22 cm (9 x 9 po). Cuire au four à 350 °F (175 °C) pendant 25 à 30 minutes jusqu'à ce qu'un cure-dents enfoncé au centre ressorte propre.

Garniture : Combiner les 4 ingrédients dans une petite casserole. Réchauffer jusqu'à ce que la margarine ait fondu et que la cassonade soit dissoute. Ne pas ébouillanter. Étaler la garniture sur le gâteau. Enfourner de nouveau environ 3 minutes, jusqu'à ce que la garniture bouillonne. Couper en 12 morceaux.

1 morceau : 227 calories; 3 g de protéines; 7,9 g de matières grasses totales; 37 g de glucides; 182 mg de sodium; 1 g de fibres alimentaires

Photo ci-dessous.

Gâteau au sirop

La garniture est caramélisée. Pour changer, le garnir d'une pincée de pacanes ou de noix de Grenoble hachées très fin.

Farine à gâteaux (tamiser avant de mesurer)	1¾ tasse	425 mL
Poudre à pâte	2 c. à thé	10 mL
Sel	½ c. à thé	2 mL
Margarine dure (ou beurre), ramollie	½ tasse	125 mL
Sucre granulé	¼ tasse	60 mL
Vanille	1 c. à thé	5 mL
Gros œufs	2	2
Sirop de maïs clair	¾ tasse	175 mL
Lait	½ tasse	125 mL
Garniture caramélisée :		
Blancs de gros œufs, à la température de la pièce	2	2
Sirop de maïs doré	¾ tasse	175 mL
Sucre granulé	¼ tasse	60 mL
Vanille	1 c. à thé	5 mL
Sel	⅛ c. à thé	0,5 mL

Mettre la farine dans un bol moyen. Ajouter la poudre à pâte et le sel. Remuer.

Battre en crème la margarine avec le sucre et la vanille dans un grand bol. Incorporer les œufs 1 à 1 en battant. Ajouter le sirop de maïs. Mélanger.

Ajouter le mélange de farine en 3 fois, en alternant avec le lait en 2 fois, en commençant et en terminant par le mélange de farine et en remuant jusqu'à ce que les ingrédients soient tout juste combinés. Verser la pâte dans 2 moules à gâteau rond graissés et tapissés de papier ciré de 20 cm (8 po) Cuire au four à 350 °F (175 °C) environ 30 minutes jusqu'à ce qu'un cure-dents enfoncé au centre ressorte propre. Laisser refroidir.

Garniture caramélisée : Mettre les 5 ingrédients dans un bain-marie. Battre sans arrêt au batteur électrique, au-dessus d'un bain d'eau bouillante, jusqu'à ce que des pics mous se forment quand on relève les fouets, soit environ 7 minutes. Garnir et glacer le gâteau Couper en 16 morceaux.

1 morceau : 238 calories; 3 g de protéines; 6,9 g de matières grasses totales; 42 g de glucides; 222 mg de sodium; trace de fibres alimentaires

Photo à la page 85.

Gâteau Lazy Daisy

Confections et collations

Avant le XXᵉ siècle, fudges, fondants, caramels et bonbons à la menthe étaient communs, même si la préparation était ardue puisqu'il fallait les faire bouillir, les battre et les étirer. L'invention du thermomètre à sirop a beaucoup simplifié l'évaluation du stade de cuisson du sirop. Laissez la tire-éponge et le fudge à la cassonade vous ramener en enfance, à l'époque où vous dégustiez ces délices à l'épreuve du temps au magasin du coin, mais ne négligez pas de découvrir aussi des saveurs nouvelles, comme celle du maïs éclaté à la polynésienne

Caramel russe

Brun foncé et luisant, une gâterie à tous les coups.

Margarine dure (ou beurre)	1 tasse	250 mL
Sirop de maïs	1 tasse	250 mL
Lait condensé sucré	11 oz	300 mL
Cassonade, tassée	2 tasses	500 mL
Pacanes, écrasées	1 tasse	250 mL
Vanille	1 c. à thé	5 mL

Faire fondre la margarine avec le sirop de maïs et le lait condensé dans une grande casserole. Ajouter la cassonade. Porter à ébullition. Remuer sans arrêt jusqu'à ce que la préparation atteigne le stade de grand boulé sur le thermomètre à sirop ou jusqu'à ce qu'une petite cuillerée de sirop, dans l'eau froide, forme une boule ferme, mais qui demeure malléable à l'air libre.

Incorporer les pacanes et la vanille. Verser le sirop sur une tôle à pâtisserie graissée de 28 x 43 cm (11 x 17 po). Avec un couteau chaud, couper le caramel en bouchées pendant qu'il est tiède. Envelopper dans du papier ciré. Donne 1,4 kg (3 lb) de caramel, soit environ 70 morceaux de 2,5 cm x 2,5 cm (1 x 1 po).

1 morceau : 94 calories; 1 g de protéines; 4,5 g de matières grasses totales; 14 g de glucides; 45 mg de sodium; trace de fibres alimentaires

Photo ci-contre.

Tire-éponge

On dirait une éponge de mer. La tire fond dans la bouche, mais colle aux dents comme du caramel. Les enfants savourent cette gâterie depuis des années.

Sucre granulé	1 tasse	250 mL
Sirop de maïs	1 tasse	250 mL
Vinaigre blanc	1 c. à soupe	15 mL
Bicarbonate de soude	1 c. à soupe	15 mL

Graisser un moule de 22 x 33 cm (9 x 13 po). Le mettre de côté. Mettre le sucre, le sirop de maïs et le vinaigre dans un poêlon de 3 L (3 pte). Chauffer en remuant à intensité moyenne jusqu'à ce que le sucre soit dissous et que le mélange frémisse. Laisser bouillir sans remuer jusqu'à ce que la préparation atteigne le stade de petit cassé sur le thermomètre à sirop ou jusqu'à ce qu'une petite cuillerée de la préparation, dans l'eau froide, se défasse en fils durs, mais élastiques. Retirer du feu.

Mettre le bicarbonate de soude dans une passoire à trous fin. Le secouer rapidement à la surface du sirop. Remuer sur-le-champ et juste assez pour incorporer le bicarbonate de soude. Les bulles disparaissent si on les dérange trop. Pendant que la préparation bouillonne encore, la verser dans le moule en la laissant s'étaler d'elle-même. Il ne faut pas l'étaler à la main, sinon elle s'affaisse. Laisser refroidir. Casser en morceaux. Ranger dans un contenant hermétique. Donne environ 454 g (1 lb) de tire.

28 g (1 oz) de tire : 112 calories; 0 g de protéines; 0 g de matières grasses totales; 29 g de glucides; 235 mg de sodium; 0 g de fibres alimentaires

Photo ci-dessous.

En haut : Tire-éponge
En bas : Caramel russe

Croustillants au chocolat

Croustillants au chocolat

Cette friandise rappelle une barre de chocolat célèbre dans les années 1950.

Brisures de chocolat mi-sucré	2 tasses	500 mL
Brisures de caramel écossais	2 tasses	500 mL
Arachides, hachées	½ tasse	125 mL
Boîte de croustilles ondulées, écrasées (environ 325 mL, 1⅓ tasse)	½ × 6½ oz	½ × 180 g

Faire fondre toutes les brisures dans une casserole moyenne, en remuant souvent, à feu doux.

Ajouter les arachides et les croustilles. Remuer. Dresser le mélange à raison de 15 mL (1 c. à soupe) à la fois dans des moules de papier doublés ou de papier d'aluminium pour la confiserie de 3 cm (¼ po). Donne environ 32 croustillants.

1 croustillant : 134 calories; 1 g de protéines; 6 g de matières grasses totales; 21 g de glucides; 26 mg de sodium; 1 g de fibres alimentaires

Photo ci-dessus.

CROUSTILLANTS AUX ARACHIDES : Omettre les croustilles de pommes de terre et ajouter 125 mL (½ tasse) d'arachides hachées en plus.

Caramels au miel

Un délice mou au bon goût de beurre.

Sucre granulé	2 tasses	500 mL
Miel crémeux	¼ tasse	60 mL
Crème à fouetter	1 tasse	250 mL
Beurre (pas de margarine)	½ tasse	125 mL
Vanille	1 c. à thé	5 mL

Mettre les 5 ingrédients dans un poêlon moyen. Porter à ébullition à feu moyen en remuant de temps en temps, jusqu'à ce que la préparation atteigne le stade de grand boulé sur le thermomètre à sirop ou jusqu'à ce qu'une petite cuillerée de sirop, dans l'eau froide, forme une boule ferme, mais qui demeure malléable à l'air libre. Retirer du feu. Laisser reposer 10 minutes. Bien battre jusqu'à ce que la préparation commence à épaissir. La verser rapidement dans un moule graissé de 20 x 20 cm (8 x 8 po). Laisser refroidir complètement. Diviser en 64 carrés. Donne 790 g (1¾ lb) de caramels, soit 64 carrés.

1 carré : 55 calories; trace de protéines; 2,8 g de matières grasses totales; 8 g de glucides; 17 mg de sodium; 0 g de fibres alimentaires

Photo à la page 91.

Pain bonbon aux dattes

On dirait un bonbon aux dattes moelleux.

Sucre granulé	3 tasses	750 mL
Lait	1 tasse	250 mL
Margarine dure (ou beurre)	1 c. à soupe	15 mL
Dattes, hachées (375 mL, 1½ tasse, légèrement tassées)	½ lb	225 g
Pacanes (ou noix de Grenoble), hachées	1 tasse	250 mL
Vanille	½ c. à thé	2 mL

Combiner le sucre avec le lait et la margarine dans un poêlon de 3 L (3 pte). Porter à ébullition à feu moyen en remuant. Laisser bouillir sans remuer jusqu'à ce que la préparation atteigne le stade de grand boulé sur le thermomètre à sirop ou jusqu'à ce qu'une petite cuillerée de sirop, dans l'eau froide, forme une boule ferme, mais qui demeure malléable à l'air libre. Retirer du feu.

Ajouter les dattes, les pacanes et la vanille. Bien mélanger. Verser la préparation sur une feuille de papier ciré. Avec environ le ⅓ à la fois, façonner un cordon de 12 cm (5 po). Envelopper les cordons dans une pellicule plastique. Réfrigérer. Couper chaque cordon en une vingtaine de tranches de 0,5 cm (¼ po), soit environ 60 tranches en tout. Donne 790 g (1¾ lb).

1 tranche : 68 calories; trace de protéines; 1,7 g de matières grasses totales; 14 g de glucides; 5 mg de sodium; trace de fibres alimentaires

Photo à la page 91.

RECETTE ÉPROUVÉE PAR LE TEMPS

Caramel Ryley

Je préparais ce bonbon sur le poêle à bois, après l'école—sans thermomètre à sirop! Un caramel savoureux.

Lait condensé sucré	11 oz	300 mL
Cassonade, tassée	1¼ tasse	300 mL
Margarine dure (ou beurre)	¼ tasse	60 mL
Sirop de maïs	¼ tasse	60 mL

Combiner les 4 ingrédients dans un poêlon moyen. Porter à ébullition à feu moyen en remuant sans arrêt jusqu'à ce que la préparation atteigne le stade de grand boulé sur le thermomètre à sirop ou jusqu'à ce qu'une petite cuillerée de sirop, dans l'eau froide, forme une boule ferme, mais qui demeure malléable à l'air libre. Verser dans un moule bien graissé de 20 x 20 cm (8 x 8 po). Laisser refroidir. Couper en 64 morceaux.

1 morceau : 47 calories; trace de protéines; 1,3 g de matières grasses totales; 9 g de glucides; 19 mg de sodium; trace de fibres alimentaires

Photo à la page 91.

Truffes

Convient pour une soirée élégante ou comme cadeau.

Lait condensé sucré (voir remarque)	11 oz	300 mL
Vanille	1 c. à thé	5 mL
Sel	½ c. à thé	2 mL
Carrés de chocolat mi-sucré, coupés en morceaux	9 × 1 oz	9 × 28 g
Grains de chocolat, pour enrober les truffes	2 c. à soupe	30 mL
Cacao, pour enrober les truffes	2 c. à soupe	30 mL
Pacanes (ou noisettes), hachées, pour enrober les truffes	¼ tasse	60 mL

Combiner les 4 premiers ingrédients dans un poêlon moyen. Chauffer en remuant à feu doux jusqu'à ce que le chocolat soit fondu et que le mélange soit lisse. Laisser refroidir.

S'enduire les doigts de beurre, puis façonner des boules de 2,5 cm (1 po). En rouler le ⅓ dans les graines de chocolat, le ⅓ dans le cacao et le ⅓ dans les pacanes hachées. Conserver au réfrigérateur. Donne 4 douzaines de truffes.

1 truffe enrobée : 57 calories; 1 g de protéines; 3,2 g de matières grasses totales; 7 g de glucides; 39 mg de sodium; trace de fibres alimentaires

Remarque : Pour une boîte de 398 mL (14 oz) de lait condensé sucré, utiliser 12 carrés de chocolat de 28 g (12 × 1 oz).

Variante : Omettre la vanille et ajouter 15 mL (1 c. à soupe) d'une liqueur, au goût.

TRUFFES BLANCHES : Remplacer les carrés de chocolat mi-sucré par 9 carrés de 28 g de chocolat blanc (9 × 1 oz). Omettre la vanille et ajouter 15 mL (1 c. à soupe) d'une liqueur, au goût. Enrober comme les truffes, ci-dessus, ou tremper dans du chocolat fondu comme les truffes nappées, ci-dessous.

TRUFFES NAPPÉES : Faire fondre 6 carrés de 28 g (6 × 1 oz) de chocolat mi-sucré ou de chocolat blanc avec 50 mL (3 c. à soupe) de paraffine dans une petite casserole à feu doux, en remuant souvent. Avec une fourchette, tremper les truffes 1 à 1 dans le chocolat. Les retirer du chocolat, les laisser égoutter au-dessus de la casserole puis les poser sur une feuille de papier ciré pour que le chocolat durcisse. Napper ainsi toutes les truffes.

Photo à la page 91.

Fudge double

Un bonbon crémeux, à la fois pâle et foncé. Très joli dans un assortiment.

Brisures au beurre d'arachides	1 tasse	250 mL
Brisures de chocolat mi-sucré	1 tasse	250 mL
Sucre granulé	2¼ tasses	560 mL
Crème de guimauves (bocal de 200 g, 7 oz)	1½ tasse	375 mL
Lait évaporé	¾ tasse	175 mL
Margarine dure (ou beurre)	¼ tasse	60 mL
Vanille	1 c. à thé	5 mL

Mettre les brisures au beurre d'arachides dans un bol moyen et celles au chocolat, dans un autre bol moyen.

Combiner le sucre, la crème de guimauve, le lait évaporé et la margarine dans un poêlon de 3 L (3 pte). Porter à ébullition en remuant. Laisser bouillir doucement pendant 5 minutes, en remuant sans arrêt. Retirer du feu.

Incorporer la vanille. Prélever 500 mL (2 tasses) de la préparation et la verser sur les brisures au beurre d'arachides. Remuer vigoureusement jusqu'à ce que les brisures aient fondu. Verser dans un moule graissé de 20 × 20 cm (8 × 8 po). Verser le reste du mélange de guimauve sur les brisures de chocolat. Remuer vigoureusement jusqu'à ce que les brisures aient fondu. Verser le tout sur la première couche, dans le moule. Laisser refroidir. Donne 1 kg (2¼ lb) de fudge. Couper en 48 morceaux.

1 morceau : 107 calories; 2 g de protéines; 3,7 g de matières grasses totales; 21 g de glucides; 33 mg de sodium; trace de fibres alimentaires

Photo à la page 91.

Bonbon au vinaigre

Un bonbon dur qui fond très lentement dans la bouche. Lustré, il ressemble à un bonbon au caramel écossais.

Sucre granulé	2 tasses	500 mL
Vinaigre blanc	½ tasse	125 mL
Eau	¼ tasse	60 mL
Margarine dure (ou beurre)	2 c. à soupe	30 mL
Sel, tout juste une pincée		

Mettre les 5 ingrédients dans une grande casserole. Chauffer en remuant jusqu'à ce que le sucre soit dissous. Laisser bouillir jusqu'à ce que la préparation atteigne le stade de grand boulé sur le thermomètre à sirop ou jusqu'à ce qu'une petite cuillerée de la préparation, dans l'eau froide, forme une boule ferme, mais qui demeure malléable à l'air libre. Verser dans un moule graissé de 20 × 20 cm (8 × 8 po). Laisser refroidir. Donne 454 g (1 lb). Casser en morceaux.

28 g (1 oz) : 128 calories; trace de protéines; 3 g de matières grasses totales; 26 g de glucides; 36 mg de sodium; 0 g de fibres alimentaires

Photo ci-contre.

Bonbon au vinaigre

Fudge à la cassonade, ci-dessous

Noix au sucre, ci-dessous

Fudge à la cassonade

Un fudge ferme, qui fond dans la bouche.

Cassonade, tassée	2 tasses	500 mL
Sucre granulé	1 tasse	250 mL
Sirop de maïs	2 c. à soupe	30 mL
Margarine dure (ou beurre)	2 c. à soupe	30 mL
Sel	$\frac{1}{8}$ c. à thé	0,5 mL
Lait	$\frac{2}{3}$ tasse	150 mL
Noix de coco fine (ou noix hachées fin)	$\frac{1}{2}$ tasse	125 mL

Mettre les 6 premiers ingrédients dans un poêlon moyen. Porter à ébullition à feu moyen en remuant souvent. Laisser bouillir sans remuer jusqu'à ce que la préparation atteigne le stade de petit boulé sur le thermomètre à sirop ou jusqu'à ce qu'une petite cuillerée de la préparation, dans l'eau froide, forme une boule molle qui s'aplatit sous les doigts. Retirer du feu.

Laisser refroidir jusqu'à pouvoir presque garder la main posée contre le fond de la casserole. Battre jusqu'à ce que la préparation perde son apparence lustrée et commence à épaissir. Incorporer la noix de coco. Verser dans un moule graissé de 20 x 20 cm (8 x 8 po). Laisser refroidir. Couper en 64 carrés.

1 carré : 51 calories; trace de protéines; 0,9 g de matières grasses totales; 11 g de glucides; 15 mg de sodium; trace de fibres alimentaires

Photo ci-dessus.

Remarque : Si l'on manque le moment critique où le fudge est assez liquide pour le verser dans le moule et est sur le point de prendre, on peut le façonner en cordons et rouler ceux-ci dans des noix écrasées ou hachées fin. Trancher et servir.

Noix au sucre

Irrésistibles! L'assortiment de noix est au choix, à condition d'en mettre en tout 1,1 L (4½ tasses).

Blancs de gros œufs, à la température de la pièce	2	2
Sucre granulé	1 tasse	250 mL
Sel, tout juste une pincée		
Pacanes	1½ tasse	375 mL
Noix de Grenoble	1½ tasse	375 mL
Amandes	1½ tasse	375 mL
Margarine dure (ou beurre), fondue	½ tasse	125 mL

Monter les blancs d'œufs en neige ferme dans un bol moyen. Incorporer le sucre et le sel en battant.

Incorporer les pacanes, les noix et les amandes en pliant.

Verser la margarine dans un moule de 22 x 33 cm (9 x 13 po). Étaler le mélange de noix sur la margarine. Cuire au four à 325 °F (160 °C) environ 30 minutes, en remuant toutes les 10 minutes, jusqu'à ce qu'il ne reste plus de margarine. Étaler les noix sur du papier ciré. Les séparer et les laisser refroidir. Donne 1,75 L (7 tasses) de noix.

60 mL (¼ tasse) de noix : 180 calories; 3 g de protéines; 14,7 g de matières grasses totales; 12 g de glucides; 43 mg de sodium; 2 g de fibres alimentaires

Photo ci-dessus.

Maïs éclaté épicé
au cheddar

Maïs éclaté à la
polynésienne

Maïs éclaté au chili

Maïs éclaté épicé au cheddar

Pour lui donner encore plus de piquant, augmenter la dose de Cayenne!

Margarine dure (ou beurre), fondue	¼ tasse	60 mL
Maïs éclaté (environ 60 mL, ¼ tasse, de grains)	8 tasses	2 L
Cheddar déshydraté râpé	⅓ tasse	75 mL
Sel assaisonné	1 c. à thé	5 mL
Poudre d'oignon	⅛ c. à thé	0,5 mL
Poudre d'ail	⅛ c. à thé	0,5 mL
Poudre chili	¼ c. à thé	1 mL
Poivre de Cayenne (facultatif)	⅛ c. à thé	0,5 mL

Arroser le maïs éclaté de margarine dans un grand bol. Bien remuer pour l'enrober.

Combiner les 6 derniers ingrédients dans un petit bol. Répandre le tout sur le maïs éclaté. Bien remuer pour distribuer l'assaisonnement. Donne 2 L (8 tasses).

250 mL (1 tasse) : 114 calories; 3 g de protéines; 7,8 g de matières grasses totales; 9 g de glucides; 268 mg de sodium; 1 g de fibres alimentaires

Photo ci-contre.

Maïs éclaté à la polynésienne

Un goût inattendu, qui alimente la conversation.

Margarine dure (ou beurre), fondue	¼ tasse	60 mL
Sauce soja	2 c. à thé	10 mL
Gingembre moulu	¾ c. à thé	4 mL
Sel à l'oignon	½ c. à thé	2 mL
Maïs éclaté (environ 60 mL, ¼ tasse, de grains)	8 tasses	2 L

Combiner la margarine, la sauce soja, le gingembre et le sel à l'oignon dans un grand bol.

Ajouter le maïs éclaté. Remuer pour enrober chaque morceau. Donne 2 L (8 tasses).

250 mL (1 tasse) : 95 calories; 2 g de protéines; 6,2 g de matières grasses totales; 9 g de glucides; 238 mg de sodium; 1 g de fibres alimentaires

Photo ci-contre.

Maïs éclaté au chili

Une collation qui tire sur le rouge.
On peut rajuster l'assaisonnement au goût.

Maïs éclaté (environ 60 mL, ¼ tasse, de grains)	8 tasses	2 L
Margarine dure, fondue	¼ tasse	60 mL
Sel	1 c. à thé	5 mL
Poudre chili	½ c. à thé	2 mL
Paprika	⅛ c. à thé	0,5 mL

Combiner le maïs éclaté chaud avec la margarine dans un grand bol.

Combiner le sel avec la poudre chili et le paprika dans une petite tasse. Saupoudrer le tout sur le maïs éclaté et remuer pour enrober chaque morceau. Donne 2 L (8 tasses).

250 mL (1 tasse) : 96 calories; 1 g de protéines; 6,5 g de matières grasses totales; 9 g de glucides; 410 mg de sodium; 1 g de fibres alimentaires

Photo ci-contre.

Poulet

Bien des gens gardent un souvenir ému du souper de poulet rôti des dimanches de leur enfance. Dans les campagnes de l'Ouest, pendant les difficiles années 1930, on accueillait la visite avec un souper de poulet car la volaille ne manquait pas... il n'y avait pas à chercher plus loin que la cour! Le poulet, soit rôti, soit frit dans une généreuse quantité de graisse, était vite prêt et toujours savoureux. Aujourd'hui, pratiquement tout le monde achète le poulet au magasin. Nous avons le choix de l'acheter déjà détaillé, désossé et dépouillé et de l'utiliser dans un assortiment de plats légers et sains. Le poulet sur canapé convient pour un repas complet. Le poulet au chutney, au goût nouveau, est bon sur un lit de riz ou de nouilles.

Poulet sur canapé

Poulet sur canapé

Délicatement assaisonné au cari. Un divin souper pour 6 personnes.

Demi-poitrines de poulet dépouillées et désossées (environ 680 g, 1½ lb)	6	6
Eau	2 tasses	500 mL
Bouillon de légumes en poudre	2 c. à thé	10 mL
Riz blanc à grains longs	1¼ tasse	300 mL
Eau	2½ tasses	625 mL
Crème de poulet condensée	10 oz	284 mL
Crème sure légère	½ tasse	125 mL
Cheddar mi-fort, râpé	½ tasse	125 mL
Sauce à salade légère (ou mayonnaise)	⅓ tasse	75 mL
Poudre de cari	1 c. à thé	5 mL
Eau	½ tasse	125 mL
Brocoli coupé surgelé, dégelé et grossièrement haché	1 lb	454 g

Cuire le poulet dans la première quantité d'eau additionnée du bouillon de légumes dans une grande casserole, à découvert, environ 35 minutes jusqu'à ce qu'il soit tendre. Égoutter. Laisser le poulet refroidir quelques instants, puis le couper en cubes.

Cuire le riz dans la seconde quantité d'eau dans une casserole moyenne, sous couvert, environ 20 minutes jusqu'à ce qu'il ait absorbé l'eau et soit tendre.

Combiner les 6 prochains ingrédients dans un bol moyen.

Dresser le riz à la cuillère dans une cocotte non graissée de 3 L (3 pte). Le couvrir de brocoli. Disposer le poulet sur le brocoli. Verser le mélange de crème de poulet sur le tout. Écarter légèrement le poulet et le brocoli avec une fourchette pour qu'une partie du liquide mouille le riz. Cuire au four à découvert à 350 °F (175 °C) environ 1 heure. Pour 6 personnes.

1 portion : 445 calories; 37 g de protéines; 13,2 g de matières grasses totales; 43 g de glucides; 767 mg de sodium; 3 g de fibres alimentaires

Photo ci-dessus.

Poulet et pâtes à la potagère

Un plat semblable à un ragoût, avec un bon goût de poulet rôti.

Morceaux de poulet, non dépouillés (voir remarque)	3 lb	1,4 kg
Coudes (environ 225 g, 8 oz)	2 tasses	500 mL
Eau bouillante	3 pte	3 L
Huile de cuisson (facultatif)	1 c. à soupe	15 mL
Sel	2 c. à thé	10 mL
Gros oignon, tranché	1	1
Carottes moyennes, coupées en lanières étroites de 7,5 cm (3 po) de long	4	4
Céleri, tranché fin	1 tasse	250 mL
Haricots verts (ou petits pois) surgelés	2 tasses	500 mL
Crème de champignons condensée	2 × 10 oz	2 × 284 mL
Champignons tranchés, en conserve, non égouttés	10 oz	284 mL
Sel	½ c. à thé	2 mL
Poivre	¼ c. à thé	1 mL
Garniture :		
Margarine dure (ou beurre)	2 c. à soupe	30 mL
Chapelure	½ tasse	125 mL
Cheddar mi-fort, râpé	½ tasse	125 mL

Mettre le poulet dans une petite rôtissoire. Cuire au four sous couvert à 350 °F (175 °C) pendant 1 heure jusqu'à ce qu'il soit tendre. Mettre le poulet dans un grand plat. Incliner la rôtissoire. Écumer le gras, mais laisser les sucs de cuisson dans la rôtissoire. Dépouiller et désosser le poulet, puis le hacher en bouchées.

Cuire les pâtes dans l'eau bouillante additionnée de l'huile de cuisson et de la première quantité de sel dans une marmite ou un faitout découvert pendant 5 à 7 minutes jusqu'à ce qu'elles soient tendres, mais encore fermes. Égoutter. Les mettre dans la rôtissoire. Ajouter le poulet.

Ajouter l'oignon, les carottes, le céleri et les haricots.

Combiner la crème de champignons avec les champignons non égouttés, la seconde quantité de sel et le poivre dans un bol moyen. Verser le tout dans la rôtissoire.

Garniture : Faire fondre la margarine dans une petite casserole. Incorporer la chapelure et le fromage. Répandre le tout sur le dessus du plat. Cuire au four sous couvert à 350 °F (175 °C) pendant 1¼ heure jusqu'à ce que les carottes soient tendres. Découvrir et cuire 10 minutes de plus, jusqu'à ce que la garniture sèche légèrement. Pour 8 personnes.

1 portion : 404 calories; 27 g de protéines; 14,5 g de matières grasses totales; 41 g de glucides; 1 087 mg de sodium; 4 g de fibres alimentaires

Photo ci-contre.

Remarque : On peut remplacer les morceaux de poulet par 1 L (4 tasses) de poulet cuit haché additionné de 125 mL (½ tasse) de bouillon de poulet.

Riz frit au poulet

Servir comme plat de résistance ou d'accompagnement.

Huile de cuisson	1 c. à soupe	15 mL
Gousse d'ail, émincée (ou 1 mL, ¼ c. à thé, de poudre d'ail)	1	1
Demi-poitrines de poulet dépouillées et désossées (environ 225 g, ½ lb), coupées en cubes de 2 cm (¾ po)	2	2
Huile de cuisson	1 c. à thé	5 mL
Gros œufs	3	3
Sel, une pincée		
Poivre, une pincée		
Huile de cuisson	2 c. à thé	10 mL
Oignon haché	½ tasse	125 mL
Céleri, tranché fin	¾ tasse	175 mL
Poivron rouge ou vert, en dés	¾ tasse	175 mL
Champignons frais, hachés	1 tasse	250 mL
Riz cuit froid, émietté	4 tasses	1 L
Sauce soja	2 c. à soupe	30 mL
Pois nouveaux surgelés, dégelés	1 tasse	250 mL
Oignons verts, tranchés	2	2

Faire chauffer la première quantité d'huile de cuisson dans un grand wok ou une grande poêle à revêtement antiadhésif. Ajouter l'ail et le poulet et les faire sauter environ 4 minutes jusqu'à ce que le poulet ne soit plus rose. Mettre le tout dans un bol moyen.

Faire chauffer la seconde quantité d'huile de cuisson dans le même wok. Y casser les œufs. Percer les jaunes. Saler et poivrer. Cuire environ 1 minute. Retourner les œufs. Lorsqu'ils sont cuits, les poser sur une planche et les couper en lambeaux. Les ajouter au poulet.

Faire chauffer la troisième quantité d'huile de cuisson. Ajouter l'oignon, le céleri, le poivron et les champignons et les faire revenir jusqu'à ce que l'oignon soit mou et transparent.

Ajouter le riz. Arroser le tout de sauce soja. Remuer. Ajouter les pois, les oignons verts et le mélange de poulet. Remuer jusqu'à ce que le tout soit chaud. Donne 2 L (8 tasses).

250 mL (1 tasse) : 262 calories; 14 g de protéines; 6,2 g de matières grasses totales; 36 g de glucides; 339 mg de sodium; 2 g de fibres alimentaires

Photo à la page 97.

Poulet et pâtes à la potagère

Poulet au riz et au brocoli, ci-dessous   Riz frit au poulet, page 96   Poulet ultrarapide, ci-dessous

Poulet au riz et au brocoli

Un plat doux et réconfortant,
préparé entièrement dans la même poêle à frire.

Cuisses de poulet, dépouillées (environ 900 g, 2 lb)	8	8
Sel à l'ail	½ c. à thé	2 mL
Paprika	½ c. à thé	2 mL
Poivre, une pincée		
Huile de cuisson	1 c. à soupe	15 mL
Gros oignon, tranché	1	1
Brocoli frais, bouquets réservés et tiges hachées	1 lb	454 g
Crème de champignons (ou de céleri) condensée	10 oz	284 mL
Eau	1⅔ tasses	400 mL
Vin blanc (ou vin blanc sans alcool)	⅓ tasse	75 mL
Riz étuvé non cuit	1½ tasse	375 mL
Paprika, une pincée		
Bouquets de brocoli réservés		

Saupoudrer le poulet de sel à l'ail, de paprika et de poivre. Faire dorer les morceaux des deux côtés dans l'huile de cuisson, dans une poêle à frire à revêtement antiadhésif. Mettre le poulet dans un bol moyen.

Faire revenir l'oignon dans la même poêle jusqu'à ce qu'il soit mou.

Ajouter les tiges de brocoli, la soupe, l'eau, le vin et le riz. Remuer. Porter à ébullition. Poser les morceaux de poulet sur le dessus. Saupoudrer généreusement de paprika. Couvrir. Cuire à feu doux pendant 30 minutes, en remuant le riz autour du poulet à deux reprises en cours de cuisson. Le riz devrait être presque tendre.

Incorporer les bouquets de brocoli réservés. Couvrir. Cuire environ 10 minutes jusqu'à ce que le brocoli et le riz soient tendres. Pour 4 personnes.

1 portion : 606 calories; 37 g de protéines; 15,5 g de matières grasses totales; 75 g de glucides; 935 mg de sodium; 5 g de fibres alimentaires

Photo ci-dessus.

Poulet ultrarapide

Servi sur un lit de riz, ce plat aigre-doux
ne manque ni de poulet, ni de légumes.

Demi-poitrines de poulet dépouillées et désossées (environ 680 g, 1½ lb), coupées en bouchées	6	6
Huile de cuisson	2 c. à thé	10 mL
Sel, une pincée		
Poivre, une pincée		
Céleri, tranché	2 tasses	500 mL
Champignons frais, tranchés	2 tasses	500 mL
Oignon haché	½ tasse	125 mL
Petit poivron vert, haché	1	1
Ananas broyé, en conserve, non égoutté	14 oz	398 mL
Eau	2 c. à soupe	30 mL
Fécule de maïs	2 c. à soupe	30 mL
Sauce soja	¼ tasse	60 mL
Cassonade, tassée	2 c. à soupe	30 mL
Vinaigre blanc	2 c. à soupe	30 mL
Poudre d'ail	¼ à ½ c. à thé	1 à 2 mL
Gingembre moulu	¼ à ½ c. à thé	1 à 2 mL

Cuire le poulet dans l'huile de cuisson dans une poêle à frire à revêtement antiadhésif. Saler et poivrer. Mettre le poulet dans un bol moyen.

Mettre le céleri, les champignons, l'oignon et le poivron vert dans la même poêle et les faire revenir jusqu'à ce qu'ils soient mous.

Ajouter l'ananas non égoutté. Porter à ébullition en remuant.

Combiner l'eau et la fécule de maïs dans un petit bol. Ajouter les 5 derniers ingrédients. Mélanger. Incorporer au mélange de légumes jusqu'à ce que la préparation bouille. Ajouter le poulet. Porter à nouvelle ébullition. Servir sur-le-champ. Pour 6 personnes.

1 portion : 243 calories; 30 g de protéines; 3,3 g de matières grasses totales; 24 g de glucides; 849 mg de sodium; 2 g de fibres alimentaires

Photo ci-dessus.

Poulet Chow Mein

Un plat qui plaît beaucoup. Pour réduire la teneur en sodium,
utiliser de la soupe condensée et de la sauce soja basses en sel.

Huile de cuisson	1 c. à soupe	15 mL
Demi-poitrines de poulet dépouillées et désossées (environ 680 g, 1½ lb), coupées en lanières de 6 mm, ¼ po)	6	6
Crème de champignons condensée	10 oz	284 mL
Crème de poulet condensée	10 oz	284 mL
Eau	1 tasse	250 mL
Sauce soja	¼ tasse	60 mL
Bouillon de poulet en poudre	2 c. à thé	10 mL
Nouilles Chow mein	2 tasses	500 mL
Céleri, tranché fin	2 tasses	500 mL
Oignon haché	2 tasses	500 mL
Nouilles Chow mein	2 tasses	500 mL

Faire chauffer l'huile de cuisson dans une poêle à frire à revêtement antiadhésif. Ajouter le poulet. Le faire revenir rapidement pour le faire dorer.

Combiner les soupes, l'eau, la sauce soja et le bouillon en poudre dans un grand bol. Ajouter la première quantité de nouilles Chow Mein. Ajouter le poulet. Remuer. Ajouter le céleri et l'oignon. Incorporer. Verser le tout dans une cocotte non graissée de 3 L (3 pte).

Répandre la seconde quantité de nouilles Chow Mein sur le dessus. Cuire au four à découvert à 350 °F (175 °C) pendant 1½ à 2 heures, jusqu'à ce que le plat soit très chaud. Pour 6 personnes.

1 portion : 455 calories; 34 g de protéines; 20,6 g de matières grasses totales; 33 g de glucides; 2 004 mg de sodium; 3 g de fibres alimentaires

Photo ci-dessous.

Poulet simplicité

Un plat tendre et savoureux, arrosé d'une riche sauce brune.
Le thym et le romarin donnent du goût à l'ensemble.

Morceaux de poulet, dépouillés	3 lb	1,4 kg
Oignon moyen, tranché mince	1	1
Eau	1 tasse	250 mL
Farine tout usage	3 c. à soupe	50 mL
Sauce Worcestershire	1 c. à thé	5 mL
Jus de citron	2 c. à soupe	30 mL
Sucre granulé	2 c. à soupe	30 mL
Persil en flocons	1 c. à thé	5 mL
Thym moulu	1 c. à thé	5 mL
Bouillon de poulet en poudre	2 c. à thé	10 mL
Romarin déshydraté, écrasé	½ c. à thé	2 mL
Sel	1 c. à thé	5 mL
Poivre	½ c. à thé	2 mL
Agent de brunissement liquide	1 c. à thé	5 mL

Mettre le poulet dans une cocotte non graissée de 3 L (3 pte) ou une petite rôtissoire. Répandre les tranches d'oignon tranchés sur le poulet.

Mettre les 12 derniers ingrédients dans un petit bol. Bien mélanger. Verser le tout sur le poulet. Cuire au four sous couvert à 350 °F (175 °C) environ 1½ heure jusqu'à ce qu'il soit tendre. Pour 4 à 6 personnes.

¼ de la recette : 268 calories; 38 g de protéines; 5,3 g de matières grasses totales; 15 g de glucides; 1 197 mg de sodium; 1 g de fibres alimentaires

Photo ci-dessous.

À gauche : Poulet facilité, ci-dessus   En haut, au centre : Poulet Chow Mein, ci-dessus   En bas, au centre : Poulet en sauce, page 99   À droite : Poulet au chutney, page 99

Poulet en sauce

La sauce brun foncé est riche et consistant.
Servir avec des nouilles larges ou de la purée de pommes de terre.

Margarine dure (ou beurre)	1 c. à soupe	15 mL
Demi-poitrines de poulet dépouillées et désossées (environ 680 g, 1½ lb)	6	6
Champignons frais, tranchés	2 tasses	500 mL
Sauce chili	2 c. à soupe	30 mL
Lait écrémé évaporé (ou crème légère)	½ tasse	125 mL
Bouillon de poulet en poudre	1 c. à soupe	15 mL
Sherry (ou sherry sans alcool)	1 c. à soupe	15 mL
Sachet de préparation à sauce à l'oignon	1 × 1 oz	1 × 28 g
Eau	1¼ tasse	300 mL

Faire fondre la margarine dans une poêle à frire à revêtement antiadhésif. Ajouter le poulet et le faire bien dorer des deux côtés. Le mettre dans une cocotte de 2 L (2 pte) non graissée.

Faire revenir les champignons dans la même poêle. Les éparpiller sur le poulet.

Mettre les 6 derniers ingrédients dans la poêle. Chauffer en remuant pour décoller les sucs de cuisson. Verser le tout dans la cocotte en veillant à napper complètement les champignons. Cuire au four sous couvert à 350 °F (175 °C) environ 1 heure jusqu'à ce que le poulet soit tendre. Donne environ 375 mL (1½ tasse) de sauce. Pour 6 personnes.

1 portion : 198 calories; 30 g de protéines; 4 g de matières grasses totales; 9 g de glucides; 724 mg de sodium; 1 g de fibres alimentaires

Photo à la page 98.

Poulet au romarin à la Margo

Ce plat est savoureux, tant au goût qu'à l'odeur.

Demi-poitrines de poulet dépouillées et désossées (environ 1,1 kg, 2½ lb)	10	10
Huile de cuisson	2 c. à thé	10 mL
Eau	1 tasse	250 mL
Vin blanc (ou vin blanc sans alcool)	1 tasse	250 mL
Vinaigre de vin rouge	⅓ tasse	75 mL
Fécule de maïs	1 c. à soupe	15 mL
Ketchup	¼ tasse	60 mL
Oignon, râpé	2 c. à soupe	30 mL
Gousse d'ail, émincée	1	1
Cassonade, tassée	2 c. à soupe	30 mL
Romarin déshydraté	1 c. à thé	5 mL
Origan entier déshydraté	1 c. à thé	5 mL
Aneth	1 c. à thé	5 mL
Bouillon de poulet en poudre	1 c. à thé	5 mL
Sel	1 c. à thé	5 mL
Sauce soja	1 c. à thé	5 mL
Sauce Worcestershire	1 c. à thé	5 mL
Paprika	½ c. à thé	2 mL

Saisir le poulet dans l'huile de cuisson dans une poêle à frire à revêtement antiadhésif jusqu'à ce qu'il soit doré des deux côtés, puis le mettre dans une cocotte non graissée de 2,5 L (2½ pte).

Combiner les 16 autres ingrédients dans une casserole moyenne. Porter à ébullition en remuant. Verser le tout sur le poulet. Cuire au four sous couvert à 350 °F (175 °C) environ 1 heure jusqu'à ce que le poulet soit tendre. Pour 10 personnes.

1 portion : 186 calories; 28 g de protéines; 2,5 g de matières grasses totales; 6 g de glucides; 543 mg de sodium; trace de fibres alimentaires

Photo sur la couverture.

Remarque : On peut épaissir la sauce avec 25 mL (1½ c. à soupe) de fécule de maïs combinée avec 50 mL (3 c. à soupe) d'eau. Laisser bouillir doucement en remuant jusqu'à ce que la préparation épaississe.

Poulet au chutney

Le chutney donne un léger goût sucré au poulet.
La préparation prend 30 minutes.

Demi-poitrines de poulet dépouillées et désossées (environ 680 g, 1½ lb), coupées en cubes de 12 mm (1 po)	6	6
Margarine dure (ou beurre)	1 c. à soupe	15 mL
Sel, une pincée		
Poivre, une pincée		
Lait écrémé évaporé	13½ oz	385 mL
Chutney à la mangue (ou autre), haché fin	¼ tasse	60 mL

Faire revenir le poulet dans la margarine dans une poêle à frire à revêtement antiadhésif jusqu'à ce qu'il soit doré. Saler et poivrer.

Ajouter le lait évaporé et le chutney. Remuer jusqu'à ce que la préparation bouille et épaississe légèrement. Pour 6 personnes.

1 portion : 213 calories; 33 g de protéines; 3,6 g de matières grasses totales; 11 g de glucides; 180 mg de sodium; trace de fibres alimentaires

Photo à la page 98.

Poulet au brandy

Du poulet frit nappé d'une garniture crémeuse aux champignons.

Huile de cuisson	2 c. à thé	10 mL
Demi-poitrines de poulet dépouillées et désossées (environ 680 g, 1½ lb)	6	6
Sel, une pincée		
Poivre, une pincée		
Champignons frais, tranchés	2 tasses	500 mL
Lait écrémé évaporé	½ tasse	125 mL
Brandy	1 c. à thé	5 mL

Faire chauffer l'huile de cuisson dans une poêle à frire à revêtement antiadhésif. Ajouter le poulet. Le cuire des deux côtés jusqu'à ce qu'il ne soit plus rose. Saler et poivrer. Mettre le poulet dans un plat chaud et le couvrir pour qu'il reste chaud.

Mettre les champignons dans la même poêle. Les faire revenir rapidement jusqu'à ce qu'ils soient dorés et qu'il ne reste plus de liquide.

Ajouter le lait évaporé et le brandy. Remuer jusqu'à ce que le liquide soit chaud, en raclant les sucs de cuisson collés dans le fond de la poêle. Napper le poulet de garniture. Pour 6 personnes.

1 portion : 169 calories; 29 g de protéines; 3,2 g de matières grasses totales; 4 g de glucides; 104 mg de sodium; trace de fibres alimentaires

Photo ci-dessous.

Poulet fantaisiste

Le poulet, nappé de sa sauce moutarde piquante, mijote lentement jusqu'à ce qu'il soit à point.

Margarine dure (ou beurre), fondue	⅓ tasse	75 mL
Sauce à salade (ou mayonnaise)	⅓ tasse	75 mL
Moutarde préparée	1½ c. à soupe	25 mL
Paprika	1 c. à thé	5 mL
Persil en flocons	1 c. à thé	5 mL
Sel	¾ c. à thé	4 mL
Poivre	¼ c. à thé	1 mL
Demi-poitrines de poulet dépouillées et désossées (environ 900 g, 2 lb), aplaties au maillet	8	8
Chapelure fine	1 tasse	250 mL

Combiner la margarine avec la sauce à salade, la moutarde, le paprika, le persil, le sel et le poivre dans un petit bol.

Tremper le poulet dans ce mélange, puis le rouler dans la chapelure pour bien l'enrober. Poser les morceaux de poulet en une seule couche sur une plaque à pâtisserie non graissée. Cuire au four à 325 °F (160 °C) environ 1½ heure jusqu'à ce qu'il soit tendre. Pour 8 personnes.

1 portion : 307 calories; 29 g de protéines; 14,8 g de matières grasses totales; 12 g de glucides; 626 mg de sodium; trace de fibres alimentaires

Photo ci-dessous.

À gauche : Poulet au brandy, ci-dessus   En haut, au centre : Poulet fantaisiste, ci-dessus   En bas, à droite : Poulet à la moutarde, page 10

Poulet à la moutarde

Ce poulet particulièrement tendre est d'abord pané, puis cuit au four.

Chapelure fine	3 c. à soupe	50 mL
Parmesan râpé	¼ tasse	60 mL
Moutarde sèche	1 c. à thé	5 mL
Romarin moulu	½ c. à thé	2 mL
Sel (facultatif)	½ c. à thé	2 mL
Poivre	¼ c. à thé	1 mL
Demi-poitrines de poulet dépouillées et désossées (environ 680 g, 1½ lb)	6	6
Eau chaude	¼ tasse	60 mL
Bouillon de poulet en poudre	2 c. à thé	10 mL
Crème sure légère	¾ tasse	175 mL

Paprika, une pincée

Mettre les 6 premiers ingrédients dans un petit bol. Bien mélanger.

Tremper le poulet dans le mélange pour l'enrober, puis le poser sur une lèchefrite graissée.

Délayer le bouillon en poudre dans l'eau chaude dans un autre petit bol. Bien remuer. Ajouter la crème sure. Remuer jusqu'à ce que le mélange soit lisse, puis en napper chaque morceau de poulet.

Saupoudrer de paprika. Cuire au four à 350 °F (175 °C) environ 40 minutes jusqu'à ce que le poulet soit tendre. Pour 6 personnes.

1 portion : 197 calories; 31 g de protéines; 5,4 g de matières grasses totales; 5 g de glucides; 415 mg de sodium; trace de fibres alimentaires

Photo aux pages 100 et 101.

À droite : Poulet cordon-bleu inversé, ci-contre

Poulet cordon-bleu inversé

Ce plat a le goût du cordon-bleu traditionnel, mais la préparation est bien plus simple.

Margarine dure (ou beurre)	1 c. à soupe	15 mL
Demi-poitrines de poulet dépouillées et désossées (environ 680 g, 1½ lb)	6	6
Jus de pommes	1 tasse	250 mL
Grosses tranches de jambon cuit (environ 225 g, 8 oz)	6	6
Fromage suisse, tranché fin	9 oz	255 g
Sauce :		
Sucre granulé	4 c. à thé	20 mL
Farine tout usage	1 c. à soupe	15 mL
Moutarde sèche	½ c. à thé	2 mL
Sel	¼ c. à thé	1 mL
Jus réservé, additionné d'eau au besoin pour faire	1 tasse	250 mL
Vinaigre blanc	4 c. à thé	20 mL
Lait écrémé évaporé (ou crème légère)	¼ tasse	60 mL
Oignons verts, hachés	3	3

Faire fondre la margarine dans une poêle à frire à revêtement antiadhésif. Ajouter le poulet et le saisir rapidement des deux côtés.

Ajouter le jus de pomme. Couvrir. Laisser mijoter environ 15 minutes jusqu'à ce que le poulet ne soit plus rose. Mettre le poulet dans un grand plat. Réserver le jus de cuisson.

Poser les tranches de jambon sur un plan de travail. Poser ½ tranche de fromage sur chaque tranche de jambon, au centre. Poser une demi-poitrine de poulet sur chaque morceau de fromage. Recouvrir avec une autre demi-tranche de fromage. Replier le jambon sur le fromage. Poser le tout, côté replié au fond, dans une cocotte peu profonde, non graissée, de 2 L (2 pte). Cuire au four sous couvert à 350 °F (175 °C) environ 8 minutes jusqu'à ce que le fromage soit fondu.

Sauce : Combiner le sucre, la farine, la moutarde et le sel dans une petite casserole.

Incorporer le jus en remuant jusqu'à ce qu'il ne reste plus de grumeaux. Ajouter le vinaigre et le lait évaporé. Chauffer en remuant jusqu'à ce que la sauce bouille et épaississe.

Incorporer les oignons verts. Napper le poulet de sauce. Pour 6 personnes.

1 portion : 423 calories; 47 g de protéines; 19,2 g de matières grasses totales; 13 g de glucides; 832 mg de sodium; trace de fibres alimentaires

Photo ci-contre.

Poulet au gingembre

Excellent tel quel ou accompagné d'une trempette aux arachides ou au chili.

Sauce soja	½ tasse	125 mL
Miel liquide	⅓ tasse	75 mL
Vinaigre blanc	3 c. à soupe	50 mL
Poudre d'ail (ou 2 gousses, émincées)	½ c. à thé	2 mL
Gingembre frais, râpé	1 c. à soupe	15 mL
Demi-poitrines de poulet dépouillées et désossées (environ 900 g, 2 lb), coupées en bouchées	8	8

Combiner les 5 premiers ingrédients dans un petit bol.

Ajouter le poulet. Remuer. Couvrir hermétiquement et laisser mariner au réfrigérateur environ 3 heures, en remuant de temps en temps.

Poser le poulet nappé de marinade sur une plaque à pâtisserie graissée. Cuire au four à 375 °F (190 °C) environ 25 minutes, en remuant une ou deux fois en cours de cuisson. Pour 8 personnes.

1 portion : 188 calories; 29 g de protéines; 1,5 g de matières grasses totales; 14 g de glucides; 1 165 mg de sodium; trace de fibres alimentaires

Photo à la page 103.

Variante : Faire tremper 8 brochettes en bambou de 25 cm (10 po) dans l'eau pendant 10 minutes. Aplatir les morceaux de poulet avec un maillet et les couper en longues lanières. Mariner le poulet tel qu'indiqué ci-dessus. Enfiler les morceaux de poulet sur les brochettes. Jeter la marinade. Poser les brochettes sur une plaque à pâtisserie graissée. Cuire au four à 375 °F (190 °C) environ 25 minutes. Donne 8 brochettes.

Photo à la page 103.

Poulet glacé

Un joli plat. Pour simplifier le nettoyage, tapisser le récipient de papier d'aluminium.

Morceaux de poulet, dépouillés	3 lb	1,4 kg
Sauce à salade (ou mayonnaise)	⅔ tasse	150 mL
Sauce chili	2 c. à soupe	30 mL
Relish de cornichons sucrés	1 c. à soupe	15 mL
Jus de citron	1 c. à soupe	15 mL
Sauce Worcestershire	1 c. à thé	5 mL
Sachet de préparation de soupe à l'oignon	1 × ¼ oz	1 × 38 g
Confiture d'abricots	½ tasse	125 mL
Cassonade, tassée	1 c. à soupe	15 mL

Mettre le poulet dans une cocotte graissée de 3 L (3 pte) or une petite rôtissoire.

Combiner la sauce à salade avec la sauce chili, le relish, le jus de citron et la sauce Worcestershire dans un petit bol. Incorporer la préparation de soupe, la confiture et la cassonade. Napper chaque morceau de poulet de ce mélange. Cuire au four à découvert à 350 °F (175 °C) environ 1 heure jusqu'à ce que le poulet soit tendre. Arroser à mi-cuisson. Pour 4 à 6 personnes.

¼ de la recette : 737 calories; 57 g de protéines; 35 g de matières grasses totales; 47 g de glucides; 1 515 mg de sodium; 1 g de fibres alimentaires

Photo à la page 103.

Suprême de poulet

La garniture croustillante et dorée est savoureuse.

Demi-poitrines de poulet dépouillées et désossées (environ 680 g, 1½ lb)	6	6
Crème sure sans gras	1 tasse	250 mL
Jus de citron	2 c. à soupe	30 mL
Sauce Worcestershire	1 c. à thé	5 mL
Poudre d'ail (ou 1 gousse, émincée)	¼ c. à thé	1 mL
Sel de céleri	1 c. à thé	5 mL
Paprika	1 c. à thé	5 mL
Sel	1 c. à thé	5 mL
Poivre	¼ c. à thé	1 mL
Céréales de flocons de maïs, grossièrement écrasées (mais pas réduites en chapelure)	1¾ tasse	425 mL
Margarine dure (ou beurre), fondue	3 c. à soupe	50 mL

Mettre le poulet dans un bol moyen ou un sac de plastique muni d'une fermeture.

Combiner les 8 prochains ingrédients dans un petit bol. Verser le tout sur le poulet. Remuer légèrement pour napper tous les morceaux. Couvrir ou sceller. Laisser mariner au frais pendant 6 heures ou jusqu'au lendemain.

Enrober les morceaux de poulet, 1 à 1, de céréales écrasées. Les poser sur une plaque à pâtisserie graissée. Répéter. On peut réfrigérer pendant 1 à 2 heures pour que la garniture soit plus croustillante.

Arroser de margarine. Cuire au four à 350 °F (175 °C) environ 1 heure jusqu'à ce que le poulet soit tendre. Pour 6 personnes.

1 portion : 225 calories; 29 g de protéines; 6,9 g de matières grasses totales; 10 g de glucides; 931 mg de sodium; trace de fibres alimentaires

Photo à la page 103.

1. Poulet au gingembre, ci-contre
2. Poulet glacé, ci-contre
3. Poulet continental, page 104
4. Suprême de poulet, ci-contre

Poulet continental

Ce plat peut cuire à la mijoteuse ou au four.
Les canneberges et la sauce épaisse sont fort jolies.

Demi-poitrines de poulet dépouillées et désossées (environ 1,4 kg, 3 lb)	12	12
Sauce de canneberges entières	1¼ tasse	300 mL
Sachet de préparation de soupe à l'oignon (le secouer avant de le diviser)	1 × ¼ oz	1 × 38 g
Vinaigrette à la française	½ tasse	125 mL
Sucre granulé	1 c. à soupe	15 mL
Poivre	⅛ c. à thé	0,5 mL

Mettre le poulet dans une mijoteuse de 5 L (5 pte).

Combiner les 5 derniers ingrédients dans un petit bol. Dresser le tout sur le poulet. Couvrir. Cuire à faible intensité pendant 8 à 10 heures ou à haute intensité pendant 4 à 5 heures. Pour 12 personnes.

1 portion : 224 calories; 27 g de protéines; 5,9 g de matières grasses totales; 15 g de glucides; 415 mg de sodium; trace de fibres alimentaires

Photo à la page 103.

Remarque : On peut aussi cuire le poulet au four, sous couvert, dans une cocotte non graissée de 4 L (4 pte) à 325 °F (160 °C) pendant 1½ à 2 heures.

Poulet phyllo

Cette recette donne 1 pochette.
Pour en faire plus, multiplier la recette par le nombre de portions.

Feuilles de pâte phyllo	2	2
Margarine dure (ou beurre), fondue	1 c. à soupe	15 mL
Fromage à la crème léger tartinable, écrasé à la fourchette pour le ramollir	1 c. à soupe	15 mL
Piments doux, hachés	1½ c. à thé	7 mL
Demi-poitrine de poulet dépouillée et désossée (environ 113 g, ¼ lb), aplatie au maillet et coupée en lanières étroites	1	1
Sel, une pincée		
Poivre, une pincée		
Champignon frais moyen, tranché	1	1

Poser 1 feuille de pâte sur un plan de travail. La badigeonner de margarine. La plier en deux sur la diagonale. Refaire ces étapes avec l'autre feuille. Poser la seconde feuille sur la première, en direction opposée.

Étaler le fromage à la crème, en un rond de 10 cm (4 po) de diamètre, au centre de la pâte. Répandre les piments doux sur le fromage, puis poser les lanières de poulet dessus. Saler et poivrer. Poser les tranches de champignon sur le poulet. Ramener les bouts de la pâte sur le dessus et les pincer pour sceller la pochette. Froncer les extrémités vers l'extérieur. Placer sur une plaque à pâtisserie graissée. Cuire au four à 350 °F (175 °C) environ 30 minutes. La pâte doit être dorée et croustillante en fin de cuisson. Servir sur-le-champ pour éviter que la pâte se détrempe. Donne 1 pochette.

1 pochette : 409 calories; 33 g de protéines; 15,8 g de matières grasses totales; 32 g de glucides; 619 mg de sodium; 1 g de fibres alimentaires

Photo ci-contre.

En haut : Jambon et poulet en croûte, ci-dessous
En bas : Poulet phyllo, ci-contre

Jambon et poulet en croûte

On peut aussi cuire ces délicats colis dans de la pâte feuilletée. Pour qu'ils soient luisants, badigeonner la pâte avec un œuf battu avant d'enfourner. Semblable au poulet cordon-bleu, mais en plus simple.

Margarine dure (ou beurre)	1 c. à soupe	15 mL
Thym déshydraté	¼ c. à thé	1 mL
Demi-poitrines de poulet dépouillées et désossées (environ 680 g, 1½ lb)	6	6
Sel, une pincée		
Poivre, une pincée		
Pâte brisée pour une tarte double		
Tranches de jambon cuit	6	6
Tranches de gruyère (ou de brie ou de fromage suisse)	6	6

Combiner la margarine et le thym dans une poêle à frire à revêtement antiadhésif.

Ajouter le poulet. Le faire revenir jusqu'à ce qu'il ne soit plus rose. Saler et poivrer. Laisser refroidir.

Diviser la pâte en 2. En abaisser une moitié en un rectangle de 20 × 45 cm (8 × 18 po). Couper le rectangle en 3 rectangles de 20 × 15 cm (8 × 6 po). Tailler les tranches de jambon pour qu'elles soient de la même taille que les morceaux de poulet. Poser 1 tranche de jambon près du bord étroit de chaque rectangle de pâte. Poser le fromage et le poulet sur le jambon. Replier la pâte et la rouler pour enfermer complètement le poulet. Humecter les bouts et le dessus et pincer la pâte pour la sceller. Inciser le dessus. Refaire ces étapes avec le reste de la pâte. Poser les petits colis sur une plaque à pâtisserie non graissée. Cuire au four à 400 °F (205 °C) pendant 25 à 30 minutes jusqu'à ce que la pâte soit dorée. Pour 6 personnes.

1 portion : 595 calories; 43 g de protéines; 33,7 g de matières grasses totales; 28 g de glucides; 1 001 mg de sodium; 1 g de fibres alimentaires

Photo ci-dessus.

Condiments

Il a fallu attendre jusqu'en 1906, année de la parution du livre de cuisine Fannie Farmer, pour trouver un réel assortiment de beurres et de tartinades. Aujourd'hui, il existe une foule de condiments différents, dont chutneys, compotes, salsas, et relishes, pour relever tous les plats. Les cinq recettes données ici sont des classiques que vous pourrez transmettre à vos enfants qui les transmettront aux leurs. Servez le porc avec de la compote de fruits au cari. Le chow-chow des Maritimes, présent dans toutes les familles, accompagne toutes les viandes.

RECETTE À L'ÉPREUVE DU TEMPS

Prunes épicées

Une vieille recette de famille, particulièrement bonne avec du jambon ou du bœuf froid et aussi avec du fromage à la crème, du fromage cottage ou simplement à la cuillère.

Prunes à pruneaux	3½ lb	1,6 kg
Sucre granulé	6 tasses	1,5 L
Cannelle moulue	1 c. à soupe	15 mL
Clou de girofle moulu	1½ c. à thé	7 mL
Sel	½ c. à thé	2 mL
Vinaigre blanc	1½ tasse	375 mL

Couper les prunes en deux et les dénoyauter. À moins d'avoir un robot culinaire, couper chaque moitié de prunes en au moins 8 morceaux. Autrement, couper chaque moitié en 3 ou 4 morceaux pour les hacher au mélangeur ou au robot plus tard. Mettre les morceaux dans une marmite ou un faitout.

Ajouter les 5 derniers ingrédients. Chauffer à feu vif en remuant jusqu'à ce que le sucre soit dissous. Porter à ébullition. Laisser bouillir, en remuant de temps en temps, environ 5 minutes jusqu'à ce que les prunes soient molles. Laisser refroidir. Passer les prunes dans le robot ou le mélangeur en plusieurs tournées. Il devrait rester des petits morceaux de la peau des prunes dans la purée. Remettre la purée dans la marmite. Porter à ébullition. Laisser bouillir, en remuant souvent, jusqu'à ce que la purée épaississe au goût. Remplir des bocaux chauds stérilisés jusqu'à 6 mm (¼ po) du couvercle. Poser les disques hermétiques stérilisés sur les bocaux et visser la bande bien fermement en place. Pour éviter les pertes, on peut conditionner les bocaux dans un bain d'eau bouillante pendant 10 minutes. Donne 2,75 L (11 tasses).

125 mL (½ tasse) : 261 calories; 1 g de protéines; 0,5 g de matières grasses totales;
    67 g de glucides; 63 mg de sodium; 1 g de fibres alimentaires

Photo ci-contre.

Compote de fruits au cari

Cette compote cuit au four ou dans une mijoteuse. Aussi belle que bonne, légèrement parfumée au cari. La servir chaude ou froide, avec de la crème glacée ou du bœuf, du poulet ou du porc.

Pêches tranchées, en conserve, non égouttées	14 oz	398 mL
Poires en moitiés, en conserve, chacune coupée en 3 morceaux, jus réservé	14 oz	398 mL
Petits morceaux d'ananas, en conserve, jus réservé	14 oz	398 mL
Quartiers de mandarine, en conserve, égouttées	12 oz	341 mL
Cerises au marasquin	20	20
Cassonade, tassée	¾ tasse	175 mL
Fécule de maïs	3 c. à soupe	50 mL
Poudre de cari	1½ c. à thé	7 mL
Tous les jus réservés, environ	2 tasses	500 mL

Mettre tous les fruits dans une mijoteuse de 3,5 L (3½ pte).

Combiner la cassonade avec la fécule de maïs et la poudre de cari dans une petite casserole. Ajouter le jus réservé. Chauffer en remuant jusqu'à ce que la préparation bouille et épaississe. Verser le tout sur les fruits. Couvrir. Cuire à faible intensité pendant 3 heures. Donne 1,55 L (6¼ tasses).

125 mL (½ tasse) : 32 calories; trace de protéines; trace de matières grasses totales;
    8 g de glucides; 2 mg de sodium; trace de fibres alimentaires

Photo ci-dessous.

Remarque : On peut aussi cuire la compote au four, sous couvert, dans une cocotte non graissée de 2 L (2 pte) à 350 °F (175 °C) pendant 30 à 40 minutes jusqu'à ce qu'elle soit chaude.

Prunes épicées

Compote de fruits au cari

En haut : Beurre à l'ancienne, ci-dessous
Au centre : Chow-chow des Maritimes, ci-contre
En bas : Pêches au vinaigre, ci-contre

Beurre à l'ancienne

La fabrication du beurre est presque un art perdu.
Rassemblez petits et grands pour faire de la crème douce pasteurisée.
Autrefois, on se servait de crème surie non pasteurisée.

Crème à fouetter, réfrigérée	2 tasses	500 mL
Beaucoup d'eau froide		
Sel	1/8 c. à thé	0,5 mL

Battre la crème à fouetter à haute vitesse dans un grand bol en remuant jusqu'à ce que la préparation épaississe. Il s'agit maintenant de crème fouettée. Continuer de battre jusqu'à ce que l'apparence lisse et lustrée devienne granuleuse. Continuer de battre jusqu'à ce que la crème commence à se séparer en particules et en liquide. Arrêter de battre à l'occasion pour vérifier si les particules s'unissent quand on les repousse avec une cuillère ou si elles peuvent être ramassées avec une cuillère. Lorsque le mélange devient grumeleux, le recueillir dans un petit bol avec une écumoire ou passer le tout dans une passoire. Le liquide est du babeurre, les grumeaux sont du beurre.

Réunir les grumeaux en 1 motte. Verser de l'eau froide sur le beurre. Travailler à la cuillère jusqu'à ce que l'eau ait une apparence laiteuse. Égoutter. Répéter jusqu'à ce que l'eau reste claire. Il faut au moins 4 rinçages. Continuer de baratter pour extraire toute l'eau du beurre.

Saupoudrer de sel. Incorporer. Presser le beurre dans un petit récipient. Donne 175 mL (3/4 tasse).

10 mL (2 c. à thé) : 46 calories; trace de protéines; 5,2 g de matières grasses totales;
   0 g de glucides; 53 mg de sodium; 0 g de fibres alimentaires

Photo ci-dessus.

Pêches au vinaigre

Servir chaudes ou froides avec du jambon, du bœuf ou du porc cuit.

Sucre granulé	1 1/3 tasse	325 mL
Vinaigre blanc	1/2 tasse	125 mL
Bâtons de cannelle (de 7,5 cm, 3 po) cassés	3	3
Clous de girofle entiers	10	10
Pêches fraîches (ou surgelées), tranchées (environ 625 mL, 2 1/2 tasses)	1 1/2 lb	680 g

Mettre le sucre et le vinaigre dans une casserole moyenne. Emballer la cannelle et les clous de girofle dans une petite étamine et les mettre dans la casserole. Remuer.

Ajouter les pêches. Chauffer, en remuant de temps en temps, jusqu'à ce que les pêches soient molles. Jeter l'étamine. Laisser refroidir. Réfrigérer. Au moment de servir, égoutter, en réservant le jus pour ranger les pêches qui restent. Donne 625 mL (2 1/2 tasses).

125 mL (1/2 tasse) : 153 calories; 1 g de protéines; 0,1 g de matières grasses totales;
   40 g de glucides; trace de sodium; 2 g de fibres alimentaires

Photo ci-contre.

Remarque : Mettre les bâtons de cannelle dans un sac de plastique et les briser avec le fond d'un verre.

 RECETTE ÉPROUVÉE PAR LE TEMPS

Chow-chow des Maritimes

Tripler cette bonne vieille recette pour en offrir à la famille et aux amis.
Particulièrement bon avec les viandes en sauce, bœuf, porc, poulet ou dinde.

Tomates vertes moyennes, tiges et queues ôtées, tranchées	5 1/3 lb	2,5 kg
Oignons, coupés en morceaux	1 1/2 lb	680 g
Gros sel (pour marinades)	1/3 tasse	75 mL
Sucre granulé	3 1/3 tasses	825 mL
Épices mélangées pour marinades, nouées dans une étamine double	4 1/2 c. à soupe	67 mL
Curcuma	2 c. à thé	10 mL
Vinaigre blanc	2 tasses	500 mL

Mettre les tomates, les oignons et le sel dans une grande casserole. Couvrir et laisser reposer sur le comptoir jusqu'au lendemain. Égoutter.

Ajouter les 4 derniers ingrédients. Le vinaigre devrait à peine couvrir les légumes. S'il y en a trop, le chow-chow sera trop liquide. Chauffer en remuant jusqu'à ce que le sucre soit dissous. Porter à ébullition. Laisser mijoter à découvert, en remuant de temps en temps, pendant 2 heures. Rajouter du curcuma pour faire plus de couleur ou du sucre au goût. Pour être sûr du goût, laisser refroidir une cuillerée de la préparation avant de goûter. Jeter l'étamine. Remplir des bocaux chauds stérilisés jusqu'à 12 mm (1/2 po) du couvercle. Poser les disques hermétiques stérilisés sur les bocaux et visser la bande bien fermement en place. Pour éviter les pertes, on peut conditionner les bocaux dans un bain d'eau bouillante pendant 5 minutes. Donne 2 L (8 tasses).

125 mL (1/2 tasse) : 232 calories; 2 g de protéines; 0,4 g de matières grasses totales;
   58 g de glucides; 1183 mg de sodium; 3 g de fibres alimentaires

Photo ci-contre.

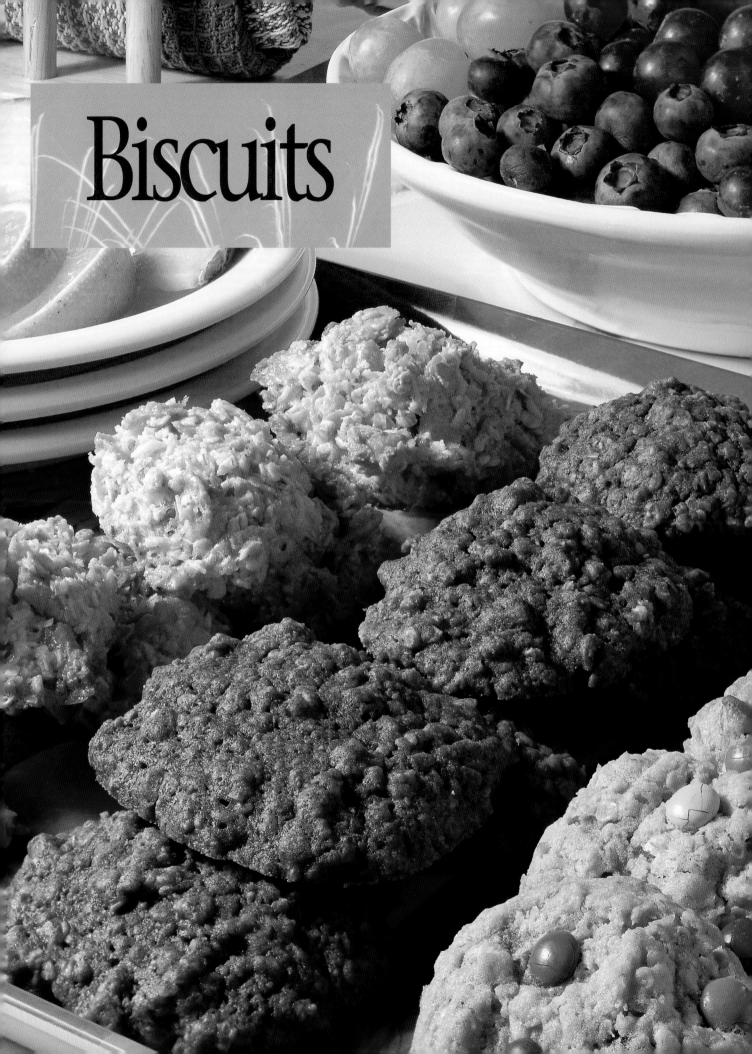

Biscuits

Biscuits

Dans le temps où les fours ne dégageaient pas une chaleur égale, les biscuits étaient souvent brûlés ou irrégulièrement dorés. Dans les années 1920, les cuisinières à gaz ont commencé à remplacer peu à peu celles au charbon, au bois et au pétrole. L'évolution du four a très certainement influencé le choix des biscuits faits maison. Les ermites, les macarons, les biscuits au sucre, les biscuits à la mélasse et les biscuits au gingembre ne sont que quelques variétés que l'on retrouve dans la majorité des livres de cuisine parus à la fin du siècle dernier et encore aujourd'hui. Lorsque la cuisinière électrique est entrée dans les foyers dans les années 1930, la cuisson de biscuits maison était pratique courante jusqu'à ce que la Seconde Guerre mondiale entraîne le rationnement du sucre et du beurre. Après la guerre, bien des gens ont commencé à varier les recettes de biscuits. Avec l'accélération du mode de vie vers la fin du XXᵉ siècle, les mélanges à biscuits, la pâte réfrigérée, prête à trancher et cuire, sont devenues la mode. Servez un assortiment de souvenirs avec les bouchées molles à la mélasse, les biscuits de la guerre et les ermites.

1. **Macarons aux flocons d'avoine**, ci-contre
2. **Biscuits au chocolat et aux flocons d'avoine**, ci-contre
3. **Biscuits du grand chapiteau**, page 109

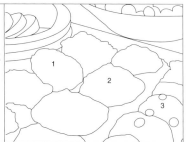

Biscuits au chocolat et aux flocons d'avoine

Mous au centre et croquants à l'extérieur.
Le chocolat et les flocons d'avoine s'équilibrent bien.

Margarine dure (ou beurre), ramollie	½ tasse	125 mL
Sucre granulé	1 tasse	250 mL
Gros œuf	1	1
Lait	¼ tasse	60 mL
Vanille	1 c. à thé	5 mL
Carrés de chocolat non sucré, coupés en morceaux	2 × 1 oz	2 × 28 g
Flocons d'avoine à cuisson rapide (pas instantanée)	1½ tasse	375 mL
Farine tout usage	1 tasse	250 mL
Poudre à pâte	2 c. à thé	10 mL
Sel	⅛ c. à thé	0,5 mL

Battre en crème la margarine avec le sucre dans un grand bol. Incorporer l'œuf en battant. Ajouter le lait et la vanille. Battre.

Chauffer le chocolat à feu doux dans une petite casserole en remuant souvent jusqu'à ce qu'il soit fondu. L'ajouter à la pâte. Remuer.

1 Ajouter les flocons d'avoine, la farine, la poudre à pâte et le sel. Bien mélanger. Dresser la pâte avec une cuillère à soupe sur une tôle à biscuits graissée. Cuire au four à 350 °F (175 °C) pendant 12 à 15 minutes. Donne environ 3 douzaines de biscuits.

1 biscuit : 85 calories; 1 g de protéines; 4 g de matières grasses totales; 12 g de glucides; 46 mg de sodium; 1 g de fibres alimentaires

Photo à la page 107.

Macarons aux flocons d'avoine

Des flocons d'avoine croquants parfumés au goût particulier de noix de coco. Ces biscuits ressemblent à des macarons et non à des biscuits aux flocons d'avoine.

Margarine dure (ou beurre), ramollie	2 c. à soupe	30 mL
Sucre granulé	½ tasse	125 mL
Gros œufs	2	2
Céréales de flocons de maïs	2 tasses	500 mL
Flocons d'avoine à cuisson rapide (pas instantanée)	¾ tasse	175 mL
Noix de coco moyenne (ou en flocons)	⅔ tasse	150 mL
Poudre à pâte	½ c. à thé	2 mL
Sel	½ c. à thé	2 mL

Battre la margarine avec le sucre et les œufs dans un bol moyen jusqu'à ce que le mélange soit lisse et ait gonflé.

Incorporer les 5 derniers ingrédients. Dresser la pâte avec une cuillère à soupe sur une tôle à biscuits graissée. Cuire au four à 350 °F (175 °C) pendant 13 à 15 minutes. Donne 2 douzaines de biscuits.

1 biscuit : 69 calories; 1 g de protéines; 3,3 g de matières grasses totales; 9 g de glucides; 99 mg de sodium; trace de fibres alimentaires

Photo à la page 107.

Biscuits du grand chapiteau

Croquants à l'extérieur et mous à l'intérieur.
Les bonbons colorés leur donnent un air de cirque.

Margarine dure (ou beurre), ramollie	1 tasse	250 mL
Cassonade, tassée	2 tasses	500 mL
Gros œufs	2	2
Vanille	1 c. à thé	5 mL
Farine tout usage	2 tasses	500 mL
Poudre à pâte	1 c. à thé	5 mL
Bicarbonate de soude	½ c. à thé	2 mL
Sel	½ c. à thé	2 mL
Flocons d'avoine à cuisson rapide (pas instantanée)	2 tasses	500 mL
Noix de Grenoble (ou pacanes), hachées	½ tasse	125 mL
Pépites de chocolat enrobées de bonbon (environ 85 g, 3 oz)	⅓ tasse	75 mL

Battre en crème la margarine et la cassonade dans un grand bol. Incorporer les œufs 1 à 1 en battant. Ajouter la vanille. Mélanger.

Combiner les 6 prochains ingrédients dans un bol moyen. Ajouter le tout au premier mélange. Incorporer. Dresser la pâte avec une cuillère à soupe sur une tôle à biscuits graissée.

Enfoncer les petits bonbons dans la pâte. Cuire au four à 400 °F (205 °C) pendant 10 à 12 minutes. Donne environ 4½ douzaines de biscuits.

1 biscuit : 113 calories; 2 g de protéines; 5,1 g de matières grasses totales; 16 g de glucides; 87 mg de sodium; 1 g de fibres alimentaires

Photo à la page 107.

Croquants aux flocons d'avoine

Tièdes, ils sont moelleux; froids, ils sont croquants.

Margarine dure (ou beurre), ramollie	1 tasse	250 mL
Cassonade, tassée	1½ tasse	375 mL
Gros œuf	1	1
Sirop de maïs	½ tasse	125 mL
Mélasse de fantaisie	¼ tasse	60 mL
Vanille	1 c. à thé	5 mL
Flocons d'avoine à cuisson rapide (pas instantanée)	2½ tasses	625 mL
Farine tout usage	2½ tasses	625 mL
Bicarbonate de soude	2 c. à thé	10 mL
Cannelle moulue	1 c. à thé	5 mL
Muscade moulue	1 c. à thé	5 mL
Piment de la Jamaïque moulu	1 c. à thé	5 mL

Battre en crème la margarine, la cassonade et l'œuf dans un grand bol. Incorporer le sirop de maïs, la mélasse et la vanille.

Ajouter les 6 derniers ingrédients. Bien mélanger. Façonner des boulettes de 2,5 cm (1 po) et les poser sur une tôle à biscuits graissée. Les écraser avec une fourchette enfarinée. Cuire au four à 375 °F (190 °C) pendant 8 à 10 minutes jusqu'à ce que les biscuits soient légèrement dorés. Donne environ 5 douzaines de biscuits.

1 biscuit : 98 calories; 1 g de protéines; 3,6 g de matières grasses totales; 15 g de glucides; 89 mg de sodium; 1 g de fibres alimentaires

Photo ci-contre.

Biscuits aux flocons d'avoine

La cannelle, les noix et les raisins secs donnent
un biscuit nourrissant et délicieux.

Margarine dure (ou beurre), ramollie	1 tasse	250 mL
Cassonade, tassée	1 tasse	250 mL
Sucre granulé	½ tasse	125 mL
Gros œufs	2	2
Vanille	1 c. à thé	5 mL
Flocons d'avoine à cuisson rapide (pas instantanée)	2 tasses	500 mL
Farine tout usage	2½ tasses	625 mL
Bicarbonate de soude	1 c. à thé	5 mL
Cannelle moulue	1 c. à thé	5 mL
Noix de Grenoble, hachées	1 tasse	250 mL
Raisins secs foncés	2 tasses	500 mL
Raisins secs dorés	1 tasse	250 mL

Battre en crème la margarine, le sucre et la cassonade dans un grand bol. Incorporer les œufs 1 à 1 en battant. Ajouter la vanille. Mélanger.

Incorporer les flocons d'avoine.

Ajouter la farine, le bicarbonate de soude et la cannelle. Bien mélanger.

Ajouter les noix et tous les raisins. Bien mélanger. Dresser la pâte avec une cuillère à soupe sur une tôle à biscuits graissée, en espaçant les monticules de 2,5 cm (1 po). Cuire au four à 375 °F (190 °C) pendant 12 à 15 minutes. Donne environ 4½ douzaines de biscuits.

1 biscuit : 133 calories; 2 g de protéines; 5,5 g de matières grasses totales; 20 g de glucides; 71 mg de sodium; 1 g de fibres alimentaires

Photo ci-dessous.

Biscuits aux flocons d'avoine

Croquants aux flocons d'avoine

Bouchées molles à la mélasse

Une recette d'hier. Des biscuits moelleux et épicés.

Farine tout usage	3½ tasses	875 mL
Sucre granulé	¾ tasse	175 mL
Gingembre moulu	1 c. à thé	5 mL
Cannelle moulue	1 c. à thé	5 mL
Sel	½ c. à thé	2 mL
Mélasse de fantaisie	¾ tasse	175 mL
Margarine dure (ou beurre), ramollie	¾ tasse	175 mL
Gros œuf	1	1
Bicarbonate de soude	1½ c. à thé	7 mL
Café (ou lait) chaud	½ tasse	125 mL

Mettre les 8 premiers ingrédients dans un grand bol. Bien mélanger.

Délayer le bicarbonate de soude dans le café chaud dans une petite tasse. Ajouter le tout à la pâte Bien battre jusqu'à ce que les ingrédients soient mêlés. Dresser la pâte avec une cuillère à soupe sur une tôle à biscuits graissée. Cuire au four à 375 °F (190 °C) pendant 10 à 12 minutes. Donne 5 douzaines de biscuits.

1 biscuit : 72 calories; 1 g de protéines; 2,5 g de matières grasses totales; 11 g de glucides; 86 mg de sodium; trace de fibres alimentaires

Photo à la page 111.

Croquants au gingembre

Délicieux avec le thé ou trempés dans un verre de lait.

Farine tout usage	3 tasses	750 mL
Poudre à pâte	1 c. à thé	5 mL
Bicarbonate de soude	½ c. à thé	2 mL
Gingembre moulu	1 c. à thé	5 mL
Cannelle moulue	½ c. à thé	2 mL
Sel	½ c. à thé	2 mL
Poivre de Cayenne, une petite pincée		
Margarine dure (ou beurre), ramollie	½ tasse	125 mL
Sucre granulé	½ tasse	125 mL
Mélasse de fantaisie	½ tasse	125 mL
Thé froid	2 c. à soupe	30 mL

Mettre les 7 premiers ingrédients dans un bol moyen. Bien remuer.

Battre en crème la margarine avec le sucre dans un grand bol. Ajouter la mélasse et le thé. Bien mélanger. Ajouter le tout au mélange de farine. Bien mélanger. Couvrir. Réfrigérer plusieurs heures or jusqu'au lendemain. Abaisser la pâte à 3 mm (⅛ po) d'épaisseur sur une surface légèrement farinée. Couper des ronds de 6,5 cm (2½ po) et les poser sur une tôle à biscuits graissée. Cuire au four à 375 °F (190 °C) pendant 10 à 12 minutes. Donne 4½ douzaines de biscuits.

1 biscuit : 59 calories; 1 g de protéines; 1,9 g de matières grasses totales; 10 g de glucides; 60 mg de sodium; trace de fibres alimentaires

Photo ci-contre.

Croquants au gingembre, ci-contre   Biscuits de la guerre, ci-dessous

Biscuits de la guerre

Pendant la Seconde Guerre mondiale, le sucre était rare. Les gens avaient de la chance s'ils arrivaient à trouver du pouding en poudre. Ce biscuit est encore bien apprécié aujourd'hui.

Pouding au caramel en poudre (pas instantané), format 6 portions	1	1
Margarine dure (ou beurre), ramollie	¾ tasse	175 mL
Sucre granulé	1 c. à soupe	15 mL
Farine tout usage	1 tasse	250 mL
Flocons d'avoine à cuisson rapide (pas instantanée)	1½ tasse	375 mL
Poudre à pâte	¼ c. à thé	1 mL
Bicarbonate de soude	¼ c. à thé	1 mL
Sel	⅛ c. à thé	0,5 mL
Vanille	1 c. à thé	5 mL
Gros œuf	1	1

Mettre les 10 ingrédients dans un grand bol. Bien mélanger. Façonner des boules de 2,5 à 3 cm (1 à 1¼ po) de diamètre et les poser sur une tôle à biscuits graissée. Les écraser avec une fourchette. Cuire au four à 375 °F (190 °C) pendant 10 à 15 minutes. Donne environ 3 douzaines de biscuits.

1 biscuit : 79 calories; 1 g de protéines; 4,5 g de matières grasses totales; 9 g de glucides; 79 mg de sodium; trace de fibres alimentaires

Photo ci-dessus.

En haut : Bouchées molles à la mélasse, page 110   En bas, au centre : Biscuits nourrissants, ci-dessous   À droite : Ermites, ci-dessous

Biscuits nourrissants

On peut dire aux enfants qu'ils peuvent manger des biscuits au déjeuner.

Margarine dure (ou beurre), ramollie	½ tasse	125 mL
Beurre d'arachides crémeux	½ tasse	125 mL
Miel liquide	1 tasse	250 mL
Gros œufs	2	2
Vanille	1 c. à thé	5 mL
Farine tout usage	1½ tasse	375 mL
Flocons d'avoine à cuisson rapide (pas instantanée)	3 tasses	750 mL
Noix de coco moyenne	1 tasse	250 mL
Son naturel	¾ tasse	175 mL
Graines de tournesol	½ tasse	125 mL
Bicarbonate de soude	1 c. à thé	5 mL
Sel	1 c. à thé	5 mL
Raisins secs	1 tasse	250 mL
Noix de Grenoble (ou autres), hachées	½ tasse	125 mL

Battre la margarine et le beurre d'arachides dans un grand bol jusqu'à ce qu'ils soient combinés. Ajouter le miel, les œufs et la vanille. Battre lentement pour mêler les ingrédients.

Ajouter les 9 derniers ingrédients. Bien mélanger. Façonner des boules avec 15 mL (1 c. à soupe) de la pâte à la fois, puis les écraser entre les mains. Poser le tout sur une tôle à biscuits non graissée. Cuire au four à 375 °F (190 °C) environ 12 minutes. Donne 8 douzaines de petits biscuits.

1 biscuit : 69 calories; 2 g de protéines; 3,5 g de matières grasses totales; 9 g de glucides; 64 mg de sodium; 1 g de fibres alimentaires

Photo ci-dessus.

Variante : Omettre les graines de tournesol et ajouter 60 mL (¼ tasse) de germe de blé.

RECETTE À L'ÉPREUVE DU TEMPS

Ermites

Un biscuit à la cuillère célèbre.
Chez nous, il y en avait toujours dans le bocal à biscuits.

Margarine dure (ou beurre), ramollie	1 tasse	250 mL
Cassonade, tassée	1½ tasse	375 mL
Gros œufs	3	3
Vanille	1 c. à thé	5 mL
Farine tout usage	3 tasses	750 mL
Poudre à pâte	1 c. à thé	5 mL
Bicarbonate de soude	1 c. à thé	5 mL
Sel	½ c. à thé	2 mL
Cannelle moulue	1 c. à thé	5 mL
Muscade moulue	½ c. à thé	2 mL
Piment de la Jamaïque moulu	¼ c. à thé	1 mL
Raisins secs	1 tasse	250 mL
Dattes, hachées	1 tasse	250 mL
Noix, hachées	⅔ tasse	150 mL

Battre en crème la margarine et la cassonade dans un grand bol. Incorporer les œufs 1 à 1 en battant. Ajouter la vanille.

Ajouter les 10 derniers ingrédients. Bien mélanger. Dresser la pâte avec une cuillère à soupe sur une tôle à biscuits graissée. Cuire au four à 375 °F (190 °C) pendant 6 à 8 minutes. Donne 4½ douzaines de biscuits.

1 biscuit : 115 calories; 2 g de protéines; 5 g de matières grasses totales; 17 g de glucides; 99 mg de sodium; 1 g de fibres alimentaires

Photo ci-dessus.

Biscuits à la cassonade

*Un biscuit au goût d'antan. Il n'est pas trop sucré
et contient des morceaux d'amande croquants.*

Margarine dure (ou beurre), ramollie	1 tasse	250 mL
Cassonade, tassée	1⅓ tasse	325 mL
Gros œufs	2	2
Vanille	½ c. à thé	2 mL
Farine tout usage	3¼ tasses	810 mL
Bicarbonate de soude	1¼ c. à thé	6 mL
Cannelle moulue	¾ c. à thé	4 mL
Sel	¼ c. à thé	1 mL
Amandes, hachées	⅓ tasse	75 mL

Battre en crème la margarine et la cassonade dans un grand bol. Incorporer les œufs 1 à 1 en battant. Ajouter la vanille. Mélanger.

Incorporer les 5 derniers ingrédients. Façonner 2 boules de 5 cm (2 po) de diamètre. Couvrir. Réfrigérer jusqu'au lendemain. Couper en tranches de 6 mm (¼ po) d'épaisseur et poser les tranches sur une tôle à biscuits non graissée. Cuire au four à 375 °F (190 °C) pendant 10 à 12 minutes jusqu'à ce que les biscuits soient dorés. Donne 3½ douzaines de biscuits.

1 biscuit : 117 calories; 2 g de protéines; 5,6 g de matières grasses totales; 15 g de glucides; 117 mg de sodium; 1 g de fibres alimentaires

Photo ci-dessous.

Sablés

*Je tiens cette recette d'une amie de ma mère.
Une recette rapide, toujours réussie.*

Beurre (pas de margarine)	1 tasse	250 mL
Sucre à glacer	½ tasse	125 mL
Farine tout usage	2 tasses	500 mL

Combiner les 3 ingrédients dans un grand bol. Incorporer le beurre au mélangeur à pâtisserie jusqu'à ce que le mélange soit grumeleux. Avec les mains, mélanger le tout jusqu'à obtenir une boule lisse. Aplatir la pâte dans un plat non graissé de 22 × 22 cm (9 × 9 po). La piquer jusqu'au fond avec une fourchette. Cuire au four à 300 °F (150 °C) pendant 50 à 60 minutes jusqu'à ce que la pâte soit prise et légèrement dorée. Couper 36 carrés avant que la pâte ne refroidisse complètement.

1 carré : 81 calories; 1 g de protéines; 5,5 g de matières grasses totales; 7 g de glucides; 55 mg de sodium; trace de fibres alimentaires

Photo ci-dessous.

Biscuits à la cassonade, ci-dessus

Sablés, ci-dessus

Desserts

La mode du dessert est née dans les années 1820. Poudings, tartes, crème glacée et sauces ont été dégustés tout le XIXe siècle. Les crèmes anglaises, les poudings à la vapeur et les entremets fouettés étaient souvent servis avec des desserts à base de crème glacée comme l'omelette à la norvégienne et divers desserts contenant des fruits frais. Les desserts au chocolat ont été inventés au XXe siècle, lorsqu'a débuté la distribution à grande échelle du chocolat, à prix plus raisonnable. Avec l'entrée dans nos cuisines de cuisinières à gaz et électriques modernes, de malaxeurs, de mélangeurs et de robots culinaires électriques, la diversité et la complexité des desserts ont évolué. De même, grâce à l'invention des gelées en poudre parfumées aux fruits, des poudings et garnitures en paquet, de la pâte feuilletée surgelée et de la pâte phyllo après la Seconde Guerre mondiale, un dessert peut aujourd'hui être aussi simple que les fruits en gelée ou aussi compliqué que le gâteau au fromage caramel et chocolat.

Dessert au chocolat et aux framboises

Un dessert riche et velouté. Le décorer de garniture fouettée.

Base :		
Margarine dure (ou beurre)	½ tasse	125 mL
Chapelure de biscuits Graham	1½ tasse	375 mL
Pacanes, hachées fin	⅓ tasse	75 mL
Garniture :		
Margarine dure (ou beurre), ramollie	½ tasse	125 mL
Sucre à glacer	1½ tasse	375 mL
Fromage à la crème léger, ramolli	4 oz	125 g
Carrés de chocolat non sucré, coupés en morceaux	2 × 1 oz	2 × 28 g
Confiture de framboises	½ tasse	125 mL
Sachet de gélatine non parfumée	1 × ¼ oz	1 × 7 g
Eau	¼ tasse	60 mL
Sachet de garniture à dessert (préparée selon les directives données sur l'emballage) ou 250 mL (1 tasse) de crème fouettée	1	1
Framboises surgelées dans du sirop, dégelées, égouttées, sirop réservé	15 oz	425 g
Sauce aux framboises :		
Fécule de maïs	1½ c. à soupe	25 mL
Sirop des framboises réservé, additionné d'eau pour faire	1¼ tasse	300 mL

Base : Faire fondre la margarine dans une petite casserole. Incorporer la chapelure Graham et les pacanes. Presser le tout dans un moule à charnière non graissé de 22 cm (9 po). Cuire au four à 350 °F (175 °C) pendant 10 minutes. Laisser refroidir.

Garniture : Battre en crème la margarine, le sucre à glacer et le fromage à la crème dans un bol moyen.

Combiner le chocolat et la confiture dans une petite casserole. Chauffer en remuant à feu doux jusqu'à ce que le chocolat soit fondu.

Répandre la gélatine sur l'eau dans un petit bol. Laisser reposer 1 minute. Ajouter au mélange de chocolat dans la casserole et remuer jusqu'à ce que le gélatine soit dissoute. Réfrigérer jusqu'à ce que la préparation ait la consistance d'un sirop. L'incorporer au mélange de fromage à la crème en battant.

Incorporer la garniture à dessert et les framboises en pliant. Verser dans le moule, sur la base. Réfrigérer.

Sauce aux framboises : Délayer la fécule de maïs dans le sirop réservé dans une petite casserole. Chauffer en remuant jusqu'à ce que la préparation bouille et épaississe. Laisser refroidir complètement. Napper chaque portion. Couper en 12 pointes.

1 pointe : 438 calories; 5 g de protéines; 26,1 g de matières grasses totales; 51 g de glucides; 399 mg de sodium; 3 g de fibres alimentaires

Photo à la page 115.

Gâteau au fromage caramel et chocolat

Un peu coûteux, mais il suffit pour beaucoup.
On peut le préparer à l'avance et le surgeler.

Base :		
Farine tout usage	1½ tasse	375 mL
Sucre granulé	3 c. à soupe	50 mL
Margarine dure (ou beurre), ramollie	¾ tasse	175 mL
Pacanes, hachées fin	¾ tasse	175 mL
Couche de caramel :		
Lait évaporé (ou crème de table)	3 c. à soupe	50 mL
Caramels	32	32
Pacanes hachées, grillées au four à 350 °F (175 °C) pendant 5 à 8 minutes	1 tasse	250 mL
Couche de fromage :		
Fromage à la crème, ramolli	3 × 8 oz	3 × 250 g
Cassonade, tassée	1 tasse	250 mL
Farine tout usage	2 c. à soupe	30 mL
Gros œufs	3	3
Fromage cottage en crème, passé au mélangeur (ou écrasé dans une passoire)	1 tasse	250 mL
Vanille	1½ c. à thé	7 mL
Garniture :		
Crème à fouetter	1 tasse	250 mL
Carrés de chocolat mi-sucré, coupés en morceaux	7 × 1 oz	7 × 28 g

Pacanes hachées, grillées au four à
350 °F (175 °C) pendant 5 à 8 minutes,
pour décorer (facultatif)

Base : Combiner la farine, le sucre et la margarine dans un bol moyen jusqu'à obtenir un mélange grossier. Ajouter les pacanes. Remuer. Presser dans le fond et sur 2,5 cm (1 po) des côtés d'un moule à charnière graissé de 25 cm (10 po). Cuire au four à 350 °F (175 °C) pendant 15 à 20 minutes jusqu'à ce que les bords commencent à brunir. Laisser refroidir légèrement.

Couche de caramel : Faire chauffer le lait évaporé et les caramels dans une petite casserole en remuant souvent jusqu'à ce que le mélange soit lisse. Verser le tout sur la base, dans le moule.

Répandre les pacanes sur le caramel.

Couche de fromage : Battre fromage à la crème et la cassonade dans un bol moyen jusqu'à ce que le mélange soit lisse. Incorporer la farine en battant, puis les œufs, 1 à la fois, en battant juste assez pour les incorporer. Ajouter le fromage cottage et la vanille. Battre à basse vitesse pour juste combiner. Verser le tout sur les pacanes. Cuire au four à 350 °F (175 °C) pendant 1 heure. Éteindre le four et y laisser le gâteau pendant 45 minutes. Poser le moule sur une grille et passer un couteau affûté tout le tour du gâteau pour qu'il s'affaisse également. Laisser refroidir. Retirer le tour du moule et glisser une feuille de papier ciré sous la grille.

Garniture : Faire chauffer la crème à fouetter dans une petite casserole jusqu'à ce qu'elle frémisse tout juste. Ajouter le chocolat. Remuer jusqu'à ce qu'il ait fondu et que la préparation soit lisse. Laisser refroidir jusqu'à ce que le tout soit à peine tiède. Verser la garniture sur le gâteau, en une couche uniforme, en la laissant couler sur les côtés.

Répandre les pacanes sur le dessus. Pour 16 personnes.

1 portion : 655 calories; 12 g de protéines; 48,4 g de matières grasses totales; 50 g de glucides; 388 mg de sodium; 3 g de fibres alimentaires

Photo à la page 115.

Gâteau au chocolat et aux fraises

Un gâteau au chocolat foncé couvert de
fraises dissimulées sous une mousse aux fraises.

Mélange pour gâteau au chocolat foncé double	1	1
Sucre granulé	⅔ tasse	150 mL
Fécule de maïs	3 c. à soupe	50 mL
Eau	1½ tasse	375 mL
Gélatine parfumée à la fraise (gelée en poudre)	1 × 3 oz	1 × 85 g
Garniture fouettée surgelée (en contenant), dégelée, ou 1 sachet de garniture à dessert (préparée selon les directives données sur l'emballage)	2 tasses	500 mL
Fraises fraîches moyennes, assez pour couvrir le gâteau	30-35	30-35

Copeaux de chocolat, pour décorer

Préparer le gâteau selon les directives données sur l'emballage. Verser la pâte dans un moule à charnière graissé de 25 cm (10 po). Cuire au four à 350 °F (175 °C) pendant 55 à 60 minutes, jusqu'à ce qu'un cure-dents enfoncé au centre ressorte propre. Pendant que le gâteau est encore tiède, l'enfoncer légèrement au centre pour que le dessus soit plat. Laisser refroidir dans le moule.

Combiner le sucre, la fécule de maïs et l'eau dans une petite casserole. Chauffer en remuant jusqu'à ce que la préparation bouille et épaississe.

Incorporer la gélatine et remuer jusqu'à ce qu'elle soit dissoute. Réfrigérer, en raclant souvent les bords de la casserole, jusqu'à ce que la préparation ait la consistance d'un sirop.

Incorporer la garniture fouettée en pliant.

Au besoin, retailler les fraises pour qu'elles soient toute de la même taille. Les disposer avec la pointe vers le haut, sur le dessus du gâteau, dans le moule, en arrêtant à 2,5 cm (1 po) du bord.

Verser le mélange crémeux sur les fraises en remplissant bien tous les vides. Réfrigérer jusqu'à ce que la garniture soit ferme. Passer un couteau sur le pourtour du gâteau. Ôter le tour du moule. Décorer avec des copeaux de chocolat. Couper en 12 pointes.

1 pointe : 309 calories; 3 g de protéines; 8,1 g de matières grasses totales; 59 g de glucides; 261 mg de sodium; 1 g de fibres alimentaires

Photo sur la couverture.

1. **Gâteau au fromage caramel et chocolat**, ci-contre
2. **Soufflé frais à la lime**, page 116
3. **Pavé à la rhubarbe**, page 116
4. **Dessert au chocolat et aux framboises**, page 113

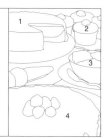

Soufflé frais à la lime

Servi dans un moule à soufflés, il coupe le souffle.
Décorer avec de la garniture fouettée et du zeste de lime.

Sachet de gélatine non parfumée	1 x ¼ oz	1 x 7 g
Eau froide	⅓ tasse	75 mL
Sucre granulé	½ tasse	125 mL
Jus de lime	½ tasse	125 mL
Jaunes de gros œufs	4	4
Sel, une pincée		
Zeste de lime, râpé fin	1½ c. à thé	7 mL
Gouttes de colorant alimentaire vert	4	4
Blancs de gros œufs, à la température de la pièce	4	4
Sucre granulé	½ tasse	125 mL
Sachet de garniture à dessert (non préparée)	1	1
Lait	½ tasse	125 mL

Répandre la gélatine sur l'eau froide dans un petit bol. Laisser reposer le temps de préparer la crème anglaise.

Combiner les 4 prochains ingrédients dans un bain-marie. Cuire en remuant sans arrêt au-dessus d'un bain d'eau frémissante, jusqu'à ce que la préparation épaississe assez pour napper le dos d'une cuillère. Ajouter le mélange de gélatine et remuer jusqu'à ce qu'il soit dissous.

Ajouter le zeste de lime et le colorant alimentaire. Réfrigérer, en raclant de temps en temps les parois de la casserole, jusqu'à ce que la préparation soit froide et commence à prendre.

Battre les blancs d'œufs dans un bol moyen jusqu'à obtenir des pics mous. Ajouter graduellement la seconde quantité de sucre en battant jusqu'à obtenir une neige ferme et luisante.

Avec les mêmes fouets, battre la garniture à dessert et le lait à basse vitesse dans un petit bol. Battre à vitesse moyenne jusqu'à ce que la préparation soit ferme. Incorporer les blancs d'œufs au mélange de gélatine en pliant. Ajouter la garniture fouettée et l'incorporer délicatement, en pliant, jusqu'à ce qu'il ne reste plus de traces blanches. Attacher un collier de papier ciré d'environ 7,5 cm (3 po) de haut autour du haut d'un moule à soufflés non graissé de 4 L (4 pte) ou de 6 ramequins individuels. Verser la préparation dans le moule ou dans les ramequins. Bien réfrigérer. Ôter le collier au moment de servir. Pour 6 personnes.

1 portion : 244 calories; 6 g de protéines; 6,4 g de matières grasses totales; 42 g de glucides; 63 mg de sodium; trace de fibres alimentaires

Photo à la page 115.

Pavé à la rhubarbe

Un pavé orné d'un motif en étoile. Il est fameux à longueur d'année.

Rhubarbe fraîche (ou surgelée), coupée en morceaux de 12 mm, ½ po, de long	6 tasses	1,5 L
Tapioca minute	3 c. à soupe	50 mL
Sucre granulé	1½ tasse	375 mL
Eau	⅓ tasse	75 mL
Jus de citron	1 c. à soupe	15 mL
Garniture :		
Farine tout usage	2 tasses	500 mL
Sucre granulé	1½ c. à soupe	25 mL
Poudre à pâte	4 c. à thé	20 mL
Sel	½ c. à thé	2 mL
Lait	⅔ tasse	150 mL
Huile de cuisson	3 c. à soupe	50 mL
Margarine dure (ou beurre), ramollie	½ c. à soupe	7 mL
Zeste râpé d'un ½ gros citron		
Sucre granulé	2 c. à soupe	30 mL
Zeste râpé d'un ½ gros citron		
Sucre granulé	2 c. à soupe	30 mL

Combiner la rhubarbe avec le tapioca, le sucre, l'eau et le jus de citron dans une grande casserole. Porter à ébullition en remuant de temps en temps. Verser le tout dans une cocotte non graissée de 3 L (3 pte). Cuire au four à découvert à 450 °F (230 °C) environ 20 minutes.

Garniture : Mettre les 4 premiers ingrédients dans un bol moyen. Remuer.

Ajouter le lait et l'huile de cuisson. Remuer jusqu'à obtenir une boule de pâte lisse. Poser la pâte sur une surface légèrement farinée. La pétrir 8 fois. En abaisser la ½ en un rectangle de 25 cm (10 po) de long et de 12 mm (½ po) d'épaisseur.

Badigeonner la surface de margarine.

Combiner les premières quantités de zeste de citron et de sucre dans une petite tasse. Répandre le tout sur la pâte. Enrouler la pâte comme un gâteau roulé, à partir du côté de 25 cm (10 po). Couper en 14 tranches. Disposer les tranches à plat sur la rhubarbe.

Combiner les secondes quantités de zeste et de sucre dans une petite tasse. Répandre sur les tranches. Enfourner de nouveau environ 25 minutes. Pour 8 personnes.

1 portion : 404 calories; 5 g de protéines; 6,6 g de matières grasses totales; 83 g de glucides; 202 mg de sodium; 3 g de fibres alimentaires

Photo à la page 115.

Pouding aux dattes rapide

Il suffit d'une boule de crème glacée pour compléter l'ensemble.

Farine tout usage	1 tasse	250 mL
Sucre granulé	⅔ tasse	150 mL
Poudre à pâte	2 c. à thé	10 mL
Sel	¼ c. à thé	1 mL
Lait	½ tasse	125 mL
Margarine dure (ou beurre), fondue	2 c. à soupe	30 mL
Dattes, hachées	1 tasse	250 mL
Noix de Grenoble, hachées	½ tasse	125 mL
Cassonade, tassée	1 tasse	250 mL
Margarine dure (ou beurre), ramollie	1 c. à soupe	15 mL
Vanille	1 c. à thé	5 mL
Eau bouillante	2 tasses	500 mL

Mettre les 8 premiers ingrédients dans un bol moyen. Bien mélanger. Verser dans une cocotte ronde graissée de 20 cm (8 po).

Combiner les 4 derniers ingrédients dans un autre bol moyen. Verser le tout délicatement dans la cocotte. Ne pas remuer. Cuire au four à découvert à 350 °F (175 °C) pendant 30 à 35 minutes, jusqu'à ce que le dessus soit ferme au toucher. Pour 6 personnes.

1 portion : 522 calories; 5 g de protéines; 13,2 g de matières grasses totales; 100 g de glucides; 212 mg de sodium; 4 g de fibres alimentaires

Photo ci-contre.

Pouding au tapioca

Un dessert rafraîchissant, crémeux, à l'orange et à l'ananas.

Eau	1⅔ tasses	400 mL
Pouding au tapioca en poudre (pas instantané), format 6 portions (voir remarque)	1	1
Gélatine parfumée à l'orange (gelée en poudre)	1 × 3 oz	1 × 85 g
Sachet de garniture à dessert (préparée selon les directives données sur l'emballage)	1	1
Ananas broyé, en conserve, égoutté	8 oz	227 mL
Quartiers de mandarine, en conserve, égouttés	12 oz	341 mL

Combiner graduellement l'eau et le pouding en poudre dans une casserole moyenne. Chauffer en remuant jusqu'à ce que la préparation bouille et épaississe.

Ajouter la gélatine et remuer jusqu'à ce qu'elle soit dissoute. Réfrigérer, en remuant et en raclant les bords de la casserole à l'occasion, jusqu'à ce que la préparation épaississe.

Incorporer la garniture à dessert en pliant, puis l'ananas et les quartiers de mandarine. Réfrigérer plusieurs heures. Donne 1 L (4 tasses).

150 mL (⅔ tasse) : 208 calories; 2 g de protéines; 3,3 g de matières grasses totales; 44 g de glucides; 122 mg de sodium; 1 g de fibres alimentaires

Photo ci-contre.

Remarque : On peut remplacer le pouding au tapioca en poudre par du pouding à la noix de coco ou à la vanille en poudre.

Trempette aux noisettes

Elle a le goût d'une trempette au chocolat européenne.
La servir avec des fruits comme trempette, soit en accompagnement,
soit en festons directement sur les fruits.

Noisettes tranchées, grillées au four à 350 °F (175 °C) pendant 5 à 8 minutes	3½ oz	100 g
Vanille	1 c. à thé	5 mL
Eau	½ tasse	125 mL
Sachet de garniture à dessert (non préparée)	1	1
Lait	⅓ tasse	75 mL
Cassonade, tassée	2 c. à soupe	30 mL
Amaretto (ou Frangelico)	4 c. à thé	20 mL
Sirop au chocolat (facultatif)	2 c. à thé	10 mL

Combiner les 3 premiers ingrédients au mélangeur jusqu'à ce que le mélange soit lisse.

Combiner la garniture à dessert et le lait dans un bol moyen. Battre jusqu'à ce que la garniture soit ferme.

Incorporer les 3 derniers ingrédients en battant. Ajouter le mélange de noisettes en pliant. Donne 625 mL (2½ tasses) de trempette.

30 mL (2 c. à soupe) : 53 calories; 1 g de protéines; 3,9 g de matières grasses totales; 4 g de glucides; 51 mg de sodium; trace de fibres alimentaires

Photo ci-dessous.

En haut : Trempette aux noisettes, ci-dessus   Au centre : Pouding au tapioca, ci-contre
En bas : Pouding aux dattes rapide, ci-contre

En haut, à gauche : Fraises à la crème, ci-dessous
En haut, à droite, et au centre : Garniture au chocolat et aux arachides, ci-contre
En bas : Dessert crémeux aux bleuets, ci-contre

Fraises à la crème

Un dessert qui est riche, mais sans être trop sucré.

Lait condensé sucré	11 oz	300 mL
Eau	1½ tasse	375 mL
Pouding à la vanille instantané en poudre (format 4 portions)	1	1
Garniture fouettée surgelée, (dans un contenant), dégelée	4 tasses	1 L
Quatre-quarts surgelé, coupé en cubes de 12 mm (½ po) (environ 1,25 L, 5 tasses)	10½ oz	298 g
Fraises fraîches, tranchées	4 tasses	1 L
Amandes tranchées, grillées au four à 350 °F (175 °C) pendant 5 à 8 minutes	½ tasse	60 mL

Battre le lait condensé avec l'eau dans un bol moyen jusqu'à ce qu'ils soient combinés. Ajouter le pouding en poudre. Battre jusqu'à ce que le mélange soit lisse, puis le réfrigérer jusqu'à ce qu'il soit pris.

Remuer le mélange de pouding. Incorporer la garniture fouettée en pliant.

Verser 500 mL (2 tasses) du mélange de pouding dans un bol en verre. Étaler la ½ des cubes de gâteau et la ½ des fraises sur cette première couche. Dresser la ½ du reste de mélange de pouding sur le gâteau et les fraises, à la cuillère. Ajouter le reste des morceaux de gâteau, puis le reste des fraises. Dresser le reste du mélange de pouding sur le dessus, à la cuillère.

Répandre les amandes sur le dessus. Pour 12 personnes.

1 portion : 355 calories; 5 g de protéines; 15,7 g de matières grasses totales; 50 g de glucides; 120 mg de sodium; 1 g de fibres alimentaires

Photo ci-dessus.

Dessert crémeux aux bleuets

Un bon dessert à préparer à l'avance,
surtout qu'il est encore meilleur après une journée.

Base :		
Margarine dure (ou beurre), ramollie	½ tasse	125 mL
Cassonade, tassée	¼ tasse	60 mL
Farine tout usage	1 tasse	250 mL
Garniture :		
Margarine dure (ou beurre), ramollie	½ tasse	125 mL
Fromage à la crème tartinable sans gras	4 oz	125 g
Sucre à glacer	1 tasse	250 mL
Garniture de tarte aux bleuets, en conserve	19 oz	540 mL
Pacanes, hachées	½ tasse	125 mL
Garniture fouettée surgelée (dans un contenant), dégelée	2 tasses	500 mL

Base : Combiner la margarine, la cassonade et la farine dans un petit bol jusqu'à obtenir un mélange grossier. L'entasser dans un plat non graissé de 22 × 22 cm (9 × 9 po). Cuire au four à 350 °F (175 °C) pendant 10 minutes. Laisser refroidir.

Garniture : Bien battre en crème la margarine, le fromage à la crème et le sucre à glacer dans un petit bol. Étaler le tout sur la base.

Étaler la garniture de tarte dans le moule. Répandre les pacanes sur le dessus.

Déposer des festons de garniture fouettée ici et là sur la garniture de tarte. Étaler la garniture fouettée pour recouvrir la couche de bleuets. Réfrigérer. Couper en 12 morceaux.

1 morceau : 386 calories; 3 g de protéines; 23,4 g de matières grasses totales; 43 g de glucides; 196 mg de sodium; 1 g de fibres alimentaires

Photo ci-contre.

Garniture au chocolat et aux arachides

Servir cette garniture tiède avec de la crème glacée à la vanille.
Décorer avec des arachides broyées.

Pouding au chocolat en poudre (pas instantané), format 6 portions	1	1
Eau	1⅓ tasse	325 mL
Sirop de maïs	1 tasse	250 mL
Beurre d'arachides crémeux	¾ tasse	175 mL

Combiner le pouding en poudre et l'eau dans une casserole moyenne. Chauffer en remuant jusqu'à ce que la préparation bouille et épaississe. Retirer du feu.

Ajouter le sirop de maïs et le beurre d'arachides. Remuer jusqu'à ce que la garniture soit lisse. Donne 500 mL (2 tasses).

60 mL (¼ tasse) : 352 calories; 7 g de protéines; 13,1 g de matières grasses totales; 57 g de glucides; 246 mg de sodium; 2 g de fibres alimentaires

Photo ci-contre.

Pouding vapeur au gingembre

Ma grand-mère a transmis cette recette à ma mère qui me l'a remise à son tour. Ma mère servait le pouding avec de la compote de pommes ou de la crème fouettée. On peut aussi opter pour la sauce à la cassonade, ci-contre.

Farine tout usage	2 tasses	500 mL
Sucre granulé	2 c. à soupe	30 mL
Gingembre moulu	1 c. à thé	5 mL
Margarine dure (ou beurre), ramollie	¼ tasse	60 mL
Raisins secs	½ tasse	125 mL
Mélasse de fantaisie	2 c. à soupe	30 mL
Bicarbonate de soude	1 c. à thé	5 mL
Lait	1 tasse	250 mL

Combiner la farine, le sucre et le gingembre dans un bol moyen. Ajouter la margarine. Combiner jusqu'à obtenir un mélange grossier. Ajouter les raisins et les remuer pour les enrober du mélange de farine.

Ajouter la mélasse.

Mêler le bicarbonate de soude et le lait dans un petit bol. Ajouter le tout au mélange de fariner et remuer. Verser la préparation dans un moule à pouding graissé de 1,5 L (1½ pte). Couvrir avec une double épaisseur de papier d'aluminium graissé. Fixer les coins avec de la ficelle. Poser le moule dans une marmite à vapeur remplie d'eau bouillante aux ⅔ de la hauteur du moule. Cuire à la vapeur pendant 2 heures, en rajoutant de l'eau bouillante au besoin pour ne pas que le niveau baisse. Pour 6 personnes.

1 portion (sans sauce) : 325 calories; 6 g de protéines; 9,2 g de matières grasses totales; 55 g de glucides; 350 mg de sodium; 2 g de fibres alimentaires

Photo ci-dessous.

Sauce à la cassonade

Cette sauce est le clou de tous les poudings aux fruits ou cuits à la vapeur.

Cassonade, tassée	1 tasse	250 mL
Farine tout usage	¼ tasse	60 mL
Sel	½ c. à thé	2 mL
Eau	2 tasses	500 mL
Vanille	1 c. à thé	5 mL

Bien combiner la cassonade avec la farine et le sel dans une casserole moyenne. On peut ensuite incorporer l'eau sans que des grumeaux se forment.

Incorporer l'eau et la vanille. Chauffer à feu moyen, en remuant sans arrêt, jusqu'à ce que la préparation bouille et épaississe. Donne environ 625 mL (2½ tasses).

30 mL (2 c. à soupe) : 48 calories; trace de protéines; trace de matières grasses totales; 12 g de glucides; 69 mg de sodium; trace de fibres alimentaires

Photo ci-dessous et à la page 120.

Pouding vapeur au gingembre
avec la sauce à la cassonade

Pouding Brown Betty aux pommes

Bon chaud ou froid, servi avec de la crème ou de la crème glacée.

Pommes à cuire, pelées et tranchées	6 tasses	1,5 L
Sucre granulé	¾ tasse	175 mL
Garniture :		
Farine tout usage	1¼ tasse	300 mL
Cassonade, tassée	¾ tasse	175 mL
Margarine dure (ou beurre)	½ tasse	125 mL
Sel	½ c. à thé	2 mL

Remplir une cocotte ronde graissée de 25 cm (10 po) avec les pommes, à 5 à 7,5 cm (2 à 3 po) d'épaisseur. Saupoudrer le sucre sur les pommes.

Garniture : Combiner la farine avec la cassonade, la margarine et le sel jusqu'à obtenir un mélange grossier. Répandre celui-ci sur les pommes. Tasser légèrement avec la main. Cuire au four à découvert à 375 °F (190 °C) environ 40 minutes jusqu'à ce que les pommes soient tendres. Pour 8 personnes, avec des portions généreuses.

1 portion : 392 calories; 2 g de protéines; 12,7 g de matières grasses totales; 70 g de glucides; 320 mg de sodium; 2 g de fibres alimentaires

Photo ci-contre.

Pouding aux carottes

Un pouding fruité, foncé et moelleux. La crème glacée le complète à merveille. Servir avec la sauce à la cassonade, page 119.

Carottes, râpées	1 tasse	250 mL
Pommes de terre, râpées	1 tasse	250 mL
Suif, broyé	1 tasse	250 mL
Sucre granulé	1 tasse	250 mL
Raisins secs	1 tasse	250 mL
Raisins de Corinthe	¼ tasse	60 mL
Farine tout usage	1½ tasse	375 mL
Poudre à pâte	1 c. à thé	5 mL
Bicarbonate de soude	1 c. à thé	5 mL
Cannelle moulue	1 c. à thé	5 mL
Piment de la Jamaïque moulu	½ c. à thé	2 mL

Mettre les 11 ingrédients dans un grand bol. Bien combiner le tout. Entasser la préparation dans un moule à pouding graissé de 2,5 L (10 tasses). À la place d'un moule à pouding, on peut se servir de bocaux à fermeture hermétique, de boîtes de légumes ou de jus vides ou même d'un bol, en les remplissant aux ⅔. Couvrir avec une double épaisseur de papier d'aluminium graissé. Fixer les coins avec de la ficelle. Poser le moule dans une marmite à vapeur remplie d'eau bouillante aux ⅔ de la hauteur du moule. Cuire à la vapeur au moins 3 heures, en rajoutant de l'eau bouillante au besoin pour ne pas que le niveau baisse. Pour 15 personnes.

1 portion : 282 calories; 2 g de protéines; 14,7 g de matières grasses totales; 37 g de glucides; 98 mg de sodium; 1 g de fibres alimentaires

Photo ci-contre.

Pavé aux fruits

Un joli dessert, vite prêt.

Framboises surgelées dans du sirop, dégelées et égouttées, sirop réservé	15 oz	425 g
Poires, en conserve, égouttées, jus réservé, coupées en morceaux	14 oz	398 mL
Sucre granulé	⅓ tasse	75 mL
Farine tout usage	1½ c. à soupe	25 mL
Cannelle moulue	¼ c. à thé	1 mL
Jus des framboises et des poires pour faire	¾ tasse	175 mL
Garniture :		
Gros œuf	1	1
Margarine dure (ou beurre), fondue	¼ tasse	60 mL
Lait	⅓ tasse	75 mL
Farine tout usage	1 tasse	250 mL
Sucre granulé	¼ tasse	60 mL
Poudre à pâte	1½ c. à thé	7 mL
Sel	¼ c. à thé	1 mL

Mettre les framboises et les poires dans une cocotte non graissée de 2 L (2 pte).

Combiner le sucre, la farine et la cannelle dans une petite casserole. Ajouter les jus réservés. Bien mélanger. Chauffer en remuant jusqu'à ce que la préparation bouille et épaississe. Verser le tout sur les fruits. Remuer. Réchauffer les fruits dans le four à 425 °F (220 °C) le temps de préparer la garniture.

Garniture : Battre l'œuf dans un bol moyen. Incorporer la margarine. Ajouter le lait. Remuer.

Ajouter la farine, le sucre, la poudre à pâte et le sel. Remuer juste assez pour humecter les ingrédients secs. Dresser le mélange en petits monticules, avec une cuillère à soupe, sur les fruits. Enfourner de nouveau et cuire à découvert environ 20 minutes jusqu'à ce que la garniture ait gonflé et doré. Pour 6 personnes.

1 portion : 340 calories; 5 g de protéines; 8,9 g de matières grasses totales; 62 g de glucides; 227 mg de sodium; 4 g de fibres alimentaires

Photo à la page 121.

En haut, à droite : Sauce à la cassonade, page 119
En bas : Pouding Brown Betty aux pommes, ci-contre
En haut, à gauche : Pouding aux carottes, ci-contre

Un petit rien, ci-dessous   Pavé aux fruits, page 120   Fruits en gelée, ci-dessous

Un petit rien

Un dessert si léger qu'on dirait ne rien manger.

Grosses guimauves	32	32
(250 g, 8 oz)		
Lait	¹⁄₃ tasse	75 mL
Sachets de garniture à dessert	2	2
(non préparée)		
Lait	1 tasse	250 mL
Vanille	1 c. à thé	5 mL
Bleuets frais (ou surgelés, dégelés	2 tasses	500 mL
et séchés avec un essuie-tout)		
Chapelure de biscuits Graham	1 à 2 c. à soupe	15 à 30 mL

Combiner les guimauves et la première quantité de lait dans une grande casserole. Chauffer en remuant souvent jusqu'à ce que les guimauves aient fondu. Verser dans un grand bol. Laisser refroidir, en remuant souvent, jusqu'à ce que la préparation épaississe.

Combiner la garniture à dessert, la seconde quantité de lait et la vanille dans un bol moyen. Battre jusqu'à obtenir une neige ferme, puis incorporer au mélange de guimauves en pliant.

Réserver environ 60 mL (¹⁄₄ tasse) des bleuets pour la décoration. Ajouter le reste au mélange de guimauves et incorporer délicatement, en pliant. Verser le tout dans un plat de service.

Répandre la chapelure Graham et les bleuets réservés sur le dessus. Réfrigérer. Donne 1,5 L (6 tasses).

125 mL (¹⁄₂ tasse) : 137 calories; 2 g de protéines; 3,3 g de matières grasses totales;
    26 g de glucides; 47 mg de sodium; 1 g de fibres alimentaires

Photo ci-dessus.

Fruits en gelée

Un dessert rapide et facile qui date des temps immémoriaux.
On le sert dans un grand plat peu profond pour que tout
le monde ait des fruits et de la crème dans sa portion.

Gélatine parfumée à la framboise	2 × 3 oz	2 × 85 g
(gelée en poudre), voir remarque		
Eau bouillante	2 tasses	500 mL
Eau froide	2 tasses	500 mL
Banane moyenne, tranchée	1	1
pour couvrir		
Garniture fouettée surgelée	2 tasses	500 mL
(dans un contenant), dégelée		

Délayer la gélatine dans l'eau bouillante dans un bol moyen. Bien remuer jusqu'à ce qu'elle soit dissoute. Incorporer l'eau froide. Laisser refroidir à la température de la pièce ou au réfrigérateur. Lorsque la préparation a la consistance d'un sirop, mais qu'elle n'est pas encore prise, étaler les tranches de banane sur le dessus, puis les enfoncer légèrement pour les enrober de gelée. Réfrigérer.

Étaler la garniture fouettée sur le dessus. Pour 8 personnes.

1 portion : 155 calories; 2 g de protéines; 5,1 g de matières grasses totales; 27 g de glucides;
    66 mg de sodium; trace de fibres alimentaires

Photo ci-dessus.

Remarque : On peut utiliser une autre sorte de gelée en poudre. On peut aussi remplacer les bananes par autre chose, par exemple des pommes fraîches coupées en dés, des poires ou des pêches fraîches tranchées, des framboises, des fraises tranchées, des guimauves ou des noix hachées.

Poissons et fruits de mer

Dans les années 1940, on affirmait aux ménagères qu'elles devraient remplacer les plats de viande qu'elles servaient à leur famille par du poisson au moins deux fois par semaine. Aujourd'hui, on connaît bien les bienfaits de la consommation régulière de poisson. De plus, si l'on consomme plus de poissons et de fruits de mer de nos jours, c'est parce qu'on dispose de plus de recettes pour les apprêter différemment. Votre famille entière se régalera des plats présentés ici. Les bâtonnets de poisson sont toujours appréciés par les enfants tandis que le homard à la Newburg est un plat élégant à servir à des adultes pour marquer une occasion.

Bâtonnets de poisson

Servir avec de la sauce tartare ou du ketchup. Tout le monde les aime!

Farine tout usage	⅓ tasse	75 mL
Gros œufs	2	2
Eau	4 c. à thé	20 mL
Chapelure fine	1 tasse	250 mL
Sel	1 c. à thé	5 mL
Poivre	¼ c. à thé	1 mL
Paprika	1 c. à thé	5 mL
Filets de morue, dépouillés et et coupés en morceaux de 9 × 2,5 cm (3½ × 1 po)	1 lb	454 g
Margarine dure (ou beurre)	2 c. à soupe	30 mL

Mettre la farine dans un petit bol.

Battre les œufs avec l'eau dans un autre petit bol.

Combiner la chapelure avec le sel, le poivre et le paprika dans un autre petit bol.

Enrober chaque morceau de poisson de farine, le tremper dans le mélange d'œufs puis dans la chapelure. Poser le tout sur une grande assiette.

Faire fondre la margarine dans une poêle à frire à revêtement antiadhésif. Ajouter les morceaux de poisson. Les faire bien dorer des deux côtés jusqu'à ce que le poisson se défasse avec une fourchette. Donne environ 20 bâtonnets de poisson.

3 bâtonnets : 202 calories; 17 g de protéines; 6,4 g de matières grasses totales; 18 g de glucides; 631 mg de sodium; 1 g de fibres alimentaires

Photo ci-dessous.

Bâtonnets de poisson, ci-dessus

Gades fumés, page 123

Gades fumés

Ce poisson fumé et salé fait partie de la famille des morues.
Il est très répandu en Écosse et au Canada atlantique.

Gades fumés, coupés en bouchées	2 lb	900 g
Eau, pour couvrir		
Margarine dure (ou beurre)	3 c. à soupe	50 mL
Farine tout usage	3 c. à soupe	50 mL
Sel	½ c. à thé	2 mL
Poivre	⅛ c. à thé	0,5 mL
Lait	1½ tasses	375 mL
Persil en flocons (facultatif)	½ c. à thé	2 mL

Mettre le poisson dans une casserole moyenne. Le couvrir d'eau. Porter à ébullition. Laisser mijoter doucement pendant 5 à 8 minutes jusqu'à ce que le poisson se défasse avec une fourchette. Égoutter. Garder au chaud.

Faire fondre la margarine dans une petite casserole. Incorporer la farine, le sel et le poivre, puis le lait et le persil et remuer jusqu'à ce que la préparation bouille et épaississe. Napper le poisson de sauce dans un plat de service. Pour 5 à 6 personnes.

⅕ de la recette : 322 calories; 49 g de protéines; 9,6 g de matières grasses totales; 7 g de glucides; 1766 mg de sodium; trace de fibres alimentaires

Photo à la page 122.

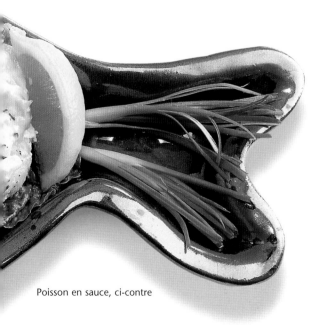

Poisson en sauce, ci-contre

Poisson en sauce

La sauce aux champignons relève bien le poisson.
Si on la prépare à l'avance, y ajouter un peu de lait avant de la réchauffer.

Sauce aux champignons :		
Margarine dure (ou beurre)	2 c. à thé	10 mL
Oignon haché	½ tasse	125 mL
Champignons frais, tranchés	2 tasses	500 mL
Farine tout usage	1 c. à soupe	15 mL
Sel	¼ c. à thé	1 mL
Poivre	1/16 c. à thé	0,5 mL
Persil en flocons	½ c. à thé	2 mL
Lait	½ tasse	125 mL
Poisson :		
Margarine dure (ou beurre)	2 c. à thé	10 mL
Filets de poisson (morue, perche, brochet ou aiglefin)	1¼ lb	568 g
Jus de citron	1 c. à thé	5 mL
Sel	¼ c. à thé	1 mL
Poivre, une pincée		

Sauce aux champignons : Faire fondre la margarine dans une poêle à revêtement antiadhésif. Ajouter l'oignon et les champignons et les faire revenir jusqu'à ce que l'oignon soit mou et que les champignons soient dorés.

Incorporer la farine, le sel, le poivre et le persil puis ajouter le lait en remuant jusqu'à ce que la préparation bouille et épaississe. Donne 300 mL (1¼ tasses) de sauce.

Poisson : Faire fondre la margarine dans une poêle à frire à revêtement antiadhésif. Ajouter le poisson. Faire dorer les filets des deux côtés. Les arroser de jus de citron. Saler et poivrer. Cuire environ 8 minutes jusqu'à ce que le poisson se défasse à la fourchette. Le poser dans un plat ou sur des assiettes. Napper de sauce. Pour 4 personnes.

1 portion : 188 calories; 27 g de protéines; 5,4 g de matières grasses totales; 7 g de glucides; 479 mg de sodium; 1 g de fibres alimentaires

Photo aux pages 122 et 123.

« *Le poisson était difficile à trouver. Pendant la guerre, les vendredis (et plus tard les mardis) furent désignés comme* « *journées maigres* »; *ces jours-là, les magasins n'avaient pas le droit de vendre de viande, même s'ils en avaient.* »

Jean Paré

Pâtes au saumon, ci-dessous   Filets de poisson au four, ci-dessous   Casserole de saumon, page 125

<table>
<tr><td colspan="2">

Pâtes au saumon

</td></tr>
</table>

Le plat est plus appétissant avec du saumon rouge.
Les pois, les carottes et le maïs lui donnent de la couleur.

Coudes (environ 113 g, 4 oz)	1 tasse	250 mL
Carottes, en dés (ou hachées)	1/2 tasse	125 mL
Oignon haché	1/2 tasse	125 mL
Eau bouillante	2 pte	2 L
Huile de cuisson (facultatif)	2 c. à thé	10 mL
Sel	2 c. à thé	10 mL
Crème de céleri condensée	10 oz	284 mL
Liquide égoutté du saumon	1/3 tasse	75 mL
Sauce Worcestershire	1/2 c. à thé	2 mL
Saumon en conserve, égoutté, liquide réservé, peau et arêtes rondes ôtées	7 1/2 oz	213 g
Pois surgelés	1/2 tasse	125 mL
Maïs en grains surgelé	1/3 tasse	75 mL
Sel	1/2 c. à thé	2 mL
Poivre	1/8 c. à thé	0,5 mL

Combiner les 6 premiers ingrédients dans une marmite ou un faitout. Cuire à découvert pendant 5 à 7 minutes, en remuant de temps en temps, jusqu'à ce que les pâtes soient tendres, mais encore fermes. Égoutter. Remettre le tout dans la marmite.

Bien combiner la crème de céleri avec le liquide égoutté du saumon et la sauce Worcestershire dans un grand bol. Ajouter le mélange de pâtes. Remuer.

Défaire le saumon. L'ajouter au mélange ainsi que les 4 derniers ingrédients. Remuer légèrement, puis verser le tout dans une cocotte non graissée de 2 L (2 pte). Cuire au four à découvert à 350 °F (175 °C) environ 30 minutes. Pour 4 personnes.

1 portion : 272 calories; 15 g de protéines; 8 g de matières grasses totales; 35 g de glucides; 1 194 mg de sodium; 3 g de fibres alimentaires

Photo ci-dessus.

Filets de poisson au four

Ce plat plaît même à ceux qui ne sont pas forts sur le poisson.
Servir avec des pointes de citron.

Filets de poisson (au choix) épais, coupés en bouchées	1 1/2 lb	680 g
Lait	1 1/4 tasse	300 mL
Farine tout usage	3 c. à soupe	50 mL
Aneth	1/2 c. à thé	2 mL
Sel	1/2 c. à thé	2 mL
Poivre	1/8 c. à thé	0,5 mL
Garniture :		
Margarine dure (ou beurre)	2 c. à soupe	30 mL
Chapelure	1/2 tasse	125 mL
Assaisonnement pour volaille	1/4 c. à thé	1 mL
Persil en flocons	1 c. à thé	5 mL
Poudre d'oignon	1/2 c. à thé	2 mL
Poivre	1/8 c. à thé	0,5 mL

Mettre le poisson dans une cocotte peu profonde non graissée de 2 L (2 pte).

Combiner le lait et la farine au fouet dans une petite casserole jusqu'à ce qu'il ne reste plus de grumeaux. Ajouter l'aneth, le sel et le poivre. Chauffer en remuant jusqu'à ce que la préparation bouille et épaississe. Verser le tout sur le poisson.

Garniture : Faire fondre la margarine dans une petite casserole. Incorporer les 5 derniers ingrédients. Répandre le tout sur le poisson. Cuire au four à découvert à 400 °F (205 °C) environ 40 minutes jusqu'à ce que le poisson se défasse à la fourchette. Pour 6 personnes.

1 portion : 204 calories; 24 g de protéines; 5,7 g de matières grasses totales; 13 g de glucides; 431 mg de sodium; trace de fibres alimentaires

Photo ci-dessus.

Casserole de saumon

Il n'existe pas de plat plus rapide ou plus simple.

Saumon en conserve, égoutté, peau et arêtes rondes ôtées	7½ oz	213 g
Chapelure	½ tasse	125 mL
Sauce :		
Margarine dure (ou beurre)	6 c. à soupe	100 mL
Farine tout usage	6 c. à soupe	100 mL
Sel	¾ c. à thé	4 mL
Poivre	¼ c. à thé	1 mL
Lait	3⅓ tasses	825 mL
Saumon en conserve, égoutté, peau et arêtes rondes ôtées	7½ oz	213 g
Chapelure	½ tasse	125 mL

Émietter la première quantité de saumon dans une cocotte non graissée de 1,5 L (1½ pte). Répandre la première quantité de chapelure sur le poisson.

Sauce : Faire fondre la margarine dans une casserole moyenne. Ajouter la farine, le sel et le poivre. Incorporer le lait. Chauffer en remuant sans arrêt jusqu'à ce que la préparation bouille et épaississe. La sauce sera lisse si on la travaille au fouet. En verser le ⅓ sur le poisson.

Émietter la seconde quantité de saumon sur la sauce, dans la cocotte. Répandre la seconde quantité de chapelure sur le saumon. Verser le reste de la sauce sur la chapelure. Avec un couteau, écarter la préparation ici et là pour que la sauce s'écoule jusqu'au fond. Cuire au four à découvert à 350 °F (175 °C) pendant 30 minutes jusqu'à ce que la casserole soit bien chaude et bouillonne. Pour 6 personnes.

1 portion : 359 calories; 19 g de protéines; 19,1 g de matières grasses totales; 27 g de glucides; 1 001 mg de sodium; 1 g de fibres alimentaires

Photo à la page 124.

Pain de saumon

Quand la plupart des gens n'avaient pas de réfrigérateur, les conserves étaient très pratiques. Servir avec ou sans sauce.

Saumon en conserve (préférablement rouge pour la couleur), égoutté, peau et arêtes rondes ôtées	2 × 7½ oz	2 × 213 g
Gros œufs, battus à la fourchette	2	2
Chapelure	2 tasses	500 mL
Oignon, haché fin	½ tasse	125 mL
Jus de citron	2 c. à soupe	30 mL
Lait	½ tasse	125 mL
Sel	¼ c. à thé	1 mL
Aneth	¼ c. à thé	1 mL
Sauce à l'aneth :		
Sauce à salade (ou mayonnaise)	½ tasse	125 mL
Crème sure	¼ tasse	60 mL
Jus de citron	2 c. à thé	10 mL
Aneth	1 c. à thé	5 mL

Mêler les 8 premiers ingrédients dans un bol moyen. On peut laisser les arêtes rondes du saumon si elles sont bien écrasées. Entasser la préparation dans un moule à pain graissé de 20 × 10 × 7,5 cm (8 × 4 × 3 po). Cuire au four à 350 °F (175 °C) pendant 30 à 40 minutes.

Sauce à l'aneth : Combiner les 4 ingrédients dans un petit bol. En mettre un feston sur chaque tranche de pain de saumon. Pour 6 personnes.

1 portion (avec la sauce) : 400 calories; 19 g de protéines; 20,2 g de matières grasses totales; 34 g de glucides; 874 mg de sodium; 1 g de fibres alimentaires

Photo ci-dessous.

Pain de saumon

Homard à la Newburg

Servir ce plat velouté dans des vol-au-vent pour marquer une occasion.
Il est aussi élégant présenté dans un plat-réchaud.

Margarine dure (ou beurre)	3 c. à soupe	50 mL
Chair de homard surgelée, en conserve	11,3 oz	320 g
Farine tout usage	2 c. à soupe	30 mL
Sel	½ c. à thé	2 mL
Poivre de Cayenne	⅛ c. à thé	0,5 mL
Demi-crème	1½ tasse	375 mL
Sherry (ou sherry sans alcool)	2 c. à soupe	30 mL
Jaunes de gros œufs	4	4

Faire fondre la margarine dans une casserole moyenne. Ajouter le homard et remuer pour l'enrober.

Saupoudrer la farine, le sel et le Cayenne sur le homard. Mélanger.

Incorporer la demi-crème et le sherry et remuer jusqu'à ce que la préparation frémisse.

Mettre les jaunes d'œufs dans un petit bol. Combiner environ 60 mL (¼ tasse) du mélange de homard aux jaunes d'œufs. Bien mélanger. Incorporer le tout au mélange de homard. Chauffer en remuant sans arrêt jusqu'à ce que la préparation bouille et épaississe. Garder au chaud jusqu'au moment de servir. Donne 810 mL (3¼ tasses), soit assez pour 4 portions.

1 portion : 343 calories; 21 g de protéines; 24,3 g de matières grasses totales; 8 g de glucides; 726 mg de sodium; trace de fibres alimentaires

Photo ci-dessus.

Pâtes

En 1900, le président des États-Unis Thomas Jefferson fit venir des pâtes d'Italie, mais peu de gens en Amérique du Nord savaient les apprêter. Avant le début du XXe siècle, il était rare de trouver des recettes italiennes de pâtes dans les livres de cuisine. À cette époque, on connaissait surtout le macaroni au fromage et le spaghetti aux boulettes. De nos jours, on trouve pratiquement n'importe quelle variété de pâtes dans les magasins d'alimentation. Découvrez les divers plats présentés ici. Souvent, ils peuvent être servis comme plat de résistance, comme c'est le cas des manicotti au fromage, ou comme plat d'accompagnement, comme les nouilles tout-en-un.

Pâtes au pesto au persil

Un plat riche, assaisonné au persil frais et aux pignons.
Accompagne joliment le poulet, le bœuf, le poisson ou le porc.

Linguine	12 oz	340 g
Eau bouillante	3 pte	3 L
Huile de cuisson (facultatif)	1 c. à soupe	15 mL
Sel	2 c. à thé	10 mL
Persil frais, haché	1 tasse	250 mL
Pignons (ou noix de Grenoble)	½ tasse	125 mL
Gousses d'ail, en quartiers	2	2
Huile d'olive (ou de cuisson)	⅓ tasse	75 mL
Eau	2 c. à soupe	30 mL
Sel	½ c. à thé	2 mL
Poivre	⅛ c. à thé	0,5 mL
Parmesan râpé	½ tasse	125 mL

Parmesan râpé, une pincée

Cuire les pâtes dans l'eau bouillante additionnée de l'huile de cuisson et de la première quantité de sel dans une marmite ou un faitout découvert pendant 7 à 8 minutes jusqu'à ce qu'elles soient tendres, mais encore fermes. Les égoutter et les remettre dans la marmite.

Mettre les 8 prochains ingrédients dans le mélangeur. Combiner jusqu'à ce que le mélange soit lisse. L'ajouter aux pâtes.

Saupoudrer de parmesan. Donne 1,8 L (7½ tasses).

250 mL (1 tasse) : 352 calories; 12 g de protéines; 18,8 g de matières grasses totales; 37 g de glucides; 319 mg de sodium; 3 g de fibres alimentaires

Photo sur la couverture.

Pâtes aux champignons

La crème sure donne juste assez de piquant à ce plat.

Nouilles aux œufs moyennes	8 oz	225 g
Eau bouillante	2 pte	2 L
Huile de cuisson (facultatif)	1 c. à soupe	15 mL
Sel	2 c. à thé	10 mL
Margarine dure (ou beurre)	1 c. à soupe	15 mL
Champignons frais, tranchés	4 tasses	1 L
Gousse d'ail, émincée (ou 1 mL, ¼ c. à thé, de poudre d'ail)	1	1
Persil frais, haché	1 tasse	250 mL
Crème sure légère	2 tasses	500 mL
Parmesan râpé	½ tasse	125 mL
Sel	1 c. à thé	5 mL

**Parmesan râpé,
une généreuse pincée**
Persil frais, haché, pour décorer

Cuire les nouilles dans l'eau bouillante additionnée de l'huile de cuisson et de la première quantité de sel dans une marmite ou un faitout découvert pendant 5 à 7 minutes jusqu'à ce qu'elles soient tendres, mais encore fermes. Égoutter. Remettre les nouilles dans la marmite.

Faire fondre la margarine dans une poêle à frire à revêtement antiadhésif. Ajouter les champignons et les faire revenir jusqu'à ce qu'ils soient mous. Les ajouter aux nouilles.

Faire sauter l'ail et le persil dans la poêle, en rajoutant de la margarine au besoin. Ajouter le tout aux nouilles.

Ajouter la crème sure, le parmesan et la seconde quantité de sel. Réchauffer à feu moyen en remuant.

Verser dans un plat. Garnir de parmesan et de persil. Donne 1,25 L (5⅓ tasses).

250 mL (1 tasse) : 344 calories; 15 g de protéines; 13,8 g de matières grasses totales; 41 g de glucides; 775 mg de sodium; 3 g de fibres alimentaires

Photo à la page 128.

En haut : Pâtes en sauce aux arachides, ci-dessous
Au centre, à gauche : Pâtes aux champignons, page 127
Au centre, à droite, et au bas : Lasagne aux quatre fromages, ci-contre

Pâtes en sauce aux arachides

Les arachides sont juste assez prononcées pour qu'on devine la sauce soja. Servir avec du poulet épicé ou des brochettes de bœuf.

Sauce aux arachides :		
Beurre d'arachides crémeux (ou croquant)	¹/₂ tasse	75 mL
Huile de cuisson	1 c. à soupe	15 mL
Sauce soja	2 c. à soupe	30 mL
Vinaigre blanc	1 c. à soupe	15 mL
Poudre d'ail	¹/₄ c. à thé	1 mL
Sucre granulé	¹/₂ c. à thé	2 mL
Eau	¹/₄ tasse	60 mL
Sauce aux piments forts	¹/₄ c. à thé	1 mL
Linguine	8 oz	225 g
Eau bouillante	2 pte	2 L
Huile de cuisson (facultatif)	1 c. à soupe	15 mL
Sel	2 c. à thé	10
mLignons verts, hachés	1 c. à soupe	15 mL

Sauce aux arachides : Mêler les 8 premiers ingrédients dans un petit bol.

Cuire les pâtes dans l'eau bouillante additionnée de l'huile de cuisson et du sel dans une marmite ou un faitout découvert jusqu'à ce qu'elles soient tendres, mais encore fermes. Les égoutter et les remettre dans la marmite. Ajouter la sauce. Remuer. Verser le tout dans un plat.

Garnir d'oignons verts. Donne 1 L (4 tasses).

250 mL (1 tasse) : 403 calories; 14 g de protéines; 15,7 g de matières grasses totales; 53 g de glucides; 634 mg de sodium; 3 g de fibres alimentaires

Photo ci-dessus.

Lasagne aux quatre fromages

Les couches de fromage sont pâles. On penserait manger une fondue suisse. Un plat très riche, à servir en petites portions avec une bonne salade verte.

Lasagnes (environ 340 g, 12 oz)	16	16
Eau bouillante	3 pte	3 L
Huile de cuisson (facultatif)	1 c. à soupe	15 mL
Sel	2 c. à thé	10 mL
Sauce :		
Margarine dure (ou beurre)	¹/₃ tasse	75 mL
Farine tout usage	¹/₃ tasse	75 mL
Sel	1 c. à thé	5 mL
Poivre	¹/₄ c. à thé	1 mL
Lait	3 tasses	750 mL
Sherry (ou sherry sans alcool)	3 c. à soupe	50 mL
Muscade moulue	¹/₄ c. à thé	1 mL
Poudre d'ail	¹/₁₆ c. à thé	0,5 mL
Poivre de Cayenne	¹/₁₆ c. à thé	0,5 mL
Gruyère, râpé	³/₄ tasse	175 mL
Cheddar (ou havarti) blanc, râpé	1 tasse	250 mL
Parmesan frais, râpé	¹/₂ tasse	125 mL
Mozzarella, râpé	1 tasse	250 mL

Cuire les lasagnes dans l'eau bouillante additionnée de l'huile de cuisson et du sel dans une marmite ou un faitout découvert pendant 14 à 16 minutes jusqu'à ce qu'elles soient tendres, mais encore fermes. Égoutter. Rincer à l'eau froide et égoutter de nouveau.

Sauce : Faire fondre la margarine dans une casserole moyenne. Ajouter la farine, le sel et le poivre. Incorporer le lait, le sherry, la muscade, la poudre d'ail et le Cayenne et remuer jusqu'à ce que la préparation bouille et épaississe.

Assembler les couches suivantes dans un plat graissé de 22 x 33 cm (9 x 13 po) :

1. 4 lasagnes;
2. tout le gruyère;
3. 175 mL (³/₄ tasse) de sauce;
4. 4 lasagnes;
5. tout le cheddar blanc;
6. 175 mL (³/₄ tasse) de sauce;
7. 4 lasagnes;
8. tout le parmesan;
9. 175 mL (³/₄ tasse) de sauce;
10. 4 lasagnes;
11. le reste de sauce;
12. tout le mozzarella.

Cuire au four à découvert à 325 °F (160 °C) pendant 30 à 40 minutes jusqu'à ce que la lasagne soit chaude et que le fromage ait fondu. Laisser reposer 10 minutes avant de couper. Servir sur-le-champ. Couper en 12 morceaux.

1 morceau : 318 calories; 11 g de protéines; 13,3 g de matières grasses totales; 28 g de glucides; 524 mg de sodium; 1 g de fibres alimentaires

Photo ci-contre.

Pâtes jardinières

Un mélange de pâtes et de légumes croustillants. À servir tiède.

Radiatore	8 oz	225 g
Eau bouillante	3 pte	3 L
Huile de cuisson (facultatif)	1 c. à soupe	15 mL
Sel	1 c. à soupe	15 mL
Pois à écosser frais (petite poignée)		
Petits pois frais (ou surgelés)	½ tasse	125 mL
Bouquets de brocoli	1 tasse	250 mL
Petite courgette non pelée, tranchée	1 tasse	250 mL
Vin blanc (ou vin blanc sans alcool)	¾ tasse	175 mL
Basilic déshydraté	1 c. à thé	5 mL
Poivre	¹/₁₆ c. à thé	0,5 mL
Gousse d'ail, émincée (ou 1 mL, ¼ c. à thé, de poudre d'ail)	1	1
Champignons frais, tranchés	¾ tasse	175 mL
Carottes, râpées	¼ tasse	60 mL
Fromage à la crème léger, en morceaux	4 oz	125 g
Tomates cerises, en moitiés	8	8
Persil frais, haché	¼ tasse	60 mL
Parmesan râpé	2 c. à soupe	30 mL

Cuire les pâtes dans l'eau bouillante additionnée de l'huile de cuisson et du sel dans une marmite ou un faitout découvert pendant 6 minutes. Les pâtes ne seront pas complètement cuites.

Ajouter les 4 prochains ingrédients. Remuer. Porter à nouvelle ébullition. Laisser bouillir 2 minutes. Égoutter. Remettre les pâtes et les légumes dans la marmite. Couvrir pour les garder au chaud.

Combiner les 6 prochains ingrédients dans une petite casserole. Laisser mijoter jusqu'à ce que les légumes soient tendres.

Ajouter le fromage à la crème. Remuer jusqu'à ce qu'il ait fondu. L'ajouter au mélange de pâtes.

Ajouter les tomates, le persil et le parmesan. Remuer. Servir sur-le-champ. Donne 2 L (8 tasses).

250 mL (1 tasse) : 184 calories; 8 g de protéines; 3,5 g de matières grasses totales; 27 g de glucides; 188 mg de sodium; 3 g de fibres alimentaires

Photo à la page 131.

« Les pâtes n'étaient pas rares quand j'étais jeune, mais elles étaient utilisées pour des plats comme le macaroni au fromage ou le spaghetti aux boulettes. Nous n'avions certainement pas la diversité que l'on connaît aujourd'hui. »

Jean Paré

Nouilles tout-en-un

Ces nouilles brunâtres sont faciles à préparer. Elles complètent tous les menus.

Margarine dure (ou beurre)	1 c. à soupe	15 mL
Oignon haché	½ tasse	125 mL
Champignons tranchés, en conserve, égouttés	10 oz	284 mL
Cubes de bouillon de bœuf	5 x ¹/₅ oz	5 x 6 g
Eau bouillante	2½ tasses	625 mL
Fusilli	8 oz	250 g
Pignons (ou amandes), grillés au four à 350 °F (175 °C) pendant 5 à 8 minutes (facultatif)	½ tasse	125 mL

Faire fondre la margarine dans une marmite ou un faitout. Ajouter l'oignon et les champignons. Faire revenir jusqu'à ce que l'oignon soit mou.

Dissoudre les cubes de bouillon dans l'eau bouillante dans un petit bol. Ajouter le bouillon aux champignons.

Ajouter les pâtes. Porter à ébullition. Couvrir. Laisser mijoter à feu doux environ 10 minutes jusqu'à ce que les pâtes soient tendres et qu'il ne reste plus de liquide. Rajouter un peu d'eau bouillante, au besoin, en cours de cuisson. Si la préparation bout trop vite, les pâtes ne seront pas cuites même si elles auront absorbé tout le liquide.

Mêler les noix avec les pâtes ou les répandre sur le dessus. Donne 1,5 L (6 tasses).

250 mL (1 tasse) : 195 calories; 7 g de protéines; 3,1 g de matières grasses totales; 35 g de glucides; 668 mg de sodium; 2 g de fibres alimentaires

Photo à la page 130.

Nouilles aux fines herbes

Un savoureux mélange.

Nouilles larges	8 oz	225 g
Eau bouillante	2 pte	2 L
Huile de cuisson (facultatif)	1 c. à soupe	15 mL
Sel	2 c. à thé	10 mL
Huile d'olive (ou de cuisson)	1 c. à soupe	15 mL
Margarine dure (ou beurre)	1 c. à soupe	15 mL
Gousses d'ail, émincées	2	2
Persil frais, haché	½ tasse	125 mL
Basilic déshydraté	1 c. à thé	5 mL
Sel	½ c. à thé	2 mL
Piments forts déshydratés broyés	¼ c. à thé	1 mL
Parmesan râpé, une pincée		

Cuire les nouilles dans l'eau bouillante additionnée de l'huile de cuisson et de la première quantité de sel dans une marmite ou un faitout découvert pendant 5 à 7 minutes jusqu'à ce qu'elles soient tendres, mais encore fermes. Égoutter. Remettre les nouilles dans la marmite.

Faire chauffer l'huile d'olive et la margarine dans une poêle à frire à revêtement antiadhésif. Ajouter l'ail, le persil, le basilic, la seconde quantité de sel et les piments broyés. Faire revenir jusqu'à ce que l'ail soit mou Ajouter le tout aux pâtes. Mélanger.

Répandre le parmesan sur les pâtes. Donne environ 875 mL (3½ tasses).

250 mL (1 tasse) : 337 calories; 10 g de protéines; 8,5 g de matières grasses totales; 55 g de glucides; 438 mg de sodium; 2 g de fibres alimentaires

Photo à la page 131.

Lasagne en casserole

Une lasagne mêlée, gratinée au fromage.

Bœuf haché maigre	1 lb	454 g
Tomates étuvées, en conserve, non égouttées	14 oz	398 mL
Sachet de préparation à sauce spaghetti	1 × 1½ oz	1 × 43 g
Petits pois, surgelés	2 tasses	500 mL
Fromage cottage en crème	1 tasse	250 mL
Gros œuf, battu à la fourchette	1	1
Nouilles aux œufs moyennes (environ 825 mL, 3⅓ tasses)	8 oz	225 g
Eau bouillante	2½ pte	2,5 L
Huile de cuisson (facultatif)	1 c. à soupe	15 mL
Sel	2 c. à thé	10 mL
Parmesan râpé	¼ tasse	60 mL
Mozzarella partiellement écrémé, râpé	¾ tasse	175 mL

Faire revenir le bœuf haché dans une poêle à frire à revêtement antiadhésif jusqu'à ce qu'il ne soit plus rose. Égoutter.

Ajouter les tomates non égouttées et la préparation à sauce spaghetti. Bien remuer. Ajouter les pois, le fromage cottage et l'œuf. Remuer. Verser le tout dans une cocotte non graissée de 3 L (3 pte).

Cuire les nouilles dans l'eau bouillante additionnée de l'huile de cuisson et du sel dans une marmite ou un faitout découvert pendant 5 à 7 minutes jusqu'à ce qu'elles soient tendres, mais encore fermes. Égoutter. Les mettre dans la cocotte. Remuer légèrement.

Répandre les fromages sur les pâtes. Cuire au four à découvert à 350 °F (175 °C) environ 45 minutes. Pour 8 personnes.

1 portion : 325 calories; 25 g de protéines; 9,9 g de matières grasses totales; 33 g de glucides; 903 mg de sodium; 3 g de fibres alimentaires

Photo à la page 131.

1. Nouilles aux fines herbes, page 129
2. Pâtes jardinières, page 129
3. Lasagne en casserole, ci-dessus
4. Nouilles tout-en-un, page 129

Piérogues

Quand le temps ne manque pas, c'est le moment
de préparer ces savoureux piérogues farcis au fromage.
Servir avec de la crème sure, du bacon cuit émietté ou des oignons frits.

Pâte :

Farine tout usage	2¹/₃ tasses	575 mL
Huile de cuisson	2 c. à soupe	30 mL
Eau (davantage, au besoin)	¾ tasse	175 mL
Sel	½ c. à thé	2 mL

Garniture :

Purée de pommes de terre tiède	2 tasses	500 mL
Cheddar mi-fort, râpé	1 tasse	250 mL
Margarine dure (ou beurre)	2 c. à soupe	30 mL
Oignon en flocons, écrasé	2 c. à thé	10 mL
Sel	½ c. à thé	2 mL
Poivre	⅛ c. à thé	0,5 mL
Eau bouillante	4 pte	4 L

Margarine dure (ou beurre),
  fondue (facultatif)

Pâte : Bien combiner les 4 ingrédients dans un bol moyen. Pétrir la pâte sur une surface légèrement farinée jusqu'à ce qu'elle soit lisse. La remettre dans le bol et la laisser reposer 20 minutes.

Garniture : Bien mêler les 6 premiers ingrédients dans un bol moyen. Poser la pâte sur une surface légèrement farinée. L'abaisser à environ 1,5 mm (¹/₁₆ po) d'épaisseur, puis la couper en ronds de 6,4 cm (2½ po). Déposer une cuillerée à thé de garniture au centre de chaque rond. Replier la pâte sur la garniture, en pinçant le bord pour le sceller. À mesure qu'ils sont prêts, poser les piérogues sur une plaque à pâtisserie légèrement farinée et les recouvrir pour les empêcher de sécher.

Plonger les piérogues dans l'eau bouillante, en plusieurs tournées. Remuer avec une cuillère en bois pour les empêcher de coller. Laisser bouillir 3 à 4 minutes. Les piérogues sont prêts quand ils gonflent et remontent à la surface.

Les sortir de l'eau avec une écumoire et les mettre dans un grand bol. Ajouter la margarine fondue. Remuer pour les empêcher de coller ensemble. Couvrir. Garder les piérogues cuits au chaud en attendant qu'ils soient tous cuits. Donne environ 7 douzaines.

4 piérogues : 121 calories; 3 g de protéines; 4,5 g de matières grasses totales; 17 g de glucides; 179 mg de sodium; 1 g de fibres alimentaires

Photo à la page 133.

Remarque : On peut surgeler les piérogues individuellement sur des plateaux puis les mettre dans des sacs quand ils sont durs. Ne pas les dégeler avant de les cuire.

Sauce aux poivrons rouges

L'acide citrique donne du goût et du piquant!
La sauce est plutôt liquide; il vaut mieux la servir avec
des pâtes qui ont une forme, comme des radiatore ou des fusilli.

Poivrons rouges, hachés	2 tasses	500 mL
Eau	½ tasse	125 mL
Bouillon de poulet en poudre	1 c. à soupe	15 mL
Lait écrémé évaporé	1 tasse	250 mL
Sel	¼ c. à thé	1 mL
Poivre, une petite pincée		
Poudre d'oignon	¼ c. à thé	1 mL
Acide citrique (vendu en pharmacie), facultatif	⅛ c. à thé	0,5 mL

Mettre le poivron, l'eau et le bouillon en poudre dans une casserole moyenne. Couvrir. Laisser mijoter jusqu'à ce que le poivron soit mou. Ne pas égoutter. Laisser refroidir légèrement. Verser le tout dans le mélangeur et combiner jusqu'à ce que la préparation soit lisse.

Combiner le lait évaporé, le sel, le poivre, la poudre d'oignon et l'acide citrique dans une petite casserole. Porter à ébullition. Ajouter le mélange de poivron rouge. Porter à nouvelle ébullition. Donne environ 500 mL (2 tasses) de sauce.

125 mL (½ tasse) : 76 calories; 6 g de protéines; 0,6 g de matières grasses totales; 12 g de glucides; 736 mg de sodium; 1 g de fibres alimentaires

Photo ci-dessous.

Remarque : Pour épaissir la sauce, délayer 10 mL (2 c. à thé) de fécule de maïs dans 10 mL (2 c. à thé) d'eau. Incorporer ce liquide au mélange en ébullition et remuer jusqu'à ce que la sauce épaississe.

Sauce aux poivrons rouges

En haut, à gauche : Piérogues, page 132   En bas, à gauche : Manicotti au fromage, ci-dessous   À droite : Pilaf arménien, ci-dessous

Manicotti au fromage

Un joli plat, qui remplit bien.

Sauce à la viande :

Bœuf haché maigre	½ lb	225 g
Oignon haché	½ tasse	125 mL
Champignons frais, hachés	1 tasse	250 mL
Gousse d'ail, émincée (ou 1 mL, ¼ c. à thé, de poudre d'ail)	1	1
Pâte de tomates	5½ oz	156 mL
Eau	1½ tasse	375 mL
Sel	½ c. à thé	2 mL
Poivre	⅛ c. à thé	0,5 mL
Manicotti	8	8
Eau bouillante	3 pte	3 L
Huile de cuisson (facultatif)	1 c. à soupe	15 mL
Sel	2 c. à thé	10 mL

Garniture au fromage :

Gros œuf	1	1
Fromage cottage en crème	¾ tasse	175 mL
Mozzarella partiellement écrémé, râpé	¾ tasse	175 mL
Parmesan râpé	¼ tasse	60 mL
Persil en flocons	1½ c. à thé	7 mL

Sauce à la viande : Faire revenir le bœuf haché, l'oignon, les champignons et l'ail dans une poêle à frire à revêtement antiadhésif jusqu'à ce que le bœuf ne soit plus rose. Égoutter.

Ajouter les 4 prochains ingrédients. Remuer. Recouvrir le fond d'une cocotte ou d'un plat peu profond non graissé de 22 x 22 cm (9 x 9 po).

Cuire les manicotti dans l'eau bouillante additionnée de l'huile de cuisson et du sel dans une marmite ou un faitout découvert pendant 6 à 7 minutes jusqu'à ce qu'ils soient tendres, mais encore fermes. Égoutter. Rincer à l'eau froide et égoutter de nouveau.

Garniture au fromage : Combiner les 5 prochains ingrédients dans un petit bol. Remplir les manicotti de ce mélange et les poser en une couche sur la sauce, dans le plat. Les napper avec le reste de la sauce. Cuire au four sous couvert à 350 °F (175 °C) environ 40 minutes. Pour 4 personnes.

1 portion : 351 calories; 31 g de protéines; 12,9 g de matières grasses totales; 28 g de glucides; 827 mg de sodium; 3 g de fibres alimentaires

Photo ci-dessus.

Pilaf arménien

Contient à la fois des pâtes et du riz.
Parfait avec du bœuf, du poulet, du poisson ou du porc.

Margarine dure (ou beurre)	2 c. à soupe	30 mL
Vermicelle (ou cheveux d'ange) non cuits, brisés	½ tasse	125 mL
Riz blanc à grains longs	1½ tasse	375 mL
Eau	3 tasses	750 mL
Bouillon de poulet en poudre	2 c. à soupe	30 mL
Sel	½ c. à thé	2 mL
Poivre	¼ c. à thé	1 mL

Faire fondre la margarine dans une grande casserole. Ajouter les pâtes. Remuer de temps en temps jusqu'à ce qu'elles soient dorées.

Ajouter les 5 derniers ingrédients. Remuer. Couvrir. Laisser mijoter pendant 15 à 20 minutes jusqu'à ce que le riz et les pâtes soient tendres. Donne 1,25 L (5 tasses).

175 mL (¾ tasse) : 223 calories; 4 g de protéines; 4,4 g de matières grasses totales; 40 g de glucides; 835 mg de sodium; 1 g de fibres alimentaires

Photo ci-dessus.

Tartes

Les tartes ont une longue tradition en

Amérique du Nord et les gens les préparent depuis

des siècles. Quoi de plus délectable qu'une pointe de tarte

après le repas, que ce soit au dîner, au souper, ou même

au déjeuner? On cherche depuis des lustres à maîtriser

l'art de la pâte brisée. Aujourd'hui, il est tellement simple

d'acheter une abaisse surgelée ou une préparation à pâte

commerciale. Il suffit ensuite d'une boîte de garniture à

tarte et le tour est joué—vous avez une tarte faite

maison. La prochaine fois que vous recevez,

essayez la tarte aux flocons d'avoine ou la

tarte congelée au beurre d'arachides.

Tarte au caramel

Une tarte lisse et croquante. Se prépare à l'avance.

Fond de biscuits Graham :		
Margarine dure (ou beurre)	⅓ tasse	75 mL
Chapelure de biscuits Graham	1¼ tasse	300 mL
Garniture :		
Sachet de gélatine non parfumée	1 × ¼ oz	1 × 7 g
Eau	¼ tasse	60 mL
Caramels	30	30
Lait	1¾ tasse	425 mL
Vanille	½ c. à thé	2 mL
Sachet de garniture à dessert (préparée selon les directives données sur l'emballage)	1	1
Barres de caramel croquant au beurre enrobées de chocolat (Skor ou Heath par exemple), réduites en miettes fines au mélangeur	2 × 1½ oz	2 × 39 g

Fond de biscuits Graham : Faire fondre la margarine dans une petite casserole. Incorporer la chapelure. Presser le tout dans un moule à tarte non graissé de 22 cm (9 po). Cuire au four à 350 °F (175 °C) pendant 10 minutes. Laisser refroidir.

Garniture : Répandre la gélatine sur l'eau dans un petit bol.

Faire chauffer les caramels, le lait et la vanille dans une casserole moyenne, en remuant souvent, jusqu'à ce que les caramels soient fondus. Ajouter le mélange de gélatine. Remuer jusqu'à ce qu'elle soit dissoute. Réfrigérer, en remuant et en raclant souvent les parois de la casserole, jusqu'à ce que la garniture ait épaissi.

Incorporer la garniture à dessert fouettée en pliant. Verser le tout dans la croûte.

Répandre les miettes de caramel croquant sur le dessus. Couper en 8 pointes.

1 pointe : 397 calories; 7 g de protéines; 17,9 g de matières grasses totales; 56 g de glucides; 383 mg de sodium; trace de fibres alimentaires

Photo à la page 134.

« Quand j'ai commencé à faire des tartes, nous n'avions qu'un poêle à bois. Le feu était assez chaud pour cuire un gâteau lorsqu'on sentait la chaleur sur son bras, mais quand il était assez chaud pour une tarte, on se faisait carrément brûler les poils! »

Jean Paré

En haut : Tarte au caramel, ci-contre
En bas : Tarte aux cerises et à la crème, page 136

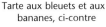

Tarte aux bleuets et aux
bananes, ci-contre

Tarte à la cassonade

*La journée de travail est vite oubliée en mangeant
cette tarte qui forme un nid prêt à accueillir la garniture fouettée.*

Cassonade, tassée	¾ tasse	175 mL
Sirop d'érable	¾ tasse	175 mL
Lait évaporé (ou crème légère)	⅓ tasse	75 mL
Margarine dure (ou beurre)	3 c. à soupe	50 mL
Jaunes de gros œufs	3	3
Blancs de gros œufs, à la température de la pièce	3	3
Muscade moulue, une pincée		
Abaisse profonde de 22 cm (9 po)	1	1
Sachet de garniture à dessert (préparée selon les directives données sur l'emballage) ou 250 mL (1 tasse) de crème fouettée	1	1

Combiner les 5 premiers ingrédients au fouet dans une petite casserole. Chauffer, en remuant constamment, jusqu'à ce que la préparation soit chaude et ait légèrement épaissi. Retirer du feu.

Monter les blancs d'œufs en neige ferme dans un bol moyen. Saupoudrer de muscade. Les incorporer graduellement au mélange chaud, en pliant.

Verser le tout dans l'abaisse. Cuire dans le bas du four à 350 °F (175 °C) pendant 40 à 50 minutes jusqu'à ce que la tarte soit dorée. Laisser refroidir. La garniture s'affaisse au centre.

Remplir le centre de garniture à dessert. Couper en 8 pointes.

1 pointe : 387 calories; 5 g de protéines; 16,4 g de matières grasses totales; 56 g de glucides; 249 mg de sodium; trace de fibres alimentaires

Photo à la page 137.

Tarte aux bleuets et aux bananes

Une tarte très élégante, à garnir de garniture fouettée.

Petites bananes, tranchées	2	2
Fond de tarte de 25 cm (10 po) (ou fond profond de 22 cm, 9 po)	1	1
Fromage à la crème, ramolli	8 oz	250 g
Sucre granulé	¾ tasse	175 mL
Sachet de garniture à dessert (préparée selon les directives données sur l'emballage)	1	1
Garniture à tarte aux bleuets, en conserve	19 oz	540 mL

Étaler les tranches de banane dans le fond de tarte en le recouvrant complètement.

Battre fromage à la crème et le sucre dans un bol moyen jusqu'à ce que le mélange soit lisse.

Incorporer la garniture à dessert en pliant. Étaler le tout sur les bananes à la cuillère.

Déposer la garniture à tarte en petits monticules ici et là sur la garniture fouettée. L'étaler aussi bien que possible. Bien réfrigérer. Couper en 8 pointes.

1 pointe : 442 calories; 5 g de protéines; 22 g de matières grasses totales; 59 g de glucides; 258 mg de sodium; 1 g de fibres alimentaires

Photo ci-contre.

Tarte aux cerises et à la crème

*Une couche de fromage crémeuse recouverte
d'une couche rouge. Le contraste est saisissant.*

Pâte brisée pour une tarte de 25 cm (10 po) ou une tarte profonde de 22 cm, 9 po, faite maison ou commerciale		
Garniture à tarte aux cerises, en conserve	19 oz	540 mL
Garniture :		
Fromage à la crème léger	8 oz	250 g
Gros œufs	2	2
Sucre granulé	⅔ tasse	150 mL
Farine tout usage	3 c. à soupe	50 mL
Vanille	1 c. à thé	5 mL
Garniture fouettée surgelée (en gros contenant), dégelée	1 tasse	250 mL

Abaisser la pâte sur une surface légèrement farinée. La poser dans un moule à tarte non graissé. Pincer le bord et le tailler.

Étaler la garniture à tarte sur la pâte. Cuire dans le bas du four à 425 °F (220 °C) pendant 15 minutes.

Garniture : Battre fromage à la crème, les œufs, le sucre, la farine et la vanille dans un bol moyen jusqu'à ce que le mélange soit lisse. Dresser le tout en petits monticules sur la garniture aux cerises. Égaliser le dessus. Réduire la chaleur à 350 °F (175 °C). Cuire environ 30 minutes. Réfrigérer.

Décorer de festons de garniture fouettée. Couper en 8 pointes.

1 pointe : 392 calories; 7 g de protéines; 16,7 g de matières grasses totales; 55 g de glucides; 454 mg de sodium; 1 g de fibres alimentaires

Photo à la page 134.

Tarte aux flocons d'avoine

Riche comme une tarte aux pacanes. Un régal!

Margarine dure (ou beurre), ramollie	6 c. à soupe	100 mL
Sucre granulé	1 tasse	250 mL
Gros œufs	2	2
Sirop de maïs doré	¾ tasse	175 mL
Vanille	1 c. à thé	5 mL
Flocons d'avoine à cuisson rapide (pas instantanée)	1 tasse	250 mL
Abaisse de 22 cm (9 po)	1	1

Battre en crème la margarine avec le sucre dans un bol moyen. Incorporer les œufs 1 à 1 en battant. Ajouter le sirop de maïs et la vanille. Mélanger.

Incorporer les flocons d'avoine.

Verser le tout dans l'abaisse. Cuire dans le bas du four à 350 °F (175 °C) pendant 40 à 50 minutes jusqu'à ce que la garniture soit prise. Recouvrir la pâte de papier d'aluminium si elle dore trop. Couper en 8 pointes.

1 pointe : 449 calories; 5 g de protéines; 18,2 g de matières grasses totales; 68 g de glucides; 280 mg de sodium; 1 g de fibres alimentaires

Photo ci-dessous.

Tarte aux framboises fraîches

Décorer avec de la crème fouettée.

Eau	1½ tasse	375 mL
Sucre granulé	¾ tasse	175 mL
Fécule de maïs	2 c. à soupe	30 mL
Gélatine parfumée à la framboise (gelée en poudre)	1 × 3 oz	1 × 85 g
Framboises fraîches	4 tasses	1 L
Fond de tarte de 22 cm (9 po)	1	1

Combiner l'eau, le sucre et la fécule de maïs dans une petite casserole à feu moyen. Chauffer en remuant jusqu'à ce que la préparation bouille et épaississe.

Ajouter la gélatine. Remuer jusqu'à ce qu'elle soit dissoute. Laisser refroidir 30 minutes.

Étaler les framboises dans le fond de tarte. Étaler le mélange de gélatine sur le dessus. Réfrigérer jusqu'à ce qu'il soit pris. Couper en 8 pointes.

1 pointe : 267 calories; 3 g de protéines; 7,9 g de matières grasses totales; 48 g de glucides; 168 mg de sodium; 3 g de fibres alimentaires

Photo ci-dessous.

En haut, à gauche : Tarte aux flocons d'avoine, ci-dessus   En haut, à droite et en bas, à gauche : Tarte à la cassonade, page 136   En bas, à droite : Tarte aux framboises fraîches, ci-dessus

En haut : Tarte au beurre et aux dattes, ci-contre
En bas : Tarte congelée au beurre d'arachides, ci-dessous

Tarte congelée au beurre d'arachides

Quoi de plus simple qu'une tarte qui se conserve au congélateur.
Servir avec de la garniture fouettée ou du sirop au chocolat, ou les deux!

Fond de chapelure au chocolat :		
Margarine dure (ou beurre)	1/3 tasse	75 mL
Gaufrettes au chocolat	1 1/3 tasse	325 mL
Sucre granulé	1/4 tasse	60 mL
Crème glacée à la vanille	3 tasses	750 mL
Beurre d'arachides crémeux (ou croquant)	1/2 tasse	125 mL
Arachides non salées, écrasées ou broyées	1/4 tasse	60 mL
Sachet de garniture à dessert (non préparée)	1	1
Lait	1/2 tasse	125 mL
Arachides non salées, écrasées ou broyées	2 c. à soupe	30 mL

Fond de chapelure au chocolat : Faire fondre la margarine dans une petite casserole. Incorporer la chapelure et le sucre. Presser le tout dans un moule à tarte non graissé de 22 cm (9 po). Cuire au four à 350 °F (175 °C) pendant 10 minutes. Laisser refroidir complètement.

Bien combiner la crème glacée avec le beurre d'arachides et la première quantité d'arachides dans un bol moyen.

Battre la garniture à dessert et le lait dans un petit bol jusqu'à obtenir une neige ferme. L'incorporer en pliant au mélange de crème glacée. Verser le tout dans le fond de tarte.

Répandre la seconde quantité d'arachides sur le dessus. Congeler. Sortir du congélateur environ 10 minutes avant de servir. Couper en 8 pointes.

1 pointe : 468 calories; 10 g de protéines; 31,1 g de matières grasses totales; 42 g de glucides; 263 mg de sodium; 2 g de fibres alimentaires

Photo ci-dessus.

Tarte au beurre et aux dattes

Une tarte délectable. La décorer avec de la garniture fouettée.

Pâte brisée pour une tarte de
22 cm (9 po), faite maison
ou commerciale

Garniture :		
Margarine dure (ou beurre)	1/2 tasse	125 mL
Cassonade, tassée	1/2 tasse	125 mL
Sucre granulé	1/2 tasse	125 mL
Jaunes de gros œufs	2	2
Vanille	1/2 c. à thé	2 mL
Vinaigre blanc	1 c. à soupe	15 mL
Pacanes (ou noix de Grenoble), hachées	3/4 tasse	175 mL
Dattes, hachées	1 tasse	250 mL
Blancs de gros œufs, à la température de la pièce	2	2

Abaisser la pâte sur une surface légèrement farinée. La poser dans un moule à tarte non graissé. Pincer le bord et le tailler.

Garniture : Battre en crème la margarine, le sucre, la cassonade, les jaunes d'œufs et la vanille dans un bol moyen jusqu'à ce que le mélange soit lisse.

Incorporer le vinaigre, les pacanes et les dattes.

Monter les blancs d'œufs en neige ferme dans un petit bol. Les incorporer en pliant au mélange de dattes. Verser le tout dans le moule. Cuire au four à 350 °F (175 °C) pendant 45 à 55 minutes. Couper en 8 pointes.

1 pointe : 477 calories; 4 g de protéines; 29 g de matières grasses totales; 54 g de glucides; 302 mg de sodium; 3 g de fibres alimentaires

Photo ci-contre.

Tarte au citron et au fromage

Une tarte lisse, délicieusement parfumée au citron.

Sucre granulé	1 1/4 tasse	300 mL
Fécule de maïs	1/4 tasse	60 mL
Eau chaude	1 tasse	250 mL
Jus de citron	1/3 tasse	75 mL
Zeste de citron, râpé fin	1 c. à thé	5 mL
Gros œuf, battu à la fourchette	1	1
Fromage à la crème, coupé en morceaux	8 oz	250 g
Sachet de garniture à dessert (préparée selon les directives données sur l'emballage)	1	1
Fond de tarte de 22 cm (9 po)	1	1

Combiner le sucre et la fécule de maïs dans une casserole moyenne. Ajouter l'eau chaude et mélanger. Ajouter le jus de citron, le zeste et l'œuf. Chauffer en remuant à feu moyen jusqu'à ce que la préparation bouille et épaississe.

Ajouter le fromage à la crème. Remuer jusqu'à ce qu'il ait fondu et que la préparation soit lisse. Laisser refroidir complètement.

Incorporer la garniture à dessert en pliant.

Verser le tout dans le fond de tarte. Réfrigérer. Couper en 8 pointes.

1 pointe : 406 calories; 5 g de protéines; 20,6 g de matières grasses totales; 52 g de glucides; 243 mg de sodium; trace de fibres alimentaires

Photo à la page 139.

Tarte au citron et au fromage, page 138

Tarte au faux mincemeat, ci-contre

Tarte au faux mincemeat

Pendant la dépression, cette recette permettait
de faire des tartes au mincemeat de façon économique.

Sucre granulé	1 tasse	250 mL
Cannelle moulue	½ c. à thé	2 mL
Muscade moulue	¼ c. à thé	1 mL
Clou de girofle moulu	¼ c. à thé	1 mL
Sel	¼ c. à thé	1 mL
Raisins secs	1 tasse	250 mL
Crème sure	1 tasse	250 mL
Jaunes de gros œufs	3	3
Abaisse de tarte de 22 cm (9 po)	1	1
Meringue : (voir remarque)		
Blancs de gros œufs, à la température de la pièce	3	3
Crème de tartre	¼ c. à thé	1 mL
Sucre granulé	6 c. à soupe	100 mL

Mettre les 5 premiers ingrédients dans un bol moyen. Bien remuer.

Incorporer les raisins secs, la crème sure et les jaunes d'œufs.

Verser le tout dans l'abaisse. Cuire dans le bas du four à 425 °F (220 °C) pendant 10 minutes. Réduire la chaleur à 350 °F (175 °C). Cuire environ 50 minutes, jusqu'à ce que la garniture soit prise.

Meringue : Battre les blancs d'œufs et la crème de tartre dans un bol moyen jusqu'à ce que le mélange soit presque ferme. Ajouter graduellement le sucre, en battant, jusqu'à ce que la préparation soit ferme et que le sucre soit dissous. Étaler le tout sur la tarte chaude. Enfourner de nouveau environ 15 minutes jusqu'à ce que la meringue soit dorée. Couper en 8 pointes.

1 pointe : 383 calories; 5 g de protéines; 13,8 g de matières grasses totales; 62 g de glucides; 273 mg de sodium; 1 g de fibres alimentaires

Photo ci-dessus.

Remarque : Pour faire cette tarte sans meringue, utiliser 2 œufs entiers dans la garniture au lieu de 3 jaunes d'œufs.

Tartelettes à la marmelade, page 141

Tarte aux fraises

Un délicieuse tarte fermée comme maman les faisait. Les tartes glacées n'avaient pas encore été « inventées ». Servir avec de la crème fouettée.

Pâte brisée, pour une tarte fermée (faite maison ou commerciale)		
Fraises fraîches, en moitiés (en quartiers si elles sont grosses)	4 tasses	1 L
Sucre granulé	1 tasse	250 mL
Tapioca minute	3 c. à soupe	50 mL
Sucre granulé	¼ à ½ c. à thé	1 à 2 mL

Abaisser la pâte sur une surface légèrement farinée. La poser dans un moule à tarte non graissé de 22 cm (9 po). Abaisser la pâte pour la croûte supérieure.

Mettre les fraises, la première quantité de sucre et le tapioca dans un grand bol. Mélanger. Laisser reposer 15 minutes. Remuer. Verser dans le moule. Humecter le tour de la pâte. Mettre la croûte supérieure en place. Pincer le bord pour le sceller et inciser le dessus.

Saupoudrer la seconde quantité de sucre sur le dessus. Cuire dans le bas du four à 350 °F (175 °C) environ 45 minutes jusqu'à ce que la tarte soit cuite. Couper en 8 pointes.

1 pointe : 361 calories; 3 g de protéines; 15,3 g de matières grasses totales; 54 g de glucides; 277 mg de sodium; 2 g de fibres alimentaires

Photo ci-dessous.

> « *Le dimanche soir, toute la famille se réunissait autour de la télévision pour regarder Bonanza en mangeant des tartines à la cannelle et en buvant du chocolat chaud.* »
>
> Jean Paré

Tarte aux fraises

Tartelettes à la marmelade

Même si le mélange peut sembler étrange, le résultat est savoureux.

Pâte brisée pour une tarte fermée (faite maison ou commerciale)		
Marmelade d'oranges	³/₄ tasse	175 mL
Cheddar fort, râpé	³/₄ tasse	175 mL
Sucre granulé	¼ à ½ c. à thé	1 à 2 mL

Abaisser la pâte sur une surface légèrement farinée. La couper en 24 ronds de 7,5 cm (3 po) de diamètre. Poser les ronds dans les 24 cavités de plaques à muffins graissées. Abaisser le reste de la pâte et y couper 24 motifs décoratifs.

Combiner la marmelade et le fromage dans un petit bol. Répartir le tout dans les cavités. Couvrir avec la pâte coupée en formes décoratives.

Saupoudrer une pincée de sucre sur chaque tartelette. Cuire au four à 450 °F (230 °C) pendant 12 à 15 minutes jusqu'à ce que la pâte soit dorée. Donne 24 tartelettes.

1 tartelette : 117 calories; 2 g de protéines; 6,3 g de matières grasses totales; 14 g de glucides; 117 mg de sodium; 1 g de fibres alimentaires

Photo ci-contre et à la page 140.

Tarte au Kahlua

Tarte au Kahlua

Un délice! La garnir de copeaux de chocolat ou de garniture fouettée, ou les deux.

Fond de chapelure Graham au chocolat :		
Margarine dure (ou beurre)	6 c. à soupe	100 mL
Chapelure de biscuits Graham	1¼ tasse	300 mL
Cacao	1 c. à soupe	15 mL
Sucre granulé	2 c. à soupe	30 mL
Garniture :		
Grosses guimauves	30	30
Lait	¼ tasse	60 mL
Café	¼ tasse	60 mL
Kahlua	½ tasse	125 mL
Sachet de garniture à dessert (préparée selon les directives données sur l'emballage)	1	1

Fond de chapelure Graham au chocolat : Faire fondre la margarine dans une petite casserole. Incorporer la chapelure Graham, le cacao et le sucre. Presser le tout dans un moule à tarte non graissé de 22 cm (9 po). Cuire au four à 350 °F (175 °C) pendant 10 minutes. Laisse refroidir complètement.

Garniture : Faire chauffer les guimauves, le lait et le café dans une grande casserole, en remuant souvent, jusqu'à ce que les guimauves aient fondu.

Incorporer le Kahlua. Réfrigérer, en remuant de temps en temps, jusqu'à ce que la garniture commence à épaissir.

Incorporer la garniture à dessert en pliant. Verser le tout dans le fond de tarte. Réfrigérer. Couper en 8 pointes.

1 pointe : 347 calories; 3 g de protéines; 13,3 g de matières grasses totales; 48 g de glucides; 267 mg de sodium; 1 g de fibres alimentaires

Photo ci-dessus.

Tarte aux carottes, ci-dessous

Tarte au vinaigre, ci-dessous

Tarte aux carottes

Cette recette date des années 1930. Elle a le goût d'une tarte à la citrouille.

Gros œufs	2	2
Sucre granulé	½ tasse	125 mL
Cannelle moulue	¾ c. à thé	4 mL
Muscade moulue	½ c. à thé	2 mL
Gingembre moulu	½ c. à thé	2 mL
Clou de girofle moulu	⅛ c. à thé	0,5 mL
Carottes cuites, réduites en purée	1 tasse	250 mL
Lait	1½ tasse	375 mL
Mélasse de fantaisie (facultatif, mais bon)	1 c. à soupe	15 mL
Abaisse de 25 cm (10 po)	1	1
Sachet de garniture à dessert (préparée selon les directives données sur l'emballage)	1	1

Légèrement battre les œufs dans un bol moyen. Ajouter les 8 prochains ingrédients dans l'ordre et mélanger.

Verser le tout dans l'abaisse. Cuire dans le bas du four à 450 °F (230 °C) pendant 10 minutes. Réduire la chaleur à 350 °C (175 °C). Cuire environ 45 minutes jusqu'à ce qu'un couteau enfoncé au centre ressorte propre. Laisser refroidir.

Étaler la garniture à dessert sur la tarte. Couper en 8 pointes.

1 pointe : 269 calories; 6 g de protéines; 12,8 g de matières grasses totales; 33 g de glucides; 226 mg de sodium; 1 g de fibres alimentaires

Photo ci-dessus.

Remarque : On peut utiliser une baisse de 22 cm (9 po). Le cas échéant, il restera environ 150 mL (⅔ tasse) de garniture à cuire dans un récipient à part.

Tarte au vinaigre

Lorsque le magasin était loin et que les citrons frais étaient rares, cette tarte remplaçait bien la tarte au citron. Elle a le même goût.

Vinaigre blanc	⅓ tasse	75 mL
Sucre granulé	½ tasse	125 mL
Eau	1¾ tasse	425 mL
Sucre granulé	½ tasse	125 mL
Farine tout usage	6 c. à soupe	100 mL
Jaunes de gros œufs	3	3
Eau	¼ tasse	60 mL
Essence de citron	1 c. à thé	5 mL
Fond de tarte de 22 cm (9 po)	1	1
Meringue :		
Blancs de gros œufs, à la température de la pièce	3	3
Vinaigre blanc	½ c. à thé	2 mL
Sucre granulé	6 c. à soupe	100 mL

Mettre le vinaigre ainsi que les premières quantités de sucre et d'eau dans une casserole moyenne. Remuer. Porter à ébullition à feu moyen.

Combiner les 5 prochains ingrédients dans un petit bol. Incorporer le tout au mélange en ébullition et remuer jusqu'à ce que la préparation bouille de nouveau et épaississe.

Verser le tout dans le fond de tarte.

Meringue : Battre les blancs d'œuf et le vinaigre dans un petit bol jusqu'à obtenir une neige ferme. Ajouter graduellement le sucre, en battant jusqu'à ce que le mélange soit ferme et que le sucre soit dissous. Étaler le tout sur la tarte, en allant bien jusqu'au bord. Cuire au four à 350 °F (175 °C) environ 10 minutes jusqu'à ce que la meringue soit dorée. Couper en 8 pointes.

1 pointe : 301 calories; 4 g de protéines; 9,5 g de matières grasses totales; 51 g de glucides; 162 mg de sodium; trace de fibres alimentaires

Photo ci-dessus.

Tarte à la crème anglaise sans croûte

(version d'antan)

J'ai trouvé cette recette dans un livre datant de 1886 que m'a prêté une amie. C'est une méthode intéressant pour préparer une tarte sans fond. La mesure de lait varie selon l'interprétation de la cuisinière puisque la recette indique de « remplir le moule à tarte ».

> Tarte à la crème anglaise sans croûte
>
> Trois œufs; 3 cuillerées à soupe de sucre, ½ tasse de farine complète; sel et essence. La farine tombe au fond et forme une bonne croûte. Remplir le moule à tarte de lait, en combinant d'abord une partie du lait avec les autres ingrédients.

Tarte impossible

(version moderne)

À l'origine, cette tarte ne contenait pas de noix de coco. Les proportions plus généreuses conviennent mieux pour les moules modernes. Servir avec une cuillerée de confiture.

Gros œufs	3	3
Lait	2 tasses	500 mL
Sucre granulé	3 c. à soupe	50 mL
Farine tout usage	½ tasse	125 mL
Vanille	1 c. à thé	5 mL
Sel	¼ c. à thé	1 mL
Noix de coco moyenne	1 tasse	250 mL

Mettre les 6 premiers ingrédients dans le mélangeur et combiner jusqu'à ce que le mélange soit lisse. On peut aussi battre les ingrédients dans un bol moyen.

Répandre la noix de coco dans le fond d'un moule à tarte graissé de 22 cm (9 po). Verser le contenu du mélangeur sur la noix de coco. Cuire dans le fond du four à 350 °F (175 °C) pendant 45 à 55 minutes jusqu'à ce qu'un couteau enfoncé au centre ressorte propre. Couper en 8 pointes.

1 pointe : 184 calories; 6 g de protéines; 10,3 g de matières grasses totales; 17 g de glucides; 145 mg de sodium; 1 g de fibres alimentaires

Photo ci-dessous.

Tarte impossible

Porc

Les rôtis, côtelettes et filets de porc ainsi que le bacon sont consommés depuis des siècles. De nos jours, avec les réfrigérateurs et les congélateurs, nous pouvons nous permettre de conserver du porc et de planifier nos menus quelques semaines à l'avance. La compote de pommes a toujours été servie avec le porc, une tradition qui persiste aujourd'hui. Cependant, nous sommes convaincus que lorsque vous aurez essayé les côtes levées aux mûres et le pain de jambon et de poulet, vous les adorerez.

Côtes levées aux mûres

Des côtes glacées légèrement sucrées. À griller au four ou au barbecue.

Côtes de porc, détaillées en sections de 2 ou 3 côtes chacune	3¹/₂ lb	1,6 kg
Eau, pour couvrir		
Sel	1 c. à thé	5 mL
Glaçage aux mûres :		
Confiture (ou gelée) de mûres	¹/₂ tasse	125 mL
Ketchup	¹/₃ tasse	75 mL
Sauce à bifteck	1 c. à soupe	15 mL
Moutarde sèche	¹/₂ c. à thé	2 mL
Poudre d'ail	¹/₈ c. à thé	0,5 mL

Ébouillanter les côtes dans l'eau additionnée du sel dans une grande casserole pendant environ 1 heure jusqu'à ce qu'elles soient très tendres. Les égoutter et les poser sur une lèchefrite graissée. Recouvrir la lèchefrite de papier d'aluminium pour faciliter le nettoyage.

Glaçage aux mûres : Combiner les 5 ingrédients dans une petite casserole. Chauffer, en remuant souvent, jusqu'à ce que la préparation bouille. Laisser mijoter 5 à 10 minutes. Donne 250 mL (1 tasse) de glaçage. En badigeonner les côtes chaudes. Les griller au four ou au barbecue environ 5 minutes de chaque côté. Pour 4 personnes.

1 portion : 611 calories; 37 g de protéines; 35,8 g de matières grasses totales; 35 g de glucides; 761 mg de sodium; 1 g de fibres alimentaires

Photo à la page 145.

POULET AUX MÛRES : Cuire environ 1,4 kg (3 lb) de morceaux de poulet dans l'eau salée environ 40 minutes. Badigeonner de glaçage puis griller au four ou au barbecue.

Côtes aigres-douces

Sucrées, aigres, épicées et tendres, le tout cuit dans une rôtissoire.

Côtes de porc, détaillées en sections de 2 ou 3 côtes chacune	5 lb	2,3 kg
Eau, pour couvrir		
Sauce aigre-douce à la fumée :		
Cassonade, tassée	³/₄ tasse	175 mL
Poudre chili	¹/₂ c. à thé	2 mL
Vinaigre de cidre	³/₄ tasse	175 mL
Ketchup	¹/₂ tasse	125 mL
Petit oignon, haché	1	1
Sauce Worcestershire	2 c. à soupe	30 mL
Eau	¹/₂ tasse	125 mL
Sel	¹/₂ c. à thé	2 mL
Fécule de maïs	1 c. à soupe	15 mL
Moutarde sèche	1 c. à thé	5 mL
Fumée liquide	¹/₈ c. à thé	0,5 mL
Agent de brunissement liquide	¹/₈ c. à thé	0,5 mL

Ébouillanter les côtes dans l'eau dans une marmite ou un faitout découvert pendant 15 minutes. Égoutter. Mettre les côtes dans une petite rôtissoire.

Sauce aigre-douce à la fumée : Combiner les 12 ingrédients dans un bol moyen. Verser la sauce sur les côtes. Cuire au four sous couvert à 350 °F (175 °C) pendant 1 à 1¹/₂ heure jusqu'à ce que le porc soit tendre et se détache des os. Pour 6 personnes.

1 portion : 607 calories; 35 g de protéines; 34,3 g de matières grasses totales; 39 g de glucides; 714 mg de sodium; 1 g de fibres alimentaires

Photo à la page 145.

1. Côtes aigres-douces, ci-dessus
2. Côtes levées aux mûres, ci-contre
3. Porc aigre-doux, page 145

Porc aigre-doux

Ce plat contient seulement de la viande. À servir sur du riz.

Tranches de porc maigre, désossées et dégraissées, coupées en cubes de 3,8 cm (1½ po)	3 lb	1,4 kg
Eau, pour couvrir		
Sauce aigre-douce :		
Bouillon réservé	1 tasse	250 mL
Cassonade, tassée	⅔ tasse	150 mL
Vinaigre blanc	½ tasse	125 mL
Ketchup	½ tasse	125 mL

Cuire le porc dans l'eau dans une marmite ou un faitout découvert pendant 1 à 1½ heure. Égoutter le bouillon et en réserver 250 mL (1 tasse).

Sauce aigre-douce : Combiner les 4 ingrédients dans un petit bol. Verser la sauce sur le porc. Laisser mijoter à feu doux, en remuant de temps en temps, pendant 30 minutes. Pour 8 personnes.

1 portion : 259 calories; 25 g de protéines; 6,6 g de matières grasses totales; 24 g de glucides; 315 mg de sodium; trace de fibres alimentaires

Photo ci-contre.

Gratin de jambon et de chou-fleur

Gratin au jambon rapide

*Une fois que les petits oignons sont pelés,
il ne reste pratiquement plus qu'à enfourner.*

Petits oignons blancs, pelés (voir remarque)	24	24
Eau, pour couvrir		
Lait	1 tasse	250 mL
Farine tout usage	2 c. à soupe	30 mL
Sel	½ c. à thé	2 mL
Poivre	⅛ c. à thé	0,5 mL
Tranche de jambon désossé	1 lb	454 g
Tranches minces de préparation de fromage fondu, pour couvrir	6	6

Cuire les oignons dans l'eau dans une grande casserole découverte jusqu'à ce qu'ils soient tendres. Égoutter.

Combiner graduellement le lait et la farine au fouet dans une casserole moyenne jusqu'à ce qu'il ne reste plus de grumeaux. Ajouter le sel et le poivre. Chauffer en remuant jusqu'à ce que la préparation bouille et épaississe. Ajouter les oignons. Remuer.

Faire dorer rapidement le jambon dans une poêle à frire à revêtement antiadhésif. Le poser dans un cocotte peu profonde non graissée de 2 L (2 pte). Le recouvrir avec le fromage. Étaler les oignons sur le dessus. Cuire au four à découvert à 350 °F (175 °C) pendant 25 à 30 minutes jusqu'à ce que le tout soit bien chaud. Pour 4 personnes.

1 portion : 343 calories; 33 g de protéines; 15,5 g de matières grasses totales; 17 g de glucides; 2 262 mg de sodium; 2 g de fibres alimentaires

Photo à la page 147.

Remarque : Pour peler facilement les oignons, les blanchir dans l'eau bouillante pendant environ 2 minutes.

Gratin de jambon et de chou-fleur

Un plat délicieux, plein de fromage, qui plaira à toute la famille.

Chou-fleur, en morceaux	5 tasses	1,25 L
Eau, pour couvrir		
Crème de poulet condensée	10 oz	284 mL
Crème sure légère	⅓ tasse	75 mL
Champignons entiers en conserve, égouttés	10 oz	284 mL
Oignons verts, hachés	¼ tasse	60 mL
Cheddar mi-fort, râpé	½ tasse	125 mL
Jambon cuit, coupé en cubes de 2 cm (¾ po)	2 tasses	500 mL
Cheddar mi-fort, râpé	¾ tasse	175 mL

Cuire le chou-fleur dans l'eau dans une grande casserole jusqu'à ce qu'il soit tendre, mais encore croquant. Égoutter.

Combiner les 6 prochains ingrédients dans un bol moyen. Incorporer le chou-fleur. Verser le tout dans une cocotte non graissée de 2 L (2 pte).

Répandre la seconde quantité de fromage sur le dessus. Cuire au four à découvert à 350 °F (175 °C) pendant 30 à 40 minutes. Donne 4 portions généreuses.

1 portion : 432 calories; 30 g de protéines; 26,9 g de matières grasses totales; 20 g de glucides; 2 024 mg de sodium; 6 g de fibres alimentaires

Photo ci-dessus.

Choucroute garnie

Le repas parfait pour la fête de la Bière.

Margarine dure (ou beurre)	2 c. à thé	10 mL
Gros oignon, tranché fin	1	1
Bocal de choucroute, égouttée	17½ oz	500 mL
Eau	¾ tasse	175 mL
Cassonade, tassée	2 c. à thé	10 mL
Bouillon de poulet en poudre	1 c. à thé	5 mL
Feuille de laurier	1	1
Moutarde de Dijon	1 c. à soupe	15 mL
Pommes de terre nouvelles, non pelées, en moitiés	1 lb	454 g
Sel	¼ c. à thé	1 mL
Poivre	¹⁄₁₆ c. à thé	0,5 mL
Saucisson de porc à l'ail maigre (kielbasa), tranché	12 oz	340 g

Faire chauffer la margarine dans une poêle à frire à revêtement antiadhésif. Ajouter l'oignon et le faire revenir jusqu'à ce qu'il soit mou.

Ajouter les 5 prochains ingrédients. Remuer. Porter à ébullition. Couvrir. Laisser mijoter pendant 10 minutes.

Incorporer les 5 derniers ingrédients. Couvrir. Cuire environ 30 minutes jusqu'à ce que les pommes de terre soient tendres. Jeter la feuille de laurier. Pour 4 personnes.

1 portion : 430 calories; 16 g de protéines; 27,7 g de matières grasses totales; 31 g de glucides; 2 014 mg de sodium; 5 g de fibres alimentaires

Pain de jambon

Les rondelles d'ananas dorées donnent beaucoup de goût.
Le pain est nappé d'un glaçage aigre-doux.

Gros œufs	2	2
Lait	½ tasse	125 mL
Poivre	¼ c. à thé	1 mL
Raifort commercial	1 c. à thé	5 mL
Relish de cornichons sucrés	1 c. à soupe	15 mL
Chapelure	1 tasse	250 mL
Cassonade, tassée	2 c. à soupe	30 mL
Vinaigre blanc	1 c. à soupe	15 mL
Jambon cuit, broyé	2 lb	900 g
Margarine dure (ou beurre)	2 c. à thé	10 mL
Sucre granulé	2 c. à soupe	30 mL
Tranches d'ananas, en conserve, égouttées, jus réservé	14 oz	398 mL
Garniture :		
Cassonade, tassée	⅓ tasse	75 mL
Moutarde préparée	2 c. à thé	10 mL
Jus d'ananas réservé	1 c. à soupe	15 mL

Battre les œufs dans un grand bol jusqu'à ce qu'ils soient lisses. Ajouter les 7 prochains ingrédients. Remuer.

Ajouter le jambon. Bien mélanger. Presser le ½ du mélange de jambon dans un moule à pain graissé de 22 × 12,5 cm × 7,5 cm (9 × 5 × 3 po). Le pain se démoule mieux si on tapisse le moule de papier d'aluminium.

Faire fondre la margarine dans une poêle à frire à revêtement antiadhésif. Y répandre le sucre. Ajouter les tranches d'ananas et les faire dorer des deux côtés. Poser les tranches sur le mélange de jambon, dans le moule. Recouvrir avec le reste du mélange de jambon.

Garniture : Combiner la cassonade, la moutarde et le jus d'ananas dans un petit bol. Étaler le tout sur le dessus du pain. Cuire au four à 350 °F (175 °C) pendant 1½ heure. Couper en 8 tranches.

1 tranche : 391 calories; 24 g de protéines; 15,1 g de matières grasses totales; 40 g de glucides; 1 655 mg de sodium; 1 g de fibres alimentaires

Photo ci-dessous.

Pain de jambon et de poulet

On goûte le poulet et le porc dans ce plat. On peut mettre un agent de brunissement pour lui donner plus de couleur.

Gros œufs, battus à la fourchette	2	2
Lait	⅔ tasse	150 mL
Moutarde préparée	1 c. à soupe	15 mL
Oignon, haché fin	⅓ tasse	75 mL
Sel	¼ c. à thé	1 mL
Poivre	¼ c. à thé	1 mL
Thym moulu	⅛ c. à thé	0,5 mL
Céréales de flocons de maïs, grossièrement écrasées (pas réduites en chapelure)	1 tasse	250 mL
Agent de brunissement liquide, au besoin pour la couleur (facultatif)		
Poulet haché	1 lb	454 g
Jambon haché (voir remarque)	2 tasses	500 mL

Combiner les 9 premiers ingrédients dans un grand bol. Bien mélanger.

Ajouter le poulet et le jambon. Bien mélanger. Entasser le tout dans un moule à pain graissé de 22 × 12,5 cm × 7,5 cm (9 × 5 × 3 po). Cuire au four sous couvert à 350 °F (175 °C) pendant 1 heure. Couper en 8 tranches.

1 tranche : 180 calories; 20 g de protéines; 4,7 g de matières grasses totales; 13 g de glucides; 822 mg de sodium; 1 g de fibres alimentaires

Photo ci-dessous.

Remarque : Le jambon peut être haché au robot culinaire.

En haut, à gauche : Pain de jambon, ci-dessus
En bas, à gauche : Pain de jambon et de poulet, ci-dessus

En haut, à droite : Choucroute garnie, page 146
En bas, à droite : Gratin au jambon rapide, page 146

Côtelettes de porc aux pommes

Un joli plat, brun foncé.

Huile de cuisson	2 c. à thé	10 mL
Côtelettes de porc, dégraissées (environ 1 kg, 2¼ lb)	6	6
Pommes à cuire moyennes, pelées et tranchées (McIntosh par exemple)	3	3
Cassonade, tassée	¼ tasse	60 mL
Cannelle moulue	½ c. à thé	2 mL

Faire chauffer l'huile de cuisson dans une poêle à frire à revêtement antiadhésif. Ajouter les côtelettes et les faire dorer des deux côtés. Mettre les côtelettes dans une cocotte ou une petite rôtissoire non graissée de 2 L (2 pte).

Poser une tranche de pomme sur chaque côtelette.

Combiner la cassonade et la cannelle dans une petite tasse. Répandre sur les pommes. Cuire au four sous couvert à 350 °F (175 °C) pendant 1 à 1¼ heure. Pour 6 personnes.

1 portion : 243 calories; 24 g de protéines; 8 g de matières grasses totales; 19 g de glucides; 70 mg de sodium; 1 g de fibres alimentaires

Photo ci-dessous.

En haut : Filets de porc panés, ci-contre
Au centre : Côtelettes de porc aux pommes, ci-dessus
En bas : Côtelettes farcies au four, ci-contre

Filets de porc panés

Ces filets tendres sont légèrement parfumés au vin.

Gros œuf, battu à la fourchette	1	1
Chapelure fine	½ tasse	125 mL
Filets de porc (environ 568 g, 1¼ lb)	4	4
Huile de cuisson	1 c. à soupe	15 mL
Sel, une pincée		
Poivre, une pincée		
Bouillon de poulet en poudre	2 c. à thé	10 mL
Eau chaude	½ tasse	125 mL
Vin rouge (ou vin rouge sans alcool)	½ tasse	125 mL

Mettre l'œuf et la chapelure dans deux petits plats séparés. Tremper les filets dans l'œuf, puis dans la chapelure, pour les enrober.

Faire dorer les filets l'huile de cuisson dans une poêle à frire à revêtement antiadhésif. Saler et poivrer.

Délayer le bouillon en poudre dans l'eau chaude dans une petite tasse. Ajouter le vin. Remuer. Verser le tout sur les filets. Couvrir. Laisser mijoter pendant 50 à 60 minutes jusqu'à ce que le porc soit tendre et qu'il ne reste presque plus de liquide. Pour 4 personnes.

1 portion : 339 calories; 35 g de protéines; 13,8 g de matières grasses totales; 12 g de glucides; 537 mg de sodium; trace de fibres alimentaires

Photo ci-contre.

Côtelettes farcies au four

On ne fait pas dorer les côtelettes. On les met plutôt dans le plat et on les recouvre de farce avant d'enfourner. Un plat simple.

Côtelettes de porc, dégraissées (environ 1 kg, 2¼ lb)	6	6
Sel, une pincée		
Poivre, une pincée		
Crème de champignons condensée	10 oz	284 mL
Préparation pour farce assaisonnée	1 tasse	250 mL
Maïs en crème, en conserve	14 oz	398 mL
Céleri, haché	½ tasse	125 mL
Oignon haché	½ tasse	125 mL

Mettre les côtelettes dans un plat non graissé, en une couche. Saler et poivrer.

Combiner les 5 derniers ingrédients dans un bol moyen. Dresser le mélange sur les côtelettes. Cuire au four à découvert à 325 °F (160 °C) environ 1½ heure jusqu'à ce que le porc soit tendre. Pour 6 personnes.

1 portion : 314 calories; 28 g de protéines; 10,9 g de matières grasses totales; 27 g de glucides; 853 mg de sodium; 2 g de fibres alimentaires

Photo ci-contre.

Salades

Salade au pesto, page 150

Salades

Avant le XXᵉ siècle, une « salade » consistait souvent en une pointe de laitue Iceberg servie avec un feston de crème assaisonnée ou en un reste de viande servi avec de la laitue ou des fruits. À l'origine, les aspics étaient à base de gélatine de pied de veau, puis de gélatine en feuille et enfin, de la nouvelle gélatine en poudre. L'invention des gelées en poudre aromatisées a ajouté les aspics à la liste des desserts. Après la Seconde Guerre mondiale, les Nords-Américains qui voyageaient à l'étranger ont découvert d'autres variétés de salades. Les huiles aux fines herbes et aromatisées sont aussi devenues la mode et les nouveaux légumes exotiques ont rehaussé le goût de toutes les salades. Aujourd'hui, il n'y a que l'imagination pour limiter les salades qui peuvent être apprêtées. Essayez la salade sucrée au blé ou la salade au pesto, entre autres.

Salade au pesto

Le pesto est une sauce riche à base de basilic frais.
On le trouve dans les magasins d'alimentation et dans
les marchés italiens. Une salade italienne authentique.

Fusilli	1 lb	454 g
Eau bouillante	4 pte	4 L
Huile de cuisson (facultatif)	1 c. à soupe	15 mL
Sel	4 c. à thé	20 mL
Brocoli, coupé et cuit jusqu'à ce qu'il soit tendre, mais encore croquant	2 tasses	500 mL
Chou-fleur, coupé et cuit jusqu'à ce qu'il soit tendre, mais encore croquant	2 tasses	500 mL
Pois à écosser, coupés et cuits jusqu'à ce qu'ils soient tendres, mais encore croquants	2 tasses	500 mL
Carottes, tranchées et cuites jusqu'à ce qu'elles soient tendres, mais encore croquantes	1½ tasse	375 mL
Champignons frais, tranchés	1 tasse	250 mL
Vinaigrette au pesto :		
Pesto au basilic commercial	¾ tasse	175 mL
Vinaigre blanc	⅓ tasse	75 mL
Huile d'olive	⅔ tasse	150 mL
Parmesan râpé	½ tasse	125 mL
Sel	1 c. à thé	5 mL

Cuire les pâtes dans l'eau bouillante additionnée de l'huile de cuisson et du sel dans une marmite ou un faitout découvert pendant 8 à 10 minutes jusqu'à ce qu'elles soient tendres, mais encore fermes. Égoutter. Rincer à l'eau froide. Égoutter. Remettre dans la marmite.

Ajouter le brocoli, le chou-fleur, les pois, les carottes et les champignons.

Vinaigrette au pesto : Mélanger les 5 ingrédients dans un petit bol. Verser le tout sur le mélange de pâtes. Remuer. Pour 8 personnes.

1 portion : 529 calories; 14 g de protéines; 29,5 g de matières grasses totales; 54 g de glucides; 501 mg de sodium; 5 g de fibres alimentaires

Photo à la page 149 et sur la couverture dos.

Salade de pâtes à l'orientale

Il suffit de petits pains pour compléter le repas.
Une salade délicieuse et rafraîchissante.

Vermicelle (ou cheveux d'ange)	12 oz	340 g
Eau bouillante	2½ pte	2,5 L
Huile de cuisson	1 c. à soupe	15 mL
Sel	1 c. à soupe	15 mL
Huile de sésame (ou de cuisson)	1 c. à soupe	15 mL
Concombre, en juliennes	2 tasses	500 mL
Carottes, en juliennes	1½ tasse	375 mL
Poulet cuit, en dés (ou 2 boîtes de 184 g, 6½ oz, de flocons de poulet, égouttés)	2 tasses	500 mL
Oignons verts, tranchés	½ tasse	125 mL
Vinaigrette :		
Eau bouillante	½ tasse	125 mL
Bouillon de poulet en poudre	1 c. à thé	5 mL
Huile de cuisson	2 c. à soupe	30 mL
Sauce soja	¼ tasse	60 mL
Vinaigre blanc	2 c. à soupe	30 mL
Sucre granulé	1 c. à soupe	15 mL
Poivre	⅛ c. à thé	0,5 mL
Graines de sésame grillées	¼ tasse	60 mL

Cuire les pâtes dans l'eau bouillante additionnée de l'huile de cuisson et du sel dans une marmite ou un faitout découvert pendant 4 à 6 minutes jusqu'à ce qu'elles soient tendres, mais encore fermes. Égoutter. Rincer à l'eau froide, bien égoutter et mettre dans un grand saladier.

Ajouter l'huile de sésame. Remuer.

Ajouter le concombre, les carottes, le poulet et les oignons verts. Remuer.

Vinaigrette : Délayer le bouillon en poudre dans l'eau bouillante dans petit bol.

Ajouter les 6 derniers ingrédients. Remuer. Verser le tout sur les pâtes. Bien remuer. Donne environ 2,5 L (10 tasses).

250 mL (1 tasse) : 258 calories; 15 g de protéines; 7,8 g de matières grasses totales; 31 g de glucides; 516 mg de sodium; 2 g de fibres alimentaires

Photo à la page 151.

Salade de brocoli

Cette salade colorée reviendra souvent au menu.

Bouquets de brocoli	5 tasses	1,25 L
Oignon rouge, en dés	½ tasse	125 mL
Cheddar mi-fort, râpé	½ tasse	125 mL
Graines de tournesol salées et grillées (facultatif, mais bon)	¼ tasse	60 mL
Tranches de bacon, en dés	6	6
Vinaigrette :		
Sucre granulé	2 c. à soupe	30 mL
Vinaigre blanc	2 c. à soupe	30 mL
Sauce à salade légère (ou mayonnaise)	6 c. à soupe	100 mL

Combiner le brocoli, l'oignon, le fromage et les graines de tournesol dans un grand saladier.

Cuire le bacon dans une poêle à frire à revêtement antiadhésif. Bien égoutter. Laisser refroidir. Ajouter le au mélange de brocoli.

Vinaigrette : Bien combiner les 3 ingrédients dans un petit bol. Ajouter au mélange de brocoli au moment de servir. Remuer. Donne 1,25 L (5 tasses).

250 mL (1 tasse) : 180 calories; 7 g de protéines; 12,4 g de matières grasses totales; 12 g de glucides; 344 mg de sodium; 1 g de fibres alimentaires

Photo ci-dessous.

SALADE DE BROCOLI RÂPÉ : Remplacer les bouquets de brocoli par 1 sac de 454 g, 16 oz, de brocoli râpé. La salade est moins foncée.

En haut : Salade de pâtes à l'orientale, page 150
En bas : Salade de brocoli, ci-dessus

Salade de haricots

Salade de haricots

L'ananas donne un goût inhabituel à cette salade.
La vinaigrette est bien relevée.

Haricots rouges, en conserve, égouttés	14 oz	398 mL
Haricots blancs, en conserve, égouttés	14 oz	398 mL
Haricots verts coupés, en conserve, égouttés	14 oz	398 mL
Céleri, tranché	1 tasse	250 mL
Gros morceaux d'ananas, en conserve, égouttés, jus réservé	14 oz	398 mL
Vinaigrette :		
Fécule de maïs	1 c. à soupe	15 mL
Jus d'ananas réservé		
Jus de citron	1 c. à thé	5 mL
Vinaigre de vin rouge	¼ tasse	60 mL
Huile de cuisson	2 c. à soupe	30 mL
Eau	2 c. à soupe	30 mL
Moutarde sèche	2 c. à thé	10 mL
Sucre granulé	2 c. à thé	10 mL
Sel	½ c. à thé	2 mL
Aneth	½ c. à thé	2 mL
Poivre	¼ c. à thé	1 mL
Origan déshydraté entier	¼ c. à thé	1 mL
Poudre d'ail	¼ c. à thé	1 mL
Poudre d'oignon	¼ c. à thé	1 mL

Combiner les 5 premiers ingrédients dans un grand saladier.

Vinaigrette : Mêler la fécule de maïs, le jus d'ananas et le jus de citron dans une petite casserole.

Ajouter les 11 derniers ingrédients. Chauffer en remuant jusqu'à ce que la préparation bouille et épaississe légèrement. Ajouter le tout aux légumes, dans le saladier. Remuer. Couvrir. Réfrigérer pendant 24 heures, en remuant de temps en temps. Donne 1,5 L (6 tasses).

250 mL (1 tasse) : 208 calories; 7 g de protéines; 5,4 g de matières grasses totales; 35 g de glucides; 493 mg de sodium; 6 g de fibres alimentaires

Photo ci-dessus.

En haut : Salade de bacon et de pois, ci-contre
En bas : Salade de chou aux nouilles, ci-dessous

Salade de chou aux nouilles

Une bonne façon d'améliorer une salade commerciale.

Sac de chou râpé avec des carottes	1 lb	454 g
Nouilles chinoises instantanées avec sachet d'assaisonnement au poulet, émiettées, sachet réservé	3 oz	85 g
Vinaigrette :		
Sachet d'assaisonnement réservé	1	1
Sauce soja	2 c. à soupe	30 mL
Huile de cuisson	2 c. à thé	10 mL
Sucre granulé	2 c. à thé	10 mL
Poivre	¼ c. à thé	1 mL
Graines de sésame grillées	4 c. à thé	20 mL

Combiner le mélange de chou et de carottes avec les nouilles dans un grand saladier.

Vinaigrette : Combiner les 6 ingrédients dans un petit bol. Au moment de servir, ajouter la vinaigrette à la salade. Remuer. Donne 1,8 L (7½ tasses).

250 mL (1 tasse) : 87 calories; 3 g de protéines; 2,4 g de matières grasses totales; 14 g de glucides; 379 mg de sodium; 2 g de fibres alimentaires

Photo ci-dessus.

Salade de bacon et de pois

Une bonne salade pour le midi.
La décorer avec des tranches de poivron rouge.

Tranches de bacon, en dés	5	5
Petits pois surgelés, dégelés	3 tasses	750 mL
Oignons verts, tranchés	4	4
Crème sure légère	⅓ tasse	75 mL
Aneth	¼ c. à thé	1 mL
Sel	½ c. à thé	2 mL
Poivre, une pincée		

Cuire le bacon dans une poêle à frire à revêtement antiadhésif. Égoutter. Le mettre dans un saladier moyen.

Ajouter les pois, les oignons verts, la crème sure, l'aneth, le sel et le poivre. Remuer. Réfrigérer jusqu'au moment de servir. Donne 810 mL (3¼ tasses).

125 mL (½ tasse) : 94 calories; 6 g de protéines; 3,5 g de matières grasses totales; 10 g de glucides; 371 mg de sodium; 3 g de fibres alimentaires

Photo ci-contre.

Variante : Remplacer les oignons verts par 60 mL (¼ tasse) d'oignon rouge émincé.

Oignons à l'aneth

Ajuster les quantités en fonction de la quantité de vinaigre provenant de cornichons à l'aneth.

Oignon moyens, tranchés fin et défaits en anneaux	2	2
Vinaigre provenant de cornichons à l'aneth	1 tasse	250 mL
Crème sure légère	½ tasse	125 mL
Graines de céleri	⅛ c. à thé	0,5 mL

Combiner les rondelles d'oignon et le vinaigre des cornichons dans un bol moyen. Couvrir et laisser mariner au moins 2 jours au réfrigérateur. Bien égoutter.

Ajouter la crème sure aux rondelles. Bien mélanger. Répandre les graines de céleri sur le dessus. Donne 625 mL (2½ tasses).

125 mL (½ tasse) : 39 calories; 1 g de protéines; 1,8 g de matières grasses totales; 5 g de glucides; 419 mg de sodium; 1 g de fibres alimentaires

Photo à la page 153.

« *Les salades étaient surtout servies en été.*
La laitue ne résistait pas au froid de l'hiver. »

« *Nous faisions de la salade de fruits et*
des aspics aux fruits. »

Jean Paré

À gauche : Salade d'épinards et de champignons, ci-dessous

En haut, à droite : Oignons à l'aneth, page 152
En bas, à droite : Salade de tomates et de champignons, ci-dessous

Salade d'épinards et de champignons

On peut préparer la salade et la vinaigrette à l'avance et
les combiner à la dernière minute. La vinaigrette est relevée.

Salade :

Botte d'épinards frais	1	1
Champignons frais, tranchés	2 tasses	500 mL
Oignon vert, tranché	⅓ tasse	75 mL
Tranches de bacon, bien cuites et émiettées	6	6

Vinaigrette :

Huile de cuisson	2 c. à soupe	30 mL
Jus de citron	2 c. à soupe	30 mL
Jaune d'un gros œuf	1	1
Sel	¾ c. à thé	4 mL
Poivre	⅛ c. à thé	0,5 mL
Sucre granulé	½ c. à thé	2 mL

Salade : Combiner les 4 ingrédients dans un grand saladier. Couvrir. Réfrigérer jusqu'au moment de servir.

Vinaigrette : Combiner les 6 ingrédients au fouet dans un petit bol. Verser le tout sur les épinards. Remuer. Pour 8 personnes.

1 portion : 84 calories; 4 g de protéines; 6,7 g de matières grasses totales; 4 g de glucides; 372 mg de sodium; 2 g de fibres alimentaires

Photo ci-dessus.

Salade de tomates et de champignons

Un mélange superbe et une salade bien colorée.

Tomates moyennes fermes, coupées en 8 pointes chacune	3	3
Champignons frais, tranchés épais	3 tasses	750 mL
Oignon rouge moyen, tranché fin	1	1
Poivron vert, émincé (facultatif)	½ tasse	125 mL

Vinaigrette :

Huile de cuisson	¼ tasse	60 mL
Vinaigre de vin rouge	¼ tasse	60 mL
Sucre granulé	1½ c. à thé	7 mL
Sel	1 c. à thé	5 mL
Persil en flocons	½ c. à thé	2 mL
Basilic déshydraté	½ c. à thé	2 mL
Poivre au citron	¼ c. à thé	1 mL
Poudre d'ail	⅛ c. à thé	0,5 mL

Mettre les tomates, les champignons, l'oignon rouge et le poivron vert dans un grand saladier.

Vinaigrette : Combiner les 8 ingrédients dans un petit bol jusqu'à ce que le sucre soit dissous. Ajouter aux légumes. Bien remuer. Laisser reposer au moins 1 heure avant de servir. Donne 2 L (8 tasses).

250 mL (1 tasse) : 91 calories; 1 g de protéines; 7,6 g de matières grasses totales; 6 g de glucides; 345 mg de sodium; 1 g de fibres alimentaires

Photo ci-dessus.

Raita de pommes de terre

Cette salade de pommes de terre sort de l'ordinaire. Le yogourt, la pâte de gingembre et la coriandre lui donnent un goût indien.

Pommes de terre moyennes, non pelées	4	4
Eau bouillante, pour couvrir		
Yogourt nature	½ tasse	125 mL
Jus de citron	1 c. à thé	5 mL
Sucre granulé	½ c. à thé	2 mL
Sel	½ c. à thé	2 mL
Pâte de gingembre (vendue au rayon de produits asiatiques des magasins d'alimentation)	¼ c. à thé	1 mL
Coriandre fraîche, hachée	1 c. à soupe	15 mL

Cuire les pommes de terre dans l'eau bouillante dans une casserole moyenne découverte jusqu'à ce qu'elles soient tendres. Égoutter et laisser refroidir. Peler les pommes de terre ou non, au goût, et les couper en cubes de 1 cm (³/₈ po).

Combiner les 6 derniers ingrédients dans un petit bol. Ajouter le tout aux pommes de terre. Bien remuer. Donne largement 1 L (4 tasses).

250 mL (1 tasse) : 141 calories; 4 g de protéines; 0,6 g de matières grasses totales; 30 g de glucides; 368 mg de sodium; 2 g de fibres alimentaires

Photo ci-contre.

Salade sucrée au blé

Une salade de fruits, de céréales et de produits laitiers. Elle convient aussi pour le dessert.

Blé (vendu dans les magasins d'alimentation et de produits naturels)	1 tasse	250 mL
Eau bouillante, pour couvrir		
Fromage à la crème, ramolli	8 oz	250 g
Ananas broyé, en conserve, non égoutté	14 oz	398 mL
Pouding à la vanille instantané (en poudre), format 4 portions	1	1
Jus de citron	2 c. à soupe	30 mL
Garniture fouettée surgelée (en contenant), dégelée	4 tasses	1 L
Cerises au marasquin, pour décorer (facultatif)		

Cuire le blé dans l'eau bouillante dans une petite casserole pendant 1 heure jusqu'à ce qu'il soit tendre. Égoutter. Laisser refroidir.

Battre le fromage à la crème et avec l'ananas non égoutté dans un bol moyen jusqu'à ce qu'ils soient combinés.

Battre le pouding en poudre et le jus de citron. Ajouter le blé. Remuer.

Incorporer la garniture fouettée en pliant. Mettre le tout dans un saladier.

Décorer avec les cerises. Donne 2 L (8 tasses).

125 mL (½ tasse) : 196 calories; 3 g de protéines; 10,7 g de matières grasses totales; 24 g de glucides; 71 mg de sodium; 2 g de fibres alimentaires.

Photo ci-contre.

Salade de laitue et de mandarines

Une fort jolie salade. La vinaigrette est à la fois aigre et sucrée.

Légumes verts assortis, coupés ou déchiquetés, légèrement tassés	6 tasses	1,5 L
Quartiers de mandarines, en conserve, égouttés (les mettre tous ou seulement une partie)	10 oz	284 mL
Amandes tranchées, grillées au four à 350 °F (175 °C) pendant 5 à 8 minutes	¼ tasse	60 mL
Tranches de bacon, bien cuites et émiettées (facultatif)	6	6
Vinaigrette :		
Vinaigre blanc	3 c. à soupe	50 mL
Sucre granulé	¼ tasse	60 mL
Moutarde préparée	½ c. à thé	2 mL
Paprika	½ c. à thé	2 mL
Huile de cuisson	1 c. à soupe	15 mL

Mettre les 4 premiers ingrédients dans un grand saladier.

Vinaigrette : Bien combiner le vinaigre, le sucre, la moutarde et le paprika dans un petit bol jusqu'à ce que le sucre soit dissous.

Arroser les légumes d'un filet d'huile de cuisson. Bien remuer. Ajouter la vinaigrette. Remuer de nouveau. Donne 2 L (8 tasses).

250 mL (1 tasse) : 73 calories; 1 g de protéines; 3,5 g de matières grasses totales; 11 g de glucides; 10 mg de sodium; 1 g de fibres alimentaires

Photo ci-dessous.

En haut : Raita de pommes de terre, ci-contre
En bas : Salade sucrée au blé, ci-contre   Au centre : Salade de laitue et de mandarines, ci-dessus

Salade à la César

Elle est plus complète que la César traditionnelle, avec du bacon, des oignons verts et des tomates.

Grosse romaine, coupée ou déchiquetée	1	1
Tranches de bacon, bien cuites et émiettées	5	5
Oignons verts, hachés	3 c. à soupe	50 mL
Parmesan râpé	3 c. à soupe	50 mL
Croûtons (ou plus)	½ tasse	125 mL
Poivre	¼ c. à thé	1 mL
Origan déshydraté entier	⅛ c. à thé	0,5 mL
Sauce à salade César crémeuse	⅔ tasse	150 mL
Tomates moyennes, coupées en 6 pointes chacune	2	2

Combiner les 7 premiers ingrédients dans un grand saladier.

Ajouter la sauce à salade peu avant de servir. Remuer.

Décorer avec les tomates. Pour 6 personnes.

1 portion : 193 calories; 5 g de protéines; 14,1 g de matières grasses totales; 11 g de glucides; 371 mg de sodium; 2 g de fibres alimentaires

Photo ci-contre.

Salade au pavot

Préparer la vinaigrette à l'avance et la réfrigérer. Combiner à la dernière minute.

Vinaigrette :		
Sucre granulé	½ tasse	125 mL
Vinaigre blanc	6 c. à soupe	100 mL
Huile de cuisson	2½ c. à soupe	37 mL
Oignon en flocons	1 c. à thé	5 mL
Moutarde sèche	½ c. à thé	2 mL
Sel	½ c. à thé	2 mL
Paprika	¼ c. à thé	1 mL
Graines de pavot	2½ c. à thé	12 mL
Salade :		
Laitue, hachée (environ 2 L, 8 tasses)	1	1
Oignons verts, tranchés	3	3
Radis, tranchés	8	8
Poivron vert, en lanières	⅓ tasse	75 mL

Vinaigrette : Mettre les 8 ingrédients dans un petit bol. Bien battre le tout. Laisser reposer au réfrigérateur jusqu'au lendemain. Donne environ 150 mL (⅔ tasse) de vinaigrette.

Salade : Combiner les 4 ingrédients dans un grand saladier. Ajouter la vinaigrette. Bien remuer. Pour 8 personnes.

1 portion : 108 calories; 1 g de protéines; 4,9 g de matières grasses totales; 16 g de glucides; 178 mg de sodium; 1 g de fibres alimentaires

Photo ci-contre.

Salade à la César

Salade au pavot

Salade printanière

En fait, elle est bonne à longueur d'année.

Épinards frais (ou romaine), déchiquetés et légèrement tassés	4 tasses	1 L
Poivron rouge moyen, émincé	½	½
Petit oignon rouge, tranché fin et défait en rondelles	½	½
Croûtons	½ tasse	125 mL
Graines de tournesol	½ tasse	60 mL
Vinaigrette italienne	⅓ tasse	75 mL

Combiner les épinards, le poivron et les rondelles d'oignon dans un grand saladier. Couvrir. Réfrigérer jusqu'au moment de servir.

Ajouter les croûtons, les graines de tournesol et la vinaigrette au moment de servir. Bien remuer. Pour 4 personnes.

1 portion : 222 calories; 5 g de protéines; 19,4 g de matières grasses totales; 10 g de glucides; 410 mg de sodium; 3 g de fibres alimentaires

Photo à la page 158.

SALADE DE CROSSES DE FOUGÈRES : Cuire et égoutter 284 g (10 oz) de crosses de fougères surgelées (« têtes de violon »). Laisser refroidir. Ajouter à la salade, en rajoutant de la vinaigrette au besoin.

Aspic à la cerise et au cola

Le cola donne du goût, mais pas le sien. Un aspic rosé.
Le décorer avec de la garniture fouettée.

Sachet de gélatine non parfumée	1 × ¼ oz	1 × 7 g
Eau	¼ tasse	60 mL
Gélatine parfumée à la cerise (gelée en poudre)	1 × 3 oz	1 × 85 g
Ananas broyé, en conserve, non égoutté	8 oz	227 mL
Fromage à la crème léger, en dés	4 oz	125 g
Boisson au cola	1½ tasse	375 mL
Noix de Grenoble (ou pacanes), hachées fin	¼ tasse	60 mL

Répandre la gélatine sur l'eau dans une casserole moyenne. Laisser reposer 1 minute.

Ajouter la gélatine à la cerise et l'ananas non égoutté. Chauffer en remuant jusqu'à ce que les gélatines soient complètement dissoutes.

Ajouter le fromage à la crème. Remuer, ou fouetter au besoin, jusqu'à ce que le fromage à la crème soit fondu et que la préparation soit lisse. Retirer du feu.

Ajouter le cola et les noix. Remuer. Verser le tout dans un moule à aspic de 1 L (4 tasses) vaporisé d'une fine couche d'aérosol pour la cuisson. Réfrigérer, en remuant de temps en temps pendant que la préparation épaissit, afin de distribuer les noix. Réfrigérer jusqu'à ce que l'aspic soit pris. Démouler sur un plat de service. Donne 875 mL (3½ tasses).

125 mL (½ tasse) : 191 calories; 6 g de protéines; 8,3 g de matières grasses totales; 25 g de glucides; 345 mg de sodium; 1 g de fibres alimentaires

Photo ci-dessous.

Aspic aux œufs

Un joli aspic jaune, délicieux avec de la charcuterie
et du pain frais. Le garnir de sauce à salade et de persil.

Eau bouillante	1 tasse	250 mL
Gélatine parfumée au citron (gelée en poudre)	1 × 3 oz	1 × 85 g
Sauce à salade légère (ou mayonnaise)	⅔ tasse	150 mL
Vinaigre blanc	1 c. à soupe	15 mL
Céleri, haché fin	½ tasse	125 mL
Oignons verts, hachés	¼ tasse	60 mL
Sel	½ c. à thé	2 mL
Gros œufs durs, écrasés à la fourchette	2	2

Délayer la gélatine dans l'eau bouillante dans un bol moyen jusqu'à ce qu'elle soit dissoute. Réfrigérer jusqu'à ce que la préparation ait la consistance d'un sirop, en remuant et en raclant souvent les parois de la casserole lorsqu'elle commence à épaissir.

Incorporer la sauce à salade en pliant. Ajouter les 5 derniers ingrédients. Remuer. Verser le tout dans un moule de 750 mL (3 tasses). Réfrigérer au moins 2½ heures, jusqu'à ce que l'aspic soit pris. Démouler sur un plat de service. Donne 650 mL (2⅔ tasses).

125 mL (½ tasse) : 182 calories; 4 g de protéines; 10 g de matières grasses totales; 20 g de glucides; 575 mg de sodium; trace de fibres alimentaires

Photo ci-contre.

Aspic aux avocats

Une texture lisse, au goût bien relevé.
Il vaut mieux servir cet aspic le jour même.

Sachet de gélatine non parfumée	1 × 1¼ oz	1 × 7 g
Gélatine parfumée à la lime (gelée en poudre)	1 × 3 oz	1 × 85 g
Eau bouillante	1 tasse	250 mL
Avocat écrasé (environ 1 gros)	1 tasse	250 mL
Crème sure	1 tasse	250 mL
Mayonnaise	1 tasse	250 mL
Sel	½ c. à thé	2 mL
Poudre d'oignon	¼ c. à thé	1 mL
Mayonnaise, pour décorer	2 c. à soupe	30 mL
Paprika, une pincée, pour décorer		

Combiner les gélatines dans un bol moyen. Incorporer l'eau bouillante et remuer jusqu'à ce qu'elles soient dissoutes.

Ajouter l'avocat, la crème sure, la première quantité de mayonnaise, le sel et la poudre d'oignon. Fouetter jusqu'à ce que le mélange soit lisse, puis verser le tout dans un moule de 1 L (4 tasses). Réfrigérer jusqu'à ce que l'aspic soit pris.

Démouler sur un plat de service. Poser un feston de mayonnaise au centre. Saupoudrer la mayonnaise de paprika. Donne 1 L (4 tasses).

125 mL (½ tasse) : 291 calories; 4 g de protéines; 24,1 g de matières grasses totales; 17 g de glucides; 411 mg de sodium; 1 g de fibres alimentaires

Photo à la page 157.

En haut : Aspic à la cerise et au cola, ci-dessus   En bas : Aspic aux œufs, ci-contre

Aspic aux canneberges,
ci-contre

Aspic aux canneberges

Cet aspic contient trois fruits. Il est excellent avec de la dinde.

Sachet de gélatine non parfumée	1 × ¼ oz	1 × 7 g
Gélatine parfumée à la cerise (gelée en poudre)	1 × 3 oz	1 × 85 g
Eau bouillante	1¼ tasse	300 mL
Ananas broyé, en conserve, non égoutté	14 oz	398 mL
Sauce aux canneberges entières	14 oz	398 mL
Pomme rouge non pelée, en petits dés	½ tasse	125 mL

Combiner les gélatines dans un bol moyen. Incorporer l'eau bouillante et remuer jusqu'à ce qu'elles soient dissoutes.

Incorporer l'ananas non égoutté, la sauce aux canneberges et la pomme. Réfrigérer, en remuant de temps en temps, jusqu'à ce que la préparation ait la consistance d'un sirop. Verser dans un moule de 1,1 à 1,25 L (4½ à 5 tasses). Réfrigérer 2 à 3 heures jusqu'à ce que l'aspic soit pris. Donne 1,1 L (4½ tasses).

125 mL (½ tasse) : 148 calories; 2 g de protéines; 0,1 g de matières grasses totales;
37 g de glucides; 43 mg de sodium; 1 g de fibres alimentaires

Photo ci-dessus.

Aspic aux avocats,
page 156

« Je repassais le linge et les draps avec un fer qu'il fallait chauffer sur le poêle à bois. Il avait deux semelles, mais seulement une poignée qui s'emboîtait dans les deux. Je faisais chauffer une semelle pendant que je repassais avec l'autre. Quand celle que j'utilisais avait trop refroidi, je mettais la poignée dans celle qui était chaude. »

Jean Paré

Sauce à salade aux pacanes

Une sauce rapide et délicieuse qui plaira aux amateurs de yogourt. Employer du yogourt régulier ou bas en gras. Servir avec des salades de fruits.

Mayonnaise	1/3 tasse	75 mL
Sirop de maïs clair	1/4 tasse	60 mL
Pacanes hachées, grillées au four à 350 °F (175 °C) pendant 8 à 10 minutes	1/3 tasse	75 mL
Yogourt à la vanille	1 tasse	250 mL

Bien combiner la mayonnaise, avec le sirop de maïs et les pacanes dans un petit bol.

Incorporer le yogourt en pliant. Couvrir et réfrigérer. Donne 400 mL (1 2/3 tasses).

30 mL (2 c. à soupe) : 67 calories; 1 g de protéines; 3,8 g de matières grasses totales; 7 g de glucides; 63 mg de sodium; trace de fibres alimentaires

Photo à la page 158.

Sauce à salade soleil

Une sauce onctueuse, dont on arrose une salade de fruits frais.

Fromage à la crème, ramolli	8 oz	250 g
Jus d'orange	1/4 tasse	60 mL
Sucre granulé	1/4 tasse	60 mL

Battre les 3 ingrédients ensemble dans un petit bol jusqu'à ce que la sauce soit crémeuse. Donne environ 325 mL (1 1/3 tasse).

30 mL (2 c. à soupe) : 100 calories; 2 g de protéines; 7,9 g de matières grasses totales; 6 g de glucides; 67 mg de sodium; trace de fibres alimentaires

Photo à la page 158.

SAUCE À SALADE FOUETTÉE : Dégeler 500 mL (2 tasses) de garniture fouettée surgelée. Incorporer à la sauce à salade soleil en pliant.

Sauce à salade de chou

Exactement comme celle des restaurants rapides.
Se conserve plusieurs semaines au réfrigérateur.

Huile de cuisson	1/2 tasse	125 mL
Vinaigre blanc	2/3 tasse	150 mL
Sauce à salade (ou mayonnaise)	2 1/4 tasses	560 mL
Sucre granulé	3/4 tasse	175 mL
Sel	2 c. à thé	10 mL
Oignon, émincé	1/3 tasse	75 mL
Gouttes de colorant alimentaire vert, pour faire une sauce vert pâle		

Mettre les 7 ingrédients dans le mélangeur et les combiner jusqu'à obtenir une sauce lisse. Donne 1 L (4 tasses).

30 mL (2 c. à soupe) : 133 calories; trace de protéines; 11,7 g de matières grasses totales; 7 g de glucides; 268 mg de sodium; trace de fibres alimentaires

Photo à la page 158.

Sauce à salade cuite

Une sauce ancienne, bien relevée.
Il n'en faut pas beaucoup pour assaisonner une salade.

Sucre granulé	1/2 tasse	125 mL
Farine tout usage	2 c. à soupe	30 mL
Moutarde sèche	1 c. à soupe	15 mL
Sel	1 c. à thé	5 mL
Gros œufs	3	3
Lait	1 tasse	250 mL
Vinaigre blanc	1/2 tasse	125 mL
Eau	1/2 tasse	125 mL

Mettre le sucre, la farine, la moutarde sèche et le sel dans un bain-marie. Remuer jusqu'à ce que la farine soit bien mêlée. Incorporer les œufs 1 à 1 en battant.

Ajouter le lait, le vinaigre et l'eau. Cuire au-dessus d'un bain d'eau bouillante, en remuant souvent, jusqu'à ce que la préparation épaississe. La verser dans un contenant. Couvrir et réfrigérer. Donne environ 625 mL (2 1/2 tasses).

30 mL (2 c. à soupe) : 41 calories; 2 g de protéines; 1 g de matières grasses totales; 7 g de glucides; 146 mg de sodium; trace de fibres alimentaires

Photo à la page 158.

Vinaigrette au relish et à la tomate

Elle rappelle une sauce à salade bien connue.

Margarine dure (ou beurre)	1/4 tasse	60 mL
Farine tout usage	1/4 tasse	60 mL
Eau	1 tasse	250 mL
Ketchup	1 tasse	250 mL
Vinaigre blanc	1/2 tasse	125 mL
Sucre granulé	1 tasse	250 mL
Sel de céleri	1 c. à thé	5 mL
Poudre d'oignon	1 c. à thé	5 mL
Sel	1 c. à soupe	15 mL
Poivre	1/2 c. à thé	2 mL
Relish de cornichons sucrés	1/2 tasse	125 mL

Faire fondre la margarine dans une casserole moyenne. Ajouter la farine. Mélanger.

Incorporer l'eau, le ketchup et le vinaigre et remuer jusqu'à ce que la préparation bouille et épaississe.

Ajouter les 6 derniers ingrédients. Remuer jusqu'à ce que le sucre soit dissous. Donne 1 L (4 tasses).

30 mL (2 c. à soupe) : 54 calories; trace de protéines; 1,5 g de matières grasses totales; 10 g de glucides; 421 mg de sodium; trace de fibres alimentaires

Photo à la page 158.

Variante : Pour que la vinaigrette soit moins sucrée, omettre le ketchup et ajouter 156 mL (5 1/2 oz) de pâte de tomates.

Soupes

Il fut un temps où nos grands-mères et nos arrière-grands-mères pouvaient sortir dans la cour de la ferme ou dans le potager pour se procurer le nécessaire pour préparer une soupe fraîche et consistante. Les aliments pratiques en conserve, surgelés, séchés ou lyophilisés n'ont pas été inventés avant le milieu du XXe siècle. Aujourd'hui, bien des gens comptent sur leur ouvre-boîtes pour se faire rapidement un repas chaud. Certaines des recettes qui suivent prennent avantage d'ingrédients en conserve tandis que d'autres sont à base d'ingrédients frais.

En haut : Soupe d'épinards et de lentilles, ci-contre
En bas : Soupe de pois chiches, ci-contre

Soupe de pois chiches

Une soupe jaune pâle, consistante, qui contient des pommes de terre et du jambon.

Os de jambon maigre et charnu (environ 500 mL, 2 tasses, de chair), voir remarque	1	1
Eau, pour couvrir, environ	6 tasses	1,5 L
Oignon moyen, haché fin	1	1
Gousse d'ail, émincée (ou 1 mL, ¼ c. à thé, de poudre d'ail)	1	1
Feuilles de laurier	2	2
Pommes de terre moyennes, en dés	2	2
Paprika	½ c. à thé	2 mL
Sel	¼ c. à thé	1 mL
Poivre	¼ c. à thé	1 mL
Pois chiches, en conserve, non égouttés, légèrement écrasés	19 oz	540 mL

Combiner les 5 premiers ingrédients dans une marmite ou un faitout. Couvrir. Laisser bouillir environ 2 heures. Jeter les feuilles de laurier. Retirer l'os de jambon. Le dépecer et hacher le jambon. Le remettre dans la marmite et jeter l'os.

Ajouter les 5 derniers ingrédients. Couvrir. Cuire jusqu'à ce que les pommes de terre soient tendres. Servir chaud. Donne 1,8 L (7½ tasses).

250 mL (1 tasse) : 228 calories; 13 g de protéines; 9,3 g de matières grasses totales; 23 g de glucides; 734 mg de sodium; 3 g de fibres alimentaires

Photo ci-contre.

Remarque : Si l'os n'est pas très charnu, ajouter 1 boîte de 184 g, 6,5 oz, de jambon en flocons, égoutté et émietté.

Soupe d'épinards et de lentilles

Une soupe complète, qui se congèle bien. On peut réduire les proportions de moitié.

Eau	10 tasses	2,5 L
Lentilles vertes	2 tasses	500 mL
Oignon moyen, haché	1	1
Tiges de céleri, hachées	2	2
Bouillon de poulet en poudre	¼ tasse	60 mL
Poivre	¼ c. à thé	1 mL
Épinards hachés surgelés, dégelés et hachés de nouveau	10 oz	300 g

Cheddar mi-fort, râpé, pour décorer

Combiner les 6 premiers ingrédients dans une marmite ou un faitout. Couvrir. Laisser mijoter environ 45 minutes jusqu'à ce que les lentilles soient molles.

Ajouter les épinards. Cuire environ 5 minutes. Goûter et rajouter du sel au besoin.

Garnir chaque portion de fromage. Donne 3 L (12 tasses).

250 mL (1 tasse) : 61 calories; 5 g de protéines; 0,7 g de matières grasses totales; 10 g de glucides; 676 mg de sodium; 2 g de fibres alimentaires

Photo ci-contre.

Soupe à l'oignon

Elle contient un soupçon de vin rouge.

Oignons, coupés en deux et tranchés fin	3 tasses	750 mL
Farine tout usage	2 c. à soupe	30 mL
Sucre granulé	1 c. à thé	5 mL
Margarine dure (ou beurre)	2 c. à soupe	30 mL
Eau	4 tasses	1 L
Bouillon de bœuf liquide	¼ tasse	60 mL
Vin rouge (ou vin rouge sans alcool)	½ tasse	125 mL
Sauce Worcestershire	½ c. à thé	2 mL
Sel, une pincée		
Poivre, une pincée		
Baguette, coupée en tranches de 2,5 cm (1 po) d'épaisseur (voir remarque)	½	½
Mozzarella, râpé	1 tasse	250 mL
Fromage suisse, râpé	1 tasse	250 mL
Parmesan râpé	2 c. à soupe	30 mL

Bien combiner les oignons avec la farine et le sucre dans un bol moyen.

Faire fondre la margarine dans une poêle à frire ou une casserole à revêtement antiadhésif. Ajouter le mélange d'oignons. Cuire, en remuant souvent, pendant 15 à 20 minutes jusqu'à ce que les oignons soient très mous et commencent à brunir.

Ajouter les 6 prochains ingrédients. Couvrir. Laisser mijoter à feu modéré pendant 20 minutes.

Couper chaque tranche de baguette en quatre. Les étaler dans un plat non graissé de 22 × 33 cm (9 × 13 po). Griller le pain au milieu du four, en remuant à deux reprises, jusqu'à ce qu'il soit sec et commence à dorer.

Combiner le mozzarella et le fromage suisse dans un bol moyen. Le répandre uniformément sur le pain. Griller au four jusqu'à ce que le fromage soit fondu. Répartir la soupe dans 6 bols. Diviser le fromage et les croûtons en 6 portions, puis les poser sur la soupe, dans chaque bol.

Répandre 5 mL (1 c. à thé) de parmesan sur chaque bol de soupe. Pour 6 personnes.

1 portion : 363 calories; 16 g de protéines; 16,4 g de matières grasses totales; 34 g de glucides; 1 658 mg de sodium; 2 g de fibres alimentaires

Photo ci-dessous.

Remarque : On peut aussi mettre les cubes de pain grillé sur la soupe dans les bols, répandre le fromage sur le dessus, puis cuire le tout au four à 450 °F (230 °C) jusqu'à ce que le fromage soit fondu et doré, à condition de se servir de bols qui résistent à la chaleur.

Soupe à l'oignon

Soupe de pommes de terre

Une bonne soupe crémeuse, qui contient du fromage.

Margarine dure (ou beurre)	1 c. à soupe	15 mL
Oignon haché	1 tasse	250 mL
Farine tout usage	2 c. à soupe	30 mL
Bouillon de poulet en poudre	1½ c. à soupe	25 mL
Eau	4 tasses	1 L
Feuille de laurier	1	1
Sel	½ c. à thé	2 mL
Poivre	¼ c. à thé	1 mL
Pommes de terre, en dés	4 tasses	1 L
Crème légère	1 tasse	250 mL
Cheddar fort, râpé	1 tasse	250 mL

Faire fondre la margarine dans une poêle à frire à revêtement antiadhésif. Ajouter l'oignon et le faire revenir jusqu'à ce qu'il soit mou.

Incorporer la farine et le bouillon en poudre. Ajouter l'eau et remuer jusqu'à ce que la préparation bouille et épaississe légèrement.

Ajouter les 6 derniers ingrédients. Couvrir. Laisser mijoter environ 30 minutes jusqu'à ce que les pommes de terre soient cuites. Jeter la feuille de laurier. Passer le tout au mélangeur. Réchauffer au besoin. Donne 1,5 L (6 tasses).

250 mL (1 tasse) : 259 calories; 9 g de protéines; 13,4 g de matières grasses totales; 26 g de glucides; 885 mg de sodium; 2 g de fibres alimentaires

Photo à la page 163.

Crème à l'ail

Une version à toute épreuve d'une soupe inhabituelle, toute faite pour les amateurs d'ail. On peut mettre autant d'ail qu'on le désire. Décorer avec de la ciboulette hachée.

Gousses d'ail, émincées	4 à 8	4 à 8
Margarine dure (ou beurre)	3 c. à soupe	50 mL
Farine tout usage	3 c. à soupe	50 mL
Bouillon de poulet condensé	2 × 10 oz	2 × 284 mL
Boîtes remplies de lait	2 × 10 oz	2 × 284 mL
Paprika	½ c. à thé	2 mL

Faire dorer l'ail dans la margarine dans une casserole moyenne.

Incorporer la farine. Ajouter le bouillon de poulet et remuer jusqu'à ce que la préparation bouille et épaississe. Ajouter le lait et le paprika. Laisser mijoter doucement environ 5 minutes jusqu'à ce que l'ail soit cuit. Donne environ 1,1 L (4½ tasses).

250 mL (1 tasse) : 190 calories; 11 g de protéines; 10,7 g de matières grasses totales; 12 g de glucides; 996 mg de sodium; trace de fibres alimentaires

Photo à la page 163.

Soupe à la citrouille

Une soupe épaisse et consistante, délicieuse accompagnée d'un petit pain.

Oignon haché	1 tasse	250 mL
Oignons verts, hachés	4	4
Margarine dure (ou beurre)	¼ tasse	60 mL
Farine tout usage	2 c. à soupe	30 mL
Sel	½ c. à thé	2 mL
Poivre	⅛ c. à thé	0,5 mL
Gingembre moulu	¼ c. à thé	1 mL
Bouillon de poulet	1 tasse	250 mL
Bouillon de poulet	3 tasses	750 mL
Citrouille nature, en conserve	14 oz	398 mL
Crème de table	½ tasse	125 mL

Faire revenir l'oignon et les oignons verts dans la margarine dans une grande casserole jusqu'à ce qu'ils soient mous.

Incorporer la farine, le sel, le poivre et le gingembre. Ajouter la première quantité de bouillon de poulet et remuer jusqu'à ce que la préparation bouille et épaississe. Combiner la préparation au mélangeur jusqu'à ce qu'elle soit lisse.

Incorporer la seconde quantité de bouillon de poulet, la citrouille et la crème. Réchauffer. Donne largement 1,5 L (6 tasses).

250 mL (1 tasse) : 171 calories; 6 g de protéines; 11,6 g de matières grasses totales; 12 g de glucides; 883 mg de sodium; 2 g de fibres alimentaires

Photo ci-dessous.

À gauche : Soupe à la citrouille, ci-dessus

Soupe aux concombres et aux avocats

Une soupe moyennement épaisse.
Servir cette élégante soupe froide en petites portions.

Avocats moyens très mûrs, pelés et coupés en gros morceaux	2	2
Concombre moyen, pelé	1	1
Bouillon de poulet condensé	10 oz	284 mL
Crème sure légère	½ tasse	125 mL
Jus de citron	1 c. à soupe	15 mL
Poudre d'oignon	¹⁄₁₆ c. à thé	0,5 mL
Poivre de Cayenne	¹⁄₁₆ c. à thé	0,5 mL
Persil frais (ou ciboulette), haché, pour décorer		

Mettre l'avocat dans le mélangeur.

Couper le concombre en deux sur la longueur. Le vider, puis le couper en gros morceaux. Le mettre dans le mélangeur avec l'avocat.

Ajouter les 5 prochains ingrédients. Combiner jusqu'à ce que la soupe soit lisse. Réfrigérer.

Décorer avec le persil. Donne environ 1 L (4¼ tasses).

175 mL (¾ tasse) : 159 calories; 5 g de protéines; 13 g de matières grasses totales; 9 g de glucides; 352 mg de sodium; 2 g de fibres alimentaires

Photo ci-dessous.

Bisque de crabe

Une entrée élégante. La recette se double facilement.

Soupe de tomate condensée	10 oz	284 mL
Soupe de pois condensée	10 oz	284 mL
Consommé de bœuf condensé	10 oz	284 mL
Lait écrémé évaporé	1 tasse	250 mL
Crabe frais (ou surgelé, ou simili-crabe), cuit et défait en petits morceaux	½ lb	225 g
Sherry (ou sherry ou vin blanc sans alcool)	2 c. à soupe	30 mL

Combiner les 3 soupes dans une grande casserole.

Ajouter le lait évaporé, le crabe et le sherry. Chauffer, en remuant souvent, jusqu'à ce que la préparation soit très chaude, mais sans la laisser bouillir. Donne 1,5 L (6 tasses).

175 mL (¾ tasse) : 180 calories; 15 g de protéines; 2,4 g de matières grasses totales; 24 g de glucides; 1 188 mg de sodium; 2 g de fibres alimentaires

Photo à la page 164.

centre : Soupe aux concombres et aux avocats, ci-dessus   En haut, à droite : Soupe de pommes de terre, page 162   En bas, à droite : Crème à l'ail, page 162

Soupe de petits pois

Crème de champignons

Une soupe veloutée, pleine de champignons, comme il se doit.
La garnir de persil frais et de champignons frais, tranchés.

Margarine dure (ou beurre)	1 c. à soupe	15 mL
Champignons frais, hachés	4¹/₂ tasses	1,1 L
Oignon haché	¹/₂ tasse	125 mL
Eau	1 tasse	250 mL
Farine tout usage	6 c. à soupe	100 mL
Bouillon de poulet condensé	2 × 10 oz	2 × 284 mL
Poivre	¹/₈ c. à thé	0,5 mL
Paprika, une pincée		
Lait écrémé évaporé	13¹/₂ oz	385 mL

Faire fondre la margarine dans une poêle à frire à revêtement antiadhésif. Ajouter les champignons et l'oignon et les faire revenir jusqu'à ce que l'oignon soit mou et qu'il ne reste plus de liquide. La cuisson peut se faire en 2 tournées. Mettre le tout dans une grande casserole.

Combiner l'eau et la farine au fouet dans un petit bol jusqu'à ce qu'il ne reste plus de grumeaux. Ajouter le bouillon de poulet, le poivre et le paprika. Fouetter. Ajouter le tout au mélange de champignons. Chauffer en remuant jusqu'à ce que la préparation bouille et épaississe.

Ajouter le lait évaporé. Réchauffer. Donne 1,75 L (7 tasses) de soupe.

250 mL (1 tasse) : 129 calories; 10 g de protéines; 3 g de matières grasses totales;
    16 g de glucides; 630 mg de sodium; 1 g de fibres alimentaires

Photo ci-dessous.

En haut : Crème de champignons, ci-dessus
En bas : Bisque de crabe, page 163

RECETTE ÉPROUVÉE PAR LE TEMPS

Soupe de petits pois

Grand-mère préparait cette soupe le dimanche, hiver comme été.
Son goût frais est imbattable. La garnir de persil frais.

Oignon haché	¹/₂ tasse	125 mL
Margarine dure (ou beurre)	2 c. à soupe	30 mL
Farine tout usage	¹/₄ tasse	60 mL
Bouillon de poulet (voir remarque)	4 tasses	1 L
Petits pois frais (ou surgelés)	2¹/₂ tasses	625 mL

Faire revenir l'oignon dans la margarine dans une casserole moyenne jusqu'à ce qu'il soit mou et transparent. Ne pas le faire dorer.

Ajouter la farine. Incorporer. Ajouter le bouillon de poulet et remuer jusqu'à ce que la préparation bouille et épaississe.

Ajouter les petits pois. Laisser mijoter 5 minutes. Passer la préparation au mélangeur, puis la remettre dans la casserole en attendant de servir. Donne largement 1 L (4 tasses).

250 mL (1 tasse) : 234 calories; 15 g de protéines; 8,8 g de matières grasses totales;
    23 g de glucides; 1 574 mg de sodium; 5 g de fibres alimentaires

Photo ci-dessus.

Remarque : Utiliser du bouillon de poulet frais ou 3 boîtes de 284 mL (3 × 10 oz) de bouillon de poulet additionné d'eau pour faire 1 L (4 tasses).

Soupe aux huîtres

Une recette classique dans les Maritimes. Ma mère en faisait quand j'étais petite. Les huîtres étaient chères et cette soupe était réservée pour les grandes occasions. Décorer avec du persil frais.

Lait	4 tasses	1 L
Chapelure de biscuits au soda	½ tasse	125 mL
Sel	1 c. à thé	5 mL
Poivre	¼ c. à thé	1 mL
Petites huîtres fraîches (ou surgelées ou en conserve) environ 24, dans leur eau, coupées en morceaux	2 tasses	500 mL
Margarine dure (ou beurre)	1 c. à soupe	15 mL

Combiner le lait, la chapelure, le sel et le poivre dans une grande casserole. Chauffer jusqu'à ce que la préparation frémisse.

Ajouter les huîtres, l'eau des huîtres et la margarine. Porter à ébullition. Laisser mijoter environ 5 minutes jusqu'à ce que le bord des huîtres ondule. Donne environ 1,1 L (4½ tasses).

250 mL (1 tasse) : 242 calories; 17 g de protéines; 9,2 g de matières grasses totales; 22 g de glucides; 982 mg de sodium; trace de fibres alimentaires

Photo ci-contre.

Soupe de champignons et de crevettes

Un délice de crevettes et de champignons. Démarre en grand un repas à table. Décorer avec des crevettes.

Margarine dure (ou beurre)	1 c. à soupe	15 mL
Oignon, haché fin	⅓ tasse	75 mL
Champignons frais, hachés	2 tasses	500 mL
Farine tout usage	¼ tasse	60 mL
Sel	½ c. à thé	2 mL
Moutarde sèche	½ c. à thé	2 mL
Sel à l'ail	¼ c. à thé	1 mL
Poivre	⅛ c. à thé	0,5 mL
Lait écrémé évaporé	13½ oz	385 mL
Lait	1⅓ tasse	325 mL
Eau	1 tasse	250 mL
Sherry (ou sherry sans alcool), facultatif	1 c. à soupe	15 mL
Morceaux de crevettes (ou crevettes cocktail), en conserve, non égouttées	2 × 4 oz	2 × 113 g

Faire fondre la margarine dans une poêle à frire à revêtement antiadhésif. Ajouter l'oignon et les champignons et les faire revenir jusqu'à ce que l'oignon soit mou et qu'il ne reste plus de liquide.

Incorporer les 5 prochains ingrédients.

Ajouter le lait évaporé, le lait et l'eau et remuer jusqu'à ce que la préparation bouille et épaississe. Ajouter le sherry. Remuer.

Ajouter les crevettes non égouttées. Réchauffer. Donne environ 1,25 L (5 tasses).

250 mL (1 tasse) : 206 calories; 20 g de protéines; 4,4 g de matières grasses totales; 21 g de glucides; 577 mg de sodium; 1 g de fibres alimentaires

Photo ci-contre.

Carrés

Les carrés ont gagné en popularité au fil des deux derniers siècles. Parce qu'ils se préparent plus rapidement et sont souvent plus élégants que les biscuits, les carrés demeurent la gâterie préférée quand une occasion se présente. Les chinoiseries, les carrés au chocolat, les croquants aux noix et les carrés mystérieux sont classiques et le resteront probablement au cours des années à venir. Lorsque vous recevez pour le dîner ou que vous servez le thé à des amis, les carrés sont toujours bien reçus parce qu'ils sont petits et irrésistiblement riches. Ils remplacent aussi parfaitement un gros dessert lourd pour ponctuer un repas.

Carrés tropicaux

La garniture est à l'ananas et à la noix de coco.
Ils sont plus moelleux au bout d'une journée.

Base :

Farine tout usage	1 tasse	250 mL
Sucre granulé	1 c. à soupe	15 mL
Margarine dure (ou beurre), ramollie	¼ tasse	60 mL
Poudre à pâte	¼ c. à thé	1 mL
Gros œuf, battu à la fourchette	1	1

Couche supérieure :

Gros œufs, battus à la fourchette	2	2
Noix de coco moyenne ou en flocons	2 tasses	500 mL
Sucre granulé	1 tasse	250 mL
Ananas broyé, en conserve, égoutté	14 oz	398 mL
Margarine dure (ou beurre), fondue	1 c. à soupe	15 mL
Jus de citron	1 c. à thé	5 mL

Base : Mêler les 4 premiers ingrédients dans un petit bol.

Ajouter l'œuf. Remuer légèrement. Presser le tout dans un moule non graissé de 22 x 22 cm (9 x 9 po).

Couche supérieure : Combiner les 6 ingrédients dans un petit bol. Bien mélanger. Dresser et étaler la préparation à la cuillère sur la base. Cuire au four à 350 °F (175 °C) environ 40 minutes. Laisser refroidir. Couper en 36 carrés.

1 carré : 97 calories; 1 g de protéines; 5,5 g de matières grasses totales; 11 g de glucides; 27 mg de sodium; trace de fibres alimentaires

Photo aux pages 166 et 167.

Carrés au chocolat

Une bonne vieille recette de famille. Bons avec ou sans glaçage.

Margarine dure (ou beurre)	½ tasse	125 mL
Carrés de chocolat non sucré, coupés en morceaux	2 x 1 oz	2 x 28 g
Cassonade, tassée	1½ tasse	375 mL
Gros œufs, battus à la fourchette	2	2
Vanille	1 c. à soupe	15 mL
Farine tout usage	1 tasse	250 mL
Noix de Grenoble hachées	¾ tasse	175 mL

Glaçage au chocolat :

Margarine dure (ou beurre), ramollie	3 c. à soupe	50 mL
Sucre à glacer	1⅓ tasse	325 mL
Cacao	⅓ tasse	75 mL
Café chaud	1½ c. à soupe	25 mL

Faire fondre la margarine et le chocolat dans une casserole moyenne à feu doux, en remuant souvent. Retirer du feu.

Incorporer la cassonade. Ajouter les œufs et la vanille. Remuer vigoureusement.

Ajouter la farine et les noix. Remuer juste assez pour les humecter. Verser le tout dans un moule graissé de 22 x 22 cm (9 x 9 po). Cuire au four à 350 °F (175 °C) environ 25 minutes jusqu'à ce qu'un cure-dents enfoncé au centre ressorte propre. Ne pas cuire trop longtemps. Laisser refroidir.

Glaçage au chocolat : Battre les 4 ingrédients dans un petit bol jusqu'à ce que le mélange soit lisse. Rajouter du sucre à glacer ou du café au besoin pour obtenir la consistance voulue. Étaler le glaçage sur les carrés refroidis, dans le moule. Couper en 36 carrés.

1 carré avec le glaçage : 130 calories; 1 g de protéines; 6,5 g de matières grasses totales; 18 g de glucides; 50 mg de sodium; 1 g de fibres alimentaires

Photo à la page 166.

Carrés mystérieux

La base de sablé est recouverte d'une garniture à la noix de coco.
Bons avec ou sans glaçage.

Base :

Farine tout usage	1 tasse	250 mL
Margarine dure (ou beurre), ramollie	½ tasse	125 mL
Sucre granulé	2 c. à soupe	30 mL

Deuxième couche :

Gros œufs, battus à la fourchette	2	2
Cassonade, tassée	1 tasse	250 mL
Vanille	½ c. à thé	2 mL
Sel	⅛ c. à thé	0,5 mL
Noix de coco moyenne	½ tasse	125 mL
Farine tout usage	2 c. à soupe	30 mL
Poudre à pâte	1 c. à thé	5 mL

Glaçage blanc :

Sucre à glacer	1½ tasse	375 mL
Margarine dure (ou beurre), ramollie	3 c. à soupe	50 mL
Vanille	½ c. à thé	2 mL
Lait	2 c. à thé	10 mL

Base : Combiner la farine avec la margarine et le sucre dans un petit bol jusqu'à obtenir un mélange grossier. Presser le tout dans un moule non graissé de 22 x 22 cm (9 x 9 po). Cuire au four à 350 °F (175 °C) pendant 10 minutes.

Deuxième couche : Combiner les œufs, la cassonade, la vanille et le sel dans un bol moyen. Bien battre le tout. Incorporer la noix de coco, la farine et la poudre à pâte. Verser le tout sur la base. Cuire environ 25 minutes, jusqu'à ce que le dessus soit doré. Laisser refroidir.

Glaçage blanc : Battre les 4 ingrédients dans un petit bol, en rajoutant du sucre à glacer ou du lait au besoin pour obtenir la consistance voulue. Étaler le glaçage sur les carrés refroidis, dans le moule. Couper en 36 carrés.

1 carré avec le glaçage : 108 calories; 1 g de protéines; 4,9 g de matières grasses totales; 16 g de glucides; 60 mg de sodium; trace de fibres alimentaires

Photo à la page 167.

Nouveaux carrés magiques

La base en chocolat est recouverte d'une garniture aux noix.

Base :

Margarine dure (ou beurre)	⅓ tasse	75 mL
Chapelure de gauffrettes au chocolat	1½ tasse	375 mL

Deuxième couche :

Noix de coco en flocons	1 tasse	250 mL
Amandes tranchées (ou noix de Grenoble ou pacanes), grillées au four à 350 °F (175 °C) pendant 5 à 8 minutes	⅔ tasse	150 mL
Brisures de chocolat mi-sucré	⅔ tasse	150 mL

Troisième couche :

Lait condensé sucré	11 oz	300 mL

Quatrième couche :

Amandes tranchées, grillées au four à 350 °F (175 °C) pendant 5 à 8 minutes (facultatif)	¼ tasse	60 mL

Base : Faire fondre la margarine dans une petite casserole. Incorporer la chapelure. Presser le tout dans un moule de 22 × 22 cm (9 × 9 po) recouvert de papier d'aluminium. Cuire au four à 350 °F (175 °C) pendant 10 minutes.

Deuxième couche : Répandre la noix de coco, les amandes et les brisures de chocolat sur la base. Enfoncer fermement.

Troisième couche : Arroser la deuxième couche de lait condensé.

Quatrième couche : Répandre les amandes sur le dessus. Cuire au four à 350 °F (175 °C) pendant 25 à 30 minutes. Laisser refroidir. Couper en 36 carrés.

1 carré : 104 calories; 2 g de protéines; 6,9 g de matières grasses totales; 10 g de glucides; 39 mg de sodium; 1 g de fibres alimentaires

Photo ci-dessous.

Carrés matrimoniaux

Ces carrés aux dattes s'émiettent moins que d'autres.

Couches à l'avoine :

Farine tout usage	1¼ tasse	300 mL
Flocons d'avoine à cuisson rapide (pas instantanée)	1½ tasse	375 mL
Cassonade, tassée	1 tasse	250 mL
Bicarbonate de soude	1 c. à thé	5 mL
Sel	½ c. à thé	2 mL
Margarine dure (ou beurre), ramollie	1 tasse	250 mL

Garniture aux dattes :

Dattes, hachées	1½ tasse	375 mL
Sucre granulé	½ tasse	125 mL
Eau	⅔ tasse	150 mL

Couches à l'avoine : Mettre la farine, les flocons d'avoine, la cassonade, le bicarbonate de soude, le sel et la margarine dans un grand bol. Incorporer la margarine au mélangeur à pâtisserie jusqu'à obtenir un mélange grossier. Presser largement la ½ du mélange dans un moule graissé de 22 × 22 cm (9 × 9 po).

Garniture aux dattes : Combiner les dattes, le sucre et l'eau dans une petite casserole. Porter à ébullition. Laisser mijoter jusqu'à ce que les dattes soient molles. Si la préparation sèche avant que les dattes soient prêtes, rajouter de l'eau. S'il reste trop d'eau, laisser les dattes mijoter jusqu'à ce qu'elle s'évapore en partie. Étaler les dattes sur la base. Répandre l'autre ½ du mélange de chapelure sur le dessus. Enfoncer le tout avec la main. Cuire au four à 350 °F (175 °C) pendant 30 minutes jusqu'à ce que le dessus soit bien doré. Laisser refroidir. Couper en 36 carrés.

1 carré : 131 calories; 1 g de protéines; 5,7 g de matières grasses totales; 20 g de glucides; 142 mg de sodium; 1 g de fibres alimentaires

Photo ci-dessous.

Nouveaux carrés magiques, ci-dessus

Carrés matrimoniaux, ci-dessus

Croquants aux noix

Barres brésiliennes

Une barre aux noix et au beurre. Presque un sablé.

Beurre (pas de margarine), ramolli	6 c. à soupe	100 mL
Cassonade, tassée	¾ tasse	175 mL
Gros œuf	1	1
Vanille	½ c. à thé	2 mL
Farine tout usage	1½ tasse	375 mL
Sel	¼ c. à thé	1 mL
Noix du Brésil, hachées ou tranchées	¾ tasse	175 mL

Battre en crème le beurre et la cassonade dans un bol moyen. Incorporer l'œuf et la vanille en battant.

Ajouter la farine, le sel et les noix. Remuer juste assez pour les humecter. Entasser le tout dans un moule graissé de 22 × 22 cm (9 × 9 po). Cuire au four à 350 °F (175 °C) pendant 20 à 25 minutes jusqu'à ce que le tour commence à brunir. Laisser refroidir. Couper en 36 barres.

1 barre : 73 calories; 1 g de protéines; 3,7 g de matières grasses totales; 9 g de glucides; 45 mg de sodium; trace de fibres alimentaires

Photo ci-dessous.

RECETTE ÉPROUVÉE PAR LE TEMPS

Croquants aux noix

Un carré au caramel, qui regorge de noix et de cassonade. Un favori.

Base :

Cassonade, tassée	½ tasse	125 mL
Jaunes de gros œufs	2	2
Vanille	1 c. à thé	5 mL
Margarine dure (ou beurre), ramollie	½ tasse	125 mL
Sel	¼ c. à thé	1 mL
Farine tout usage	1½ tasse	375 mL
Poudre à pâte	1 c. à thé	5 mL
Deuxième couche :		
Blancs de gros œufs, à la température de la pièce	2	2
Cassonade, tassée	1 tasse	250 mL
Noix de Grenoble, hachées	1 tasse	250 mL

Base : Combiner les 7 ingrédients dans un grand bol. Remuer jusqu'à obtenir un mélange grossier. Presser le tout fermement dans un moule non graissé de 22 × 22 cm (9 × 9 po).

Deuxième couche : Battre les blancs d'œufs dans un bol moyen jusqu'à ce qu'ils moussent. Ajouter le ⅓ de la cassonade à la fois, en battant jusqu'à ce que le mélange soit ferme. Incorporer les noix en pliant. Dresser et égaliser le mélange à la cuillère sur la base. Cuire au four à 350 °F (175 °C) environ 25 minutes jusqu'à ce que le dessus soit doré. Laisser refroidir. Si l'on couvre le moule pendant que les carrés refroidissent, la meringue ramollit et se coupe plus facilement. Couper en 36 carrés.

1 carré : 109 calories; 1 g de protéines; 5,3 g de matières grasses totales; 14 g de glucides; 58 mg de sodium; trace de fibres alimentaires

Photo ci-dessus.

Barres aux brisures

Ces barres ont un goût de caramel. Elles disparaissent comme par magie.

Base :		
Margarine dure (ou beurre), ramollie	½ tasse	125 mL
Cassonade, tassée	¾ tasse	175 mL
Farine tout usage	1½ tasse	375 mL
Deuxième couche :		
Brisures de caramel écossais	2 tasses	500 mL
Sirop de maïs	½ tasse	125 mL
Huile de cuisson	2 c. à soupe	30 mL
Arachides, entières ou hachées (les barres se coupent mieux lorsque les noix sont hachées)	2 tasses	500 mL

Base : Bien mêler la margarine avec la cassonade et la farine dans un petit bol. Presser le tout dans un moule non graissé de 22 × 33 cm (9 × 13 po). Cuire au four à 375 °F (190 °C) environ 10 minutes.

Deuxième couche : Combiner les brisures de caramel, le sirop de maïs et l'huile de cuisson dans une petite casserole. Chauffer à feu doux, en remuant constamment, jusqu'à ce que les brisures aient fondu.

Ajouter les arachides. Remuer. Dresser le tout à la cuillère sur la base. Cuire au four à 375 °F (190 °C) environ 6 minutes. Laisser refroidir. Couper en 54 barres.

1 barre : 116 calories; 2 g de protéines; 5,5 g de matières grasses totales; 16 g de glucides; 29 mg de sodium; 1 g de fibres alimentaires

Photo ci-dessous.

En haut : Barres aux brisures, ci-dessus
En bas : Barres brésiliennes, page 170

Chinoiseries

RECETTE ÉPROUVÉE PAR LE TEMPS

Chinoiseries

J'ai le souvenir de mon grand-père en train de préparer ces carrés après la mort de ma grand-mère. Ils sont moelleux et se conservent donc bien.

Sucre granulé	1 tasse	250 mL
Dattes, hachées	1 tasse	250 mL
Poudre à pâte	1 c. à thé	5 mL
Sel	¼ c. à thé	1 mL
Noix de Grenoble, hachées	½ tasse	125 mL
Farine tout usage	¾ tasse	175 mL
Gros œufs	2	2
Sucre à glacer, pour couvrir	2 c. à soupe	30 mL

Mêler les 6 premiers ingrédients dans un bol moyen.

Battre les œufs dans un petit bol jusqu'à ce qu'ils soient pâles et épais. Les verser sur le mélange de farine. Remuer jusqu'à ce que le tout soit bien combiné. Verser la pâte, en raclant le bol, dans un moule graissé de 22 × 22 cm (9 × 9 po). Cuire au four à 350 °F (175 °C) environ 25 minutes jusqu'à ce qu'un cure-dents enfoncé au centre ressorte propre. Laisser refroidir.

Couper la préparation en petits carrés et les rouler dans le sucre à glacer pendant qu'ils sont encore chaud ou laisser refroidir dans le moule et tamiser le sucre à glacer sur le dessus. Couper en 36 carrés.

1 carré : 57 calories; 1 g de protéines; 1,5 g de matières grasses totales; 12 g de glucides; 23 mg de sodium; 1 g de fibres alimentaires

Photo ci-dessus.

Carrés au caramel et au chocolat

Le chocolat repose sur une base de sablé.

Margarine dure (ou beurre), ramollie	½ tasse	125 mL
Farine tout usage	1¼ tasse	300 mL
Cassonade, tassée	⅓ tasse	75 mL
Fromage à la crème léger, ramolli	4 oz	125 g
Gros œuf	1	1
Sauce au caramel pour crème glacée	¾ tasse	175 mL
Vanille	1 c. à thé	5 mL
Noix de Grenoble (ou pacanes), hachées	½ tasse	125 mL
Brisures de chocolat au lait	1 tasse	250 mL

Combiner la margarine, la farine et la cassonade dans un petit bol jusqu'à obtenir un mélange grossier. En réserver 150 mL (⅔ tasse). Presser le reste dans un moule non graissé de 22 x 22 cm (9 x 9 po).

Battre fromage à la crème et l'œuf dans un bol moyen. Ajouter la sauce au caramel et la vanille. Battre. Incorporer le mélange de chapelure réservé.

Ajouter les noix. Remuer. Dresser le mélange sur la base. Cuire au four à 375 °F (190 °C) pendant 30 à 35 minutes.

Répandre les brisures de chocolat sur le dessus. Laisser reposer jusqu'à ce qu'elles aient fondu. Les étaler uniformément. Laisser refroidir. Couper en 36 carrés.

1 carré : 104 calories; 2 g de protéines; 5,9 g de matières grasses totales; 12 g de glucides; 71 mg de sodium; trace de fibres alimentaires

Photo à la page 173.

« Nous avions deux desserts chaque jour. Le plus gros (une tarte ou un pouding) était servi le midi. Au souper, nous avions un dessert plus petit, comme du gâteau ou des carrés au chocolat avec des fruits ou des biscuits avec des fruits. »

Jean Paré

Gâteries au chocolat

Une douceur molle et collante, au bon goût de chocolat.

Margarine dure (ou beurre), ramollie	½ tasse	125 mL
Cassonade, tassée	1 tasse	250 mL
Gros œuf	1	1
Vanille	1 c. à thé	5 mL
Farine tout usage	1¼ tasse	300 mL
Flocons d'avoine à cuisson rapide (pas instantanée)	1½ tasse	375 mL
Bicarbonate de soude	½ c. à thé	2 mL
Sel	½ c. à thé	2 mL
Lait condensé sucré	⅔ tasse	150 mL
Brisures de chocolat mi-sucré	1 tasse	250 mL
Margarine dure (ou beurre)	2 c. à soupe	30 mL
Vanille	1 c. à thé	5 mL
Sel	¼ c. à thé	1 mL

Battre en crème la première quantité de margarine avec la cassonade dans un grand bol. Incorporer l'œuf et la première quantité de vanille en battant.

Ajouter la farine, les flocons d'avoine, le bicarbonate de soude et la première quantité de sel. Mélanger. Entasser les ⅔ du mélange dans un moule graissé de 22 x 22 cm (9 x 9 po).

Chauffer les 5 derniers ingrédients dans une petite casserole en remuant jusqu'à ce que le chocolat ait fondu. Étaler le tout sur la première couche, dans le moule. Dresser le reste du premier mélange à la cuillère sur le dessus. Égaliser autant que possible; ce n'est pas grave si certains endroits de la deuxième couche sont découverts. Cuire au four à 350 °F (175 °C) pendant 20 à 25 minutes. Laisser refroidir. Couper en 36 carrés.

1 carré : 127 calories; 2 g de protéines; 5,8 g de matières grasses totales; 18 g de glucides; 127 mg de sodium; 1 g de fibres alimentaires

Photo à la page 173.

Carrés au chocolat et au mincemeat

Un carré moelleux, légèrement épicé, qui a une bonne texture.

Margarine dure (ou beurre), ramollie	½ tasse	125 mL
Sucre granulé	1 tasse	250 mL
Gros œufs	2	2
Mincemeat	1 tasse	250 mL
Pacanes (ou noix de Grenoble), hachées	½ tasse	125 mL
Vanille	1½ c. à thé	7 mL
Farine tout usage	1¼ tasse	300 mL
Cacao	¼ tasse	60 mL
Sel	½ c. à thé	2 mL
Glaçage au caramel :		
Cassonade, tassée	½ tasse	125 mL
Lait	3 c. à soupe	50 mL
Margarine dure (ou beurre)	¼ tasse	60 mL
Sucre à glacer	1½ tasse	375 mL

Bien battre en crème la margarine avec le sucre dans un grand bol. Incorporer les œufs 1 à 1 en battant. Ajouter le mincemeat, les pacanes et la vanille. Remuer.

Ajouter la farine, le cacao et le sel. Bien mélanger. Étaler le tout dans un moule graissé de 22 x 22 cm (9 x 9 po). Cuire au four à 350 °F (175 °C) pendant 30 à 35 minutes. Laisser refroidir.

Glaçage au caramel : Chauffer la cassonade, le lait et la margarine dans une petite casserole en remuant jusqu'à ce que la préparation bouille. Laisser bouillir 2 minutes. Retirer du feu. Laisser refroidir.

Ajouter le sucre à glacer. Battre jusqu'à ce que le glaçage soit lisse. Rajouter un peu de lait ou de sucre à glacer au besoin pour obtenir la consistance voulue. Donne environ 200 mL (⅞ tasse) de glaçage. Étaler le glaçage sur les carrés refroidis, dans le moule. Couper en 36 carrés.

1 carré (avec le glaçage) : 141 calories; 1 g de protéines; 5,8 g de matières grasses totales; 22 g de glucides; 107 mg de sodium; 1 g de fibres alimentaires

Photo à la page 173.

Carrés au beurre d'arachides

Un carré mou, mince comme une barre de chocolat, qui a bon goût.

Margarine dure (ou beurre)	½ tasse	125 mL
Beurre d'arachides crémeux	½ tasse	125 mL
Sucre à glacer	1¼ tasse	300 mL
Chapelure de biscuits Graham	1 tasse	250 mL
Brisures de chocolat au lait	1 tasse	250 mL

Faire fondre la margarine et le beurre d'arachides dans une petite casserole, en remuant sans arrêt jusqu'à ce que la préparation soit lisse. Retirer du feu.

Ajouter le sucre à glacer et la chapelure Graham. Bien mélanger. Entasser le tout dans un moule graissé de 22 × 22 cm (9 × 9 po).

Répandre les brisures de chocolat sur le dessus. Chauffer au four à 200 °F (95 °C) environ 5 minutes pour que le chocolat ramollisse. Égaliser le dessus. Laisser refroidir. Couper en 36 carrés.

1 carré : 96 calories; 2 g de protéines; 6,2 g de matières grasses totales; 10 g de glucides; 75 mg de sodium; trace de fibres alimentaires

Photo à la page 167.

En haut : Carrés au chocolat et au mincemeat, page 172
En bas, à gauche : Gâteries au chocolat, page 172
En bas, à droite : Carrés au caramel et au chocolat, page 172

« *Lorsque les malaxeurs électriques ont remplacé les batteurs à main, il a fallu un certain temps avant que ma grand-mère s'habitue à la texture plus légère des gâteaux.* »

« *Dans la plupart des recettes dont se servait ma grand-mère, les quantités d'ingrédients n'étaient pas précisées, et pourtant, elle réussissait toujours tout!* »

Jean Paré

Carrés à la citrouille et au fromage, ci-dessous

Carrés glacés à la citrouille, ci-dessous

Carrés à la citrouille et au fromage

Un carré moelleux, épicé juste comme il faut.

Farine tout usage	1 tasse	250 mL
Cassonade, tassée	1/3 tasse	75 mL
Margarine dure (ou beurre), ramollie	6 c. à soupe	100 mL
Pacanes, hachées fin	1/2 tasse	125 mL
Garniture :		
Fromage à la crème léger, ramolli	8 oz	250 g
Sucre granulé	3/4 tasse	175 mL
Citrouille nature, en conserve	1/2 tasse	125 mL
Cannelle moulue	1 1/2 c. à thé	7 mL
Piment de la Jamaïque moulu	1 c. à thé	5 mL
Vanille	1 c. à thé	5 mL
Gros œufs	2	2

Mettre la farine, la cassonade et la margarine dans un petit bol. Incorporer la margarine jusqu'à obtenir un mélange grossier.

Incorporer les pacanes. Réserver 175 mL (3/4 tasse) du mélange pour la garniture. Presser le reste dans un moule non graissé de 20 x 20 cm (8 x 8 po). Cuire au four à 350 °F (175 °C) pendant 15 minutes. Laisser refroidir légèrement.

Garniture : Battre le fromage à la crème et le sucre dans un petit bol. Ajouter la citrouille, la cannelle, le piment de la Jamaïque et la vanille. Battre. Ajouter les œufs, 1 à 1, en battant juste assez pour combiner après chaque ajout. Étaler le tout sur la première couche, dans le moule. Répandre la chapelure réservée sur le dessus. Cuire pendant 30 à 35 minutes. Laisser refroidir. Couper en 36 carrés.

1 carré : 88 calories; 2 g de protéines; 4,6 g de matières grasses totales; 10 g de glucides; 94 mg de sodium; trace de fibres alimentaires

Photo ci-dessus.

Carrés glacés à la citrouille

Un carré qui ressemble à un gâteau.
Couper des morceaux plus gros pour le dessert.

Gros œufs, battus à la fourchette	4	4
Sucre granulé	2 tasses	500 mL
Citrouille nature, en conserve	1 tasse	250 mL
Huile de cuisson	2/3 tasse	150 mL
Cannelle moulue	2 c. à thé	10 mL
Sel	1/2 c. à thé	2 mL
Farine tout usage	2 tasses	500 mL
Poudre à pâte	1 c. à thé	5 mL
Bicarbonate de soude	1 c. à thé	5 mL
Raisins secs	1 tasse	250 mL
Glaçage :		
Fromage à la crème léger, ramolli	4 oz	125 g
Margarine dure (ou beurre)	6 c. à soupe	100 mL
Sucre à glacer	2 1/2 tasses	625 mL
Vanille	1 c. à thé	5 mL
Lait, au besoin	2 c. à thé	10 mL

Combiner les œufs, le sucre et la citrouille dans un grand bol. Bien battre le tout. Ajouter l'huile de cuisson, la cannelle et le sel. Battre pour mélanger.

Ajouter la farine, la poudre à pâte et le bicarbonate de soude. Remuer. Ajouter les raisins secs. Remuer. Verser le tout dans un moule à gâteau roulé graissé et fariné de 25 x 38 cm (10 x 15 po). Cuire au four à 350 °F (175 °C) pendant 20 à 25 minutes jusqu'à ce qu'un cure-dents enfoncé au centre ressorte propre.

Glaçage : Battre le fromage à la crème avec la margarine, le sucre à glacer et la vanille à basse vitesse pour humecter les ingrédients. Battre à vitesse moyenne pour faire gonfler. Ajouter 5 mL (1 c. à thé) de lait, au besoin, pour liquéfier le glaçage. Étaler le glaçage sur les carrés légèrement tièdes. Couper en 72 carrés.

1 carré (avec le glaçage) : 94 calories; 1 g de protéines; 3,5 g de matières grasses totales; 15 g de glucides; 70 mg de sodium; trace de fibres alimentaires

Photo ci-dessus.

Légumes

À la fin du siècle dernier et au tournant du XXᵉ siècle, on préparait les légumes principalement en les faisant bouillir, cuire au four ou frire. Ils n'étaient généralement pas assaisonnés. Dès la Première Guerre mondiale cependant, la plupart des livres de cuisine suggéraient de relever les légumes avec du beurre, du sel, du poivre ou une sauce blanche. Les casseroles de légumes ne se sont pas vraiment imposées avant le milieu du XXᵉ siècle. Les conserves étaient employées au XIXᵉ siècle tandis que les légumes surgelés et déshydratés, y compris les pommes de terre instantanées, sont apparus au XXᵉ siècle. Dans les années 1940 et 1950, on ajoutait souvent du bicarbonate de soude à l'eau de cuisson des légumes verts, comme les haricots verts, les asperges, le brocoli et les épinards, pour en préserver la couleur jusqu'à ce que l'on découvre que cette méthode tuait la vitamine C. Aujourd'hui, les différentes façons d'apprêter et de servir les légumes sont plus ingénieuses que jamais auparavant.

Betteraves et oignons

Une bonne façon d'apprêter les betteraves. Elles cuisent au four.

Betteraves crues, pelées et râpées (idéalement au robot culinaire)	4½ tasses	1,1 L
Oignon, haché très fin	¼ tasse	60 mL
Sel	½ c. à thé	2 mL
Poivre, une pincée		
Margarine dure (ou beurre), fondue (facultatif)	1 c. à soupe	15 mL

Combiner les betteraves et l'oignon dans une cocotte non graissée de 1,5 L (1½ pte). Saler et poivrer. Cuire au four sous couvert à 350 °F (175 °C) environ 1 heure.

Arroser de margarine. Donne 1,25 L (5 tasses).

125 mL (½ tasse) : 41 calories; 1 g de protéines; 1,3 g de matières grasses totales; 7 g de glucides; 196 mg de sodium; trace de fibres alimentaires

Photo à la page 176.

Grands-pères aux tomates

Ce bon vieux classique fait un agréable changement.

Tomates, en conserve, non égouttées	28 oz	796 mL
Sucre granulé	1 c. à thé	5 mL
Oignon, haché fin	¼ tasse	60 mL
Céleri, haché fin	2 c. à soupe	30 mL
Eau	½ tasse	125 mL
Sel	½ c. à thé	2 mL
Farine tout usage	1 tasse	250 mL
Poudre à pâte	2 c. à thé	10 mL
Sucre granulé	1 c. à thé	5 mL
Sel	½ c. à thé	2 mL
Shortening	1 c. à soupe	15 mL
Lait	½ tasse	125 mL

Mettre les tomates non égouttées, l'oignon, le céleri, l'eau et la première quantité de sel dans une marmite ou un faitout. Porter à ébullition.

Combiner la farine avec la poudre à pâte, le sucre et la seconde quantité de sel dans un bol moyen. Incorporer le shortening au mélangeur à pâtisserie jusqu'à obtenir un mélange grossier. Ajouter le lait. Remuer. Dresser la pâte à la cuillère sur les tomates en ébullition. Couvrir. Laisser bouillir 15 minutes. Pour 6 personnes.

1 portion : 145 calories; 4 g de protéines; 2,9 g de matières grasses totales; 26 g de glucides; 691 mg de sodium; 2 g de fibres alimentaires

Photo à la page 176.

Galettes de chou

Une vieille recette britannique. Le chou donne du goût et de la texture.

Purée de pommes de terre	4 tasses	1 L
Chou cuit, haché	4 tasses	1 L
Sel	1 c. à thé	5 mL
Poivre	¼ c. à thé	1 mL
Margarine dure (ou beurre)	2 c. à soupe	30 mL

Mêler les 4 premiers ingrédients dans un grand bol. Façonner des galettes.

Faire fondre la margarine dans une poêle à frire à revêtement antiadhésif. Faire dorer les galettes des deux côtés. Donne 8 grosses galettes ou 16 moyennes.

1 grosse galette : 160 calories; 3 g de protéines; 3,3 g de matières grasses totales; 31 g de glucides; 394 mg de sodium; 3 g de fibres alimentaires

Photo à la page 176.

Variante : On peut aussi cuire 1 grosse galette en la faisant d'abord dorer d'un côté, puis en la renversant sur une assiette pour pouvoir glisser l'autre côté dans la poêle pour le faire dorer. On peut aussi cuire le mélange en le remuant, comme une fricassée, sans façonner de galettes.

Courgettes au gratin

La garniture dorée couronne le fromage fondu.
Le plat est parsemé de rouge et de vert. La recette peut être doublée.

Courgettes moyennes, non pelées, coupées en quatre sur la longueur et tranchées	2 tasses	500 mL
Sel, une pincée		
Oignon moyen, tranché	1	1
Margarine dure (ou beurre)	1 c. à thé	5 mL
Grosse tomate, tranchée	1	1
Sel, une pincée		
Poivre, une pincée		
Basilic déshydraté, une pincée		
Courgettes moyennes, non pelées, coupées en quatre sur la longueur et tranchées	2 tasses	500 mL
Sel, une pincée		
Tranches de préparation de fromage fondu	6	6
Garniture :		
Margarine dure (ou beurre)	2 c. à soupe	30 mL
Chapelure	½ tasse	125 mL

Étaler la première quantité de courgettes dans une cocotte graissée de 1 L (1 pte). Saler.

Faire revenir l'oignon dans une poêle à frire à revêtement antiadhésif jusqu'à ce qu'il soit mou. Le répandre sur les courgettes.

Ajouter les tomates, en les faisant se chevaucher au besoin. Saupoudrer le sel, le poivre et le basilic sur les tomates. Étaler la seconde quantité de courgettes sur les tomates. Saler. Poser les tranches de fromage sur les courgettes.

Garniture : Faire fondre la margarine dans une petite casserole. Incorporer la chapelure en remuant. Répandre le tout sur le fromage. Cuire au four à découvert à 350 °F (175 °C) environ 40 minutes. Pour 4 personnes.

1 portion : 275 calories; 11 g de protéines; 17,7 g de matières grasses totales; 20 g de glucides; 642 mg de sodium; 4 g de fibres alimentaires

Photo à la page 176.

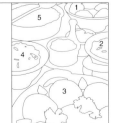

Courge élégante

Contient des carottes et une garniture de chapelure assaisonnée.

Carottes, râpées	1 tasse	250 mL
Oignon, haché fin	½ tasse	125 mL
Huile de cuisson	1 c. à thé	5 mL
Crème de poulet condensée	10 oz	284 mL
Courge jaune (Butternut par exemple), cuite et réduite en purée	2 tasses	500 mL
Sel	1 c. à thé	5 mL
Poivre	¼ c. à thé	1 mL
Cassonade, tassée	1 c. à soupe	15 mL
Gros œufs, battus à la fourchette	2	2
Garniture :		
Margarine dure (ou beurre)	2 c. à soupe	30 mL
Chapelure	½ tasse	125 mL
Assaisonnement pour volaille	¼ c. à thé	1 mL
Persil en flocons	½ c. à thé	2 mL

Faire revenir les carottes et l'oignon dans l'huile de cuisson dans une poêle à revêtement antiadhésif jusqu'à ce qu'ils soient mous.

Ajouter les 7 prochains ingrédients. Bien remuer. Verser le tout dans une cocotte non graissée de 1,5 L (1½ pte).

Garniture : Faire fondre la margarine dans une petite casserole. Ajouter la chapelure, l'assaisonnement pour volaille et le persil. Remuer. Répandre le tout sur les légumes. Cuire au four à découvert à 350 °F (175 °C) environ 1 heure, jusqu'à ce que le plat soit pris. Pour 6 personnes.

1 portion : 238 calories; 7 g de protéines; 13,1 g de matières grasses totales; 25 g de glucides; 1 011 mg de sodium; 3 g de fibres alimentaires

Photo à la page 176.

Navets braisés

Un plat réellement délicieux. Le décorer avec des tranches de tomates fraîches.

Navets, coupés en morceaux	3 lb	1,4 kg
Eau, pour couvrir		
Gros œufs, battus à la fourchette	2	2
Cassonade, tassée	1 c. à soupe	15 mL
Sel	½ à thé	2 mL
Poivre	⅛ c. à thé	0,5L
Farine tout usage	2 c. à soupe	30 mL
Poudre à pâte	1 c. à thé	5 mL
Garniture :		
Margarine dure (ou beurre)	2 c. à soupe	30 mL
Chapelure de biscuits soda	½ tasse	125 mL

Cuire les navets dans l'eau dans une grande casserole jusqu'à ce qu'ils soient très mous. Bien les égoutter, puis les réduire en purée.

Combiner les 6 prochains ingrédients dans un petit bol. Remuer. Ajouter aux navets. Bien battre. Verser le tout dans une cocotte non graissée de 2 L (2 pte).

Garniture : Faire fondre la margarine dans une petite casserole. Incorporer la chapelure. Répandre le tout sur les navets. Cuire au four à découvert à 350 °F (175 °C) pendant 30 à 35 minutes, jusqu'à ce que le plat soit pris. Donne 1,25 L (5 tasses).

125 mL (½ tasse) : 97 calories; 3 g de protéines; 4 g de matières grasses totales; 13 g de glucides; 301 mg de sodium; 2 g de fibres alimentaires

Photo à la page 178.

En haut : Oignons au gratin, ci-dessous
En bas : Navets braisés, page 177

Maïs à la dauphinoise

Un plat d'accompagnement très spécial, plus que bien d'autres.

Lait écrémé évaporé	½ tasse	125 mL
Farine tout usage	2 c. à soupe	30 mL
Poivron vert, haché	2 c. à soupe	30 mL
Oignon, haché fin	¼ tasse	60 mL
Chapelure de biscuits soda	¼ tasse	60 mL
Persil en flocons	½ c. à thé	2 mL
Sel	½ c. à thé	2 mL
Poivre	¼ c. à thé	1 mL
Marjolaine moulue, une petite pincée		
Maïs en crème, en conserve	2 × 10 oz	2 × 284 mL
Cheddar mi-fort, râpé	¾ tasse	175 mL
Garniture :		
Margarine dure (ou beurre)	2 c. à soupe	30 mL
Chapelure	½ tasse	125 mL
Poudre d'oignon	⅛ c. à thé	0,5 mL
Cheddar mi-fort, râpé	⅓ tasse	75 mL

Fouetter le lait évaporé et la farine dans un bol moyen jusqu'à ce qu'il ne reste plus de grumeaux. Ajouter les 9 prochains ingrédients. Bien mélanger. Verser le tout dans une cocotte non graissée de 1 L (1 pte).

Garniture : Faire fondre la margarine dans une petite casserole. Incorporer la chapelure, la poudre d'oignon et le fromage. Répandre le tout sur le dessus de la cocotte. Cuire au four à découvert à 350 °F (175 °C) environ 45 minutes, jusqu'à ce que le plat bouillonne. Pour 6 personnes.

1 portion : 279 calories; 11 g de protéines; 12,5 g de matières grasses totales; 34 g de glucides; 833 mg de sodium; 2 g de fibres alimentaires

Photo à la page 179.

Oignons au gratin

Un bon goût, atténué par le fait que les oignons cuisent avec le riz.

Margarine dure (ou beurre)	2 c. à soupe	30 mL
Oignon haché	6 tasses	1,5 L
Riz blanc à grains longs, non cuit	½ tasse	125 mL
Sel	¼ c. à thé	1 mL
Lait écrémé évaporé	⅔ tasse	150 mL
Munster, râpé	1 tasse	250 mL

Faire fondre la margarine dans une poêle à frire à revêtement antiadhésif. Y ajouter l'oignon, le riz et le sel. La cuisson doit être faite en plusieurs tournées. Faire revenir jusqu'à ce que l'oignon soit mou. Verser le tout dans un grand bol.

Ajouter le lait évaporé et le fromage. Bien remuer. Verser le tout dans une cocotte graissée de 1,5 L (1½ pte). Couvrir. Cuire au four à 350 °F (175 °C) pendant 55 minutes. Découvrir. Enfourner de nouveau pendant 5 minutes, jusqu'à ce que le dessus soit doré. Donne environ 1,25 L (5 tasses).

125 mL (½ tasse) : 153 calories; 6 g de protéines; 6,2 g de matières grasses totales; 19 g de glucides; 195 mg de sodium; 2 g de fibres alimentaires

Photo ci-dessus.

Oignons glacés

Un plat d'accompagnement excellent avec un rôti ou des côtelettes de porc.

Oignons, tranchés (4 gros)	6 tasses	1,5 L
Eau	1 tasse	250 mL
Margarine dure (ou beurre)	2 c. à soupe	30 mL
Sucre granulé	3 c. à soupe	50 mL

Cuire les oignons dans l'eau sous couvert dans une casserole à revêtement antiadhésif pendant 20 minutes.

Ajouter la margarine et le sucre. Chauffer en remuant jusqu'à ce que la margarine ait fondu. Cuire à découvert pendant 10 à 15 minutes, jusqu'à ce que les oignons soient bien dorés et qu'il ne reste plus d'eau. Donne 500 mL (2 tasses).

125 mL (½ tasse) : 117 calories; 1 g de protéines; 6 g de matières grasses totales; 16 g de glucides; 71 mg de sodium; 1 g de fibres alimentaires

Photo à la page 179.

Boules de farce

Particulièrement pratiques parce qu'elles se congèlent. Il suffit d'en réchauffer le nombre voulu.

Margarine dure (ou beurre)	2 c. à soupe	30 mL
Oignon haché	³⁄₄ tasse	175 mL
Céleri, haché	¹⁄₂ tasse	125 mL
Gros œufs, battus à la fourchette	2	2
Maïs en grains, surgelé	1 tasse	250 mL
Lait	1 tasse	250 mL
Chapelure	3 tasses	750 mL
Assaisonnement pour volaille	1¹⁄₂ c. à thé	7 mL
Persil en flocons	1¹⁄₂ c. à thé	7 mL
Sel	³⁄₄ c. à thé	4 mL
Poivre	¹⁄₄ c. à thé	1 mL
Margarine dure (ou beurre), fondue	¹⁄₄ tasse	60 mL

Faire fondre la première quantité de margarine dans une poêle à frire à revêtement antiadhésif. Ajouter l'oignon et le céleri et les faire revenir jusqu'à ce qu'ils soient mous.

Combiner les 8 prochains ingrédients dans un grand bol. Ajouter l'oignon et le céleri. Bien mélanger. Façonner 14 boules avec 60 mL (¹⁄₄ tasse) de la préparation à la fois. Rajouter de l'eau, au besoin, pour que les boules s'agglutinent bien. Les poser dans une petite rôtissoire ou un plat graissé assez grand pour qu'elles tiennent en une seule couche.

Arroser de la seconde quantité de margarine. Cuire au four sous couvert à 350 °F (175 °C) environ 35 minutes. Donne environ 14 boules.

1 boule : 174 calories; 5 g de protéines; 7,1 g de matières grasses totales; 23 g de glucides; 407 mg de sodium; 1 g de fibres alimentaires

Photo ci-dessous.

Farce au riz sauvage

Convient pour le poulet de Cornouailles, le poulet ou un saumon entier.

Riz sauvage	¹⁄₂ tasse	125 mL
Riz brun	¹⁄₂ tasse	125 mL
Eau	3 tasses	750 mL
Bouillon de poulet en poudre	1 c. à soupe	15 mL
Margarine dure (ou beurre)	2 c. à soupe	30 mL
Oignon haché	1 tasse	250 mL
Champignons frais, hachés	3 tasses	750 mL
Céleri, haché	¹⁄₄ tasse	60 mL
Persil en flocons	1 c. à thé	5 mL
Thym déshydraté	¹⁄₄ c. à thé	1 mL
Marjolaine moulue	¹⁄₄ c. à thé	1 mL
Pacanes, hachées	¹⁄₂ tasse	125 mL

Combiner les 4 premiers ingrédients dans une grande casserole. Cuire environ 45 minutes jusqu'à ce que le riz soit tendre et qu'il ne reste plus d'eau.

Faire fondre la margarine dans une poêle à frire à revêtement antiadhésif. Ajouter l'oignon, les champignons et le céleri et les faire revenir jusqu'à ce qu'ils soient mous.

Incorporer le persil, le thym, la marjolaine et les pacanes. Ajouter le tout au mélange de riz. Bien remuer. Donne 1 L (4 tasses) de farce.

125 mL (¹⁄₂ tasse) : 180 calories; 4 g de protéines; 9 g de matières grasses totales; 22 g de glucides; 285 mg de sodium; 2 g de fibres alimentaires

Photo ci-dessous.

À gauche : Oignons glacés, page 178   En haut, au centre : Maïs à la dauphinoise, page 178   En bas , au centre : Boules de farce, ci-dessus   À droite : Farce au riz sauvage, ci-dessus

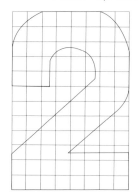

Gâteau 2000

Quelle pièce de résistance épatante pour la grande fête! Avec le gâteau 2000, nul doute ne subsiste quant à l'objet de la célébration. Créez cet élément visuel qui restera gravé dans les souvenirs du millénaire de vos invités et qu'ils pourront regarder alors que s'égrainent les dernières secondes du XXe siècle.

Nous avons choisi de vous indiquer une façon de décorer ces gâteaux. Toutefois, sentez-vous libre de laisser courir votre imagination. Décidez à l'avance de la couleur de votre glaçage. Le glaçage au sucre blanc, page 181, peut être teinté avec du colorant alimentaire ou avec des pâtes colorantes vendues en tube (dans les magasins d'artisanat et les magasins spécialisés en articles de mariage). Ces pâtes existent dans toute une gamme de couleurs, ce qui signifie qu'il est facile de les accorder avec la couleur de la nappe ou de créer d'autres tons, à votre gré. La décoration faite avec une poche à douille est moins compliquée qu'elle n'en a l'air. Les poches et les douilles sont vendues comme ensemble pratique partout. Néanmoins, vous pouvez aussi arrêter à l'étape 3 et vous contentez d'étaler le glaçage avec un couteau, en traçant des spirales dans le glaçage.

Faites quatre gâteaux de 22 × 33 cm (9 × 13 po), en vous servant soit d'une recette soit d'une préparation, au parfum de votre choix. N'oubliez pas de tapisser vos moules avec du papier d'aluminium pour que les gâteaux se démoulent facilement. Si vous n'avez qu'un seul moule, lavez-le et retapissez-le de papier d'aluminium avant de faire cuire chacun des autres gâteaux. Lorsque les gâteaux sont froids, le moment est venu de les préparer. Suivez les consignes qui suivent pour tailler les numéros (voir l'étape 1). N'oubliez pas de conserver les retailles de gâteau pour faire une bagatelle à la crème irlandaise, page 181. Ce dessert succulent est parfait pour le jour de l'An. Vous pouvez également congeler les retailles et vous en servir plus tard. Vous pouvez surgeler les gâteaux avant de les tailler, après les avoir taillés, ou après les avoir décorés. Ils se taillent le mieux quand ils sont complètement dégelés et à la température de la pièce. Par contre, ils font moins de miettes au moment de la décoration s'ils sont encore partiellement congelés. N'oubliez pas de planter des chandelles ou des cierges magiques dans le gâteau pour qu'il soit vraiment le point de mire à minuit.

Matériel requis pour décorer le gâteau 2000, illustré ci-contre et aux pages 10 et 11 :

- **4 préparations à gâteau ou chocolat double**
- **4 fois la recette de glaçage au sucre blanc (voir page 181)**
- **4 planches à gâteau de 25 × 30 cm (10 × 12 po) tapissées de papier d'aluminium (vendues dans la plupart des magasins d'artisanat et les magasins spécialisés en articles de mariage)**
- **1 couteau dentelé**
- **1 couteau-spatule**
- **2 poches (l'une munie d'une douille en pointe simple, l'autre d'une douille étoilée)**

Gabarits des numéros :

1 carré = 2,5 cm carrés (1 pouce carré)

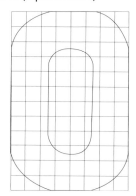

Pour faire les gabarits des numéros :

1 Sur du papier format légal, tracez 2 rectangles de 20 × 30 cm (8 × 12 po) chacun. Divisez chaque rectangle en grille en traçant des lignes verticales et horizontales espacées de 2,5 cm (1 po). En vous servant des gabarits fournis ci-dessus, tracez les chiffres 2 et 0. Découpez les gabarits que vous venez de dessiner.

Pour tailler les gâteaux :

2 Démoulez 1 gâteau refroidi sur une planche à découper ou sur le comptoir. Posez le gabarit en forme de 2 sur le gâteau et centrez-le. Posez délicatement une main sur le gabarit pour ne pas qu'il bouge (ou fixez-le avec des épingles de couture). Avec le couteau dentelé, sciez le gâteau en tenant le couteau à angle droit par rapport au comptoir ou à la planche à découper. Enlever délicatement les retailles de gâteau. (Remarque : vous pouvez vous en servir pour faire la bagatelle à la crème irlandaise, page 181.) Ôtez doucement le gabarit. Avec une spatule en métal et une spatule à crêpes, soulevez délicatement le gâteau taillé et posez-le sur la planche recouverte de papier d'aluminium, en le centrant avant de dégager les spatules.

3 Prenez 1 recette de glaçage au sucre blanc et répartissez le glaçage également dans 2 bols. Recouvrez complètement le dessus et les côtés du gâteau avec le contenu d'un des bols.

4 Avant que le glaçage ne prenne, passez doucement un peigne de décoration sur la surface du glaçage pour former des rigoles.

5 Divisez l'autre bol de glaçage en 2. Ajouter une couleur différente à chaque bol. Avec la douille munie de la pointe aplatie, mettez du glaçage de la première couleur tout le tour du gâteau en travaillant à environ 12 mm (½ po) de la base. Tracez le même motif sur le dessus du gâteau, en travaillant à 12 mm (½ po) du bord. Avec la douille munie de la pointe étoilée, mettez du glaçage de la seconde couleur immédiatement sous la première ligne de glaçage, autour du bas du gâteau et du bord extérieur, sur le dessus.

Bagatelle à la crème irlandaise, ci-contre

Glaçage au sucre blanc

Ce glaçage est parfait pour décorer un gâteau. La recette donne assez de glaçage pour couvrir le dessus et les côtés d'un des gâteaux en forme de numéro et pour le décorer à la douille. Pour couvrir le gâteau 2000, répéter la recette quatre fois.

Shortening végétal blanc solide (Crisco par exemple) à la température de la pièce	1½ tasse	375 mL
Sucre à glacer	8 tasses	2,1 L
Crème de table ou lait évaporé	6½ c. à soupe	107 mL
Vanille (préférablement claire)	1 c. à soupe	15 mL
Sucre à glacer	½ à 1 tasse	125 à 250 mL

Battre le shortening à haute vitesse jusqu'à ce qu'il soit gonflé. Incorporer graduellement la première quantité de sucre à glacer, à raison de 250 mL (1 tasse) à la fois, sans cesser de battre jusqu'à ce que le mélange soit très ferme.

Ajouter la crème et la vanille. Bien battre le tout.

Ajouter la seconde quantité de sucre à glacer, à raison de 60 mL (¼ tasse) à la fois, pour faire un glaçage crémeux et lisse qui s'étale bien. Donne 1,6 L (6½ tasses).

30 mL (2 c. à soupe) : 129 calories; trace de protéines; 6 g de matières grasses totales; 19 g de glucides; 1 mg de sodium; 0 g de fibres alimentaires

Photo aux pages 180 et 181.

Bagatelle à la crème irlandaise

La crème irlandaise, ou « Irish Cream » est une liqueur au café réservée aux grandes personnes! Pour la décoration, on peut utiliser des grains de café recouverts de chocolat ou des copeaux de chocolat.

Pouding instantané à la vanille (format 4 portions)	2	2
Lait	4 tasses	1 L
Retailles de gâteau au chocolat, coupées en cubes de 2,5 cm (1 po)	12 tasses	3 L
Liqueur Irish Cream	½ tasse	125 mL
Crème fouettée (ou garniture à dessert fouettée surgelée, dégelée)	2 tasses	500 mL
Préparation de café instantanée à saveur de crème irlandaise (ou de cappuccino)	⅓ tasse	75 mL
Cacao, pour décorer	1 c. à thé	5 mL

Combiner le pouding en poudre et le lait tel qu'indiqué sur l'emballage. En verser 250 mL (1 tasse) dans le fond d'un bol en verre ou d'un plat à bagatelle de 3,5 L (14 tasses). Mettre le ⅓ des cubes de gâteau sur le pouding. Arroser d'environ 50 mL (3 c. à soupe) de liqueur.

Battre la crème et la préparation de café jusqu'à obtenir une neige ferme. En étaler le ⅓ sur le gâteau. Refaire ainsi 2 autres couches de pouding, de gâteau et de crème fouettée. Pour la dernière couche, décorez les cubes de gâteau à la douille avec le mélange fouetté.

Saupoudrer de cacao tamisé. Donne 3 à 3,5 L (12 à 14 tasses). Pour 16 à 20 personnes.

1 portion : 347 calories; 5 g de protéines; 18,9 g de matières grasses totales; 40 g de glucides; 217 mg de sodium; trace de fibres alimentaires

Photo ci-contre.

Et après?

Qui sait réellement ce que nous réserve l'avenir? Les changements se succèdent à un rythme fou. Les nouveautés ne sont pas plutôt sorties qu'elles sont désuètes, remplacées par quelque chose de nouveau et de meilleur. Rien ne nous empêche, cependant, de formuler des conjectures.

L'informatique a envahi le monde de la consommation et de la préparation des aliments. Vous pouvez maintenant commander vos épiceries sur Internet. Vous pouvez même laisser à votre ordinateur le soin de préparer votre liste de courses une fois que vous avez saisies les recettes que vous comptez préparer au cours de la semaine à venir.

D'aucuns affirment que l'alimentation, au cours du prochain millénaire, sera un paradoxe entre le recherché et le simple. Les chercheurs ne cessent de confirmer le rapport puissant entre la santé et l'alimentation, ce qui ne fait qu'ajouter du poids au dicton né dans les années 1990 : « tu es ce que tu manges ». Les découvertes en matière de nutrition et de santé se traduiront par des messages simples : « mange tes légumes », « chaque jour une pomme conserve une personne » et « le déjeuner est le plus important repas de la journée ». La recherche montrera que grand-maman avait bien raison!

Les plantes constitueront un domaine de recherche de pointe. On a découvert, au cours des dernières années, des milliers d'éléments phytochimiques (« phyto » signifie plante en grec) qui sont naturellement présents dans les plantes, et l'exploration ne fait que commencer! La recherche a révélé que ces éléments protègent l'organisme contre certaines formes de cancer, contre les maladies du cœur et contre les maladies associées au vieillissement, comme les cataractes. On nous incitera à l'avenir à consommer plus de produits dérivés de plantes pour profiter des bienfaits de la médecine naturelle. Fruits, légumes, légumineuses, céréales se bousculeront sur nos assiettes. Cette tendance est d'ailleurs déjà évidente dans les versions les plus récentes des guides alimentaires publiés au Canada et aux États-Unis.

La demande de fruits et de légumes ayant plus de valeur nutritive et de goût stimulera les chercheurs spécialisés en génie génétique. Les scientifiques modifieront la structure génétique des aliments pour accentuer certaines caractéristiques désirables, comme le goût, la valeur nutritionnelle, la taille et la résistance à la température. Par exemple, les gènes qui provoquent le mûrissement des tomates peuvent être inversés, ce qui signifie que l'on peut créer des tomates qui peuvent mûrir sur le plant, être juteuses comme des tomates mûries sur le plant, mais qui se conservent parfaitement mûres pendant des semaines, c'est-à-dire le temps du transport, de la présentation en magasin et enfin de la consommation à domicile.

Le déjeuner, le dîner et le souper, tels que nous les connaissons, sont-ils appelés à disparaître? « L'heure du goûter » va-t-elle remplacer « l'heure du repas »? Est-ce que nous préparerons le déjeuner dans le micro-ondes intégré au tableau de bord de la voiture? Est-ce que nous achèterons des légumes énormes repus de nutriments massifs? Les produits hydroponiques, les aliments fonctionnels et les flavonoïdes deviendront-ils la norme, des mots couramment prononcés par les consommateurs? Seul l'avenir nous le dira.

Nous remercions Joanne McIvor, B.Sc., diététiste agréée, de ses impressions au sujet du prochain millénaire.

Bibliographie

ANDERSON, Jean. *American Century Cookbook*, New York, Clark & Potter, 1997.

CANADA. MINISTÈRE DE LA SANTÉ NATIONALE ET DU BIEN-ÊTRE SOCIAL. *Le manuel du Guide alimentaire canadien*, éd. rév. Ottawa, le Ministère, 1983.

DALE, Rodney et Rebecca WEAVER. *Machines In The Home*, Toronto, Oxford University Press, 1992.

FERGUSON, Carol. *A Century of Canadian Home Cooking*, Scarborough, Prentice-Hall Canada, 1992.

PANATI, Charles. *Panati's Extraordinary Origins of Everyday Things*, New York, Harper & Row, 1987 (rév. en 1989).

STEWART, Katie. *The Joy Of Eating*, Stemmer House Publishers, Owings Mills, 1977.

CANADA. MINISTÈRE DE LA SANTÉ NATIONALE ET DU BIEN-ÊTRE SOCIAL, *The Development Of Canada's Food Guide To Healthy Eating: Notes On Consumer Research*, Ottawa, le Ministère, 11 juin 1993.

The Horizon Cookbook and Illustrated History of Eating and Drinking Through the Ages, New York, American Heritage, 1968.

ÉTATS-UNIS. UNITED STATES DEPARTMENT OF AGRICULTURE. *USDA's Food Guide - Background and Development*, numéro de publication 1514, Hyattsville, USDA.

CANADA. MINISTÈRE DE LA SANTÉ NATIONALE ET DU BIEN-ÊTRE SOCIAL. *Pour mieux se servir du guide alimentaire*, Ottawa, le Ministère, 1992.

WALLACE, Lilly Haxworth. *The Lily Wallace New American Cookbook*, New York, Books Inc., 1946.

WRIGHT, Lawrence. *Home Fires Burning: The History of Domestic Heating and Cooking*. Londres, Routledge & Kegan Paul Ltd., 1968.

Tableaux de mesures

Dans cet ouvrage, les quantités sont exprimées en mesures impériales et métriques. Pour compenser l'écart entre les deux systèmes quand les quantités sont arrondies, une pleine mesure métrique n'est pas toujours utilisée.

La tasse correspond aux 8 onces liquides courantes.

La température est donnée en degrés Fahrenheit et Celsius.

Les dimensions des moules et des récipients sont en pouces et en centimètres ainsi qu'en pintes et en litres. Une table de conversion métrique exacte, avec l'équivalence pratique (mesure courante), se trouve ci-contre

Températures du four

Fahrenheit (°F)	Celsius (°C)
175°	80°
200°	95°
225°	110°
250°	120°
275°	140°
300°	150°
325°	160°
350°	175°
375°	190°
400°	205°
425°	220°
450°	230°
475°	240°
500°	260°

Moules

Mesure courante, en pouces	Métrique, en centimètres
8x8 po	20x20 cm
9x9 po	22x22 cm
9x13 po	22x33 cm
10x15 po	25x38 cm
11x17 po	28x43 cm
8x2 po (rond)	20x5 cm
9x2 po (rond)	22x5 cm
10x4½ po (cheminée)	25x11 cm
8x4x3 po (pain)	20x10x7,5 cm
9x5x3 po (pain)	22x12,5x7,5 cm

Cuillerées

Mesure Courante	Métrique Conversion exacte, en millilitre (mL)	Métrique Mesure standard, en millilitre (mL)
⅛ cuillerée à thé (c. à thé)	0,6 mL	0,5 mL
¼ cuillerée à thé (c. à thé)	1,2 mL	1 mL
½ cuillerée à thé (c. à thé)	2,4 mL	2 mL
1 cuillerée à thé (c. à thé)	4,7 mL	5 mL
2 cuillerées à thé (c. à thé)	9,4 mL	10 mL
1 cuillerée à soupe (c. à soupe)	14,2 mL	15 mL

Tasses

¼ tasse (4 c. à soupe)	56,8 mL	60 mL
⅓ tasse (5⅓ c. à soupe)	75,6 mL	75 mL
½ tasse (8 c. à soupe)	113,7 mL	125 mL
⅔ tasse (10⅔ c. à soupe)	151,2 mL	150 mL
¾ tasse (12 c. à soupe)	170,5 mL	175 mL
1 tasse (16 c. à soupe)	227,3 mL	250 mL
4½ tasses	1022,9 mL	1000 mL (1 L)

Mesures sèches

Mesure courante, en onces (oz)	Métrique Conversion exacte, en grammes (g)	Métrique Mesure standard, en grammes (g)
1 oz	28,3 g	28 g
2 oz	56,7 g	56 g
3 oz	85,0 g	85 g
4 oz	113,4 g	125 g
5 oz	141,7 g	140 g
6 oz	170,1 g	170 g
7 oz	198,4 g	200 g
8 oz	226,8 g	250 g
16 oz	453,6 g	500 g
32 oz	907,2 g	1000 g (1 kg)

Récipients (Canada et Grande-Bretagne)

Mesure courante	Mesure métrique exacte
1 pte (5 tasses)	1,13 L
1½ pte (7½ tasses)	1,69 L
2 pte (10 tasses)	2,25 L
2½ pte (12½ tasses)	2,81 L
3 pte (15 tasses)	3,38 L
4 pte (20 tasses)	4,5 L
5 pte (25 tasses)	5,63 L

Récipients (États-Unis)

Mesure courante	Mesure métrique exacte
1 pte (4 tasses)	900 mL
1½ pte (6 tasses)	1,35 L
2 pte (8 tasses)	1,8 L
2½ pte (10 tasses)	2,25 L
3 pte (12 tasses)	2,7 L
4 pte (16 tasses)	3,6 L
5 pte (20 tasses)	4,5 L

Index

C

T

U

V

*Recette déjà parue